LES NOMS DE FAMILLE
ET LEURS SECRETS

DU MÊME AUTEUR

ENTRE ARROUX ET BOURBINCE : L'ODYSSÉE
DES FAMILLES, 1978 (épuisé).
ENTRE ARROUX ET BOURBINCE : DICTIONNAIRE
DES FAMILLES, 1979.
CHASSEUR D'ANCÊTRES, Éditions Mengès, 1980 (épuisé).
COMMENT RETROUVER VOS ORIGINES (reprise du titre précédent),
LE LIVRE DE POCHE.
DRÔLES D'ANCÊTRES, Éditions de Trévise, 1981 (épuisé).
LES SCHNEIDER, UNE DYNASTIE, Hachette, 1986.
LIVRE D'OR DE NOTRE FAMILLE, Éditions Mengès, 1986.

JEAN-LOUIS BEAUCARNOT

Les Noms
de famille
et leurs secrets

LAFFONT

Introduction

Le nom de famille : un petit mot dont on ignore souvent le sens, un petit mot, pourtant, qui pour chacun d'entre nous est des plus importants. Avec lui, on est tout de suite au cœur de l'intimité, au centre de l'identité. Pour chacun, il représente un héritage, une continuité, une pérennité. Il cristallise les valeurs familiales, la réussite personnelle, les relations, il fait partie intégrante de la personnalité.

Faire la psychologie du nom de famille semble, à la réflexion, une entreprise immense. Je me souviens d'un de mes amis qui s'amusait à téléphoner à des abonnés au téléphone choisis au hasard sur un annuaire. « Je me nomme comme vous, expliquait-il. C'est un nom rare et cela me gêne d'imaginer qu'un inconnu le partage avec moi. Changez-en, je prends tous les frais à ma charge. » La réaction ne connaissait aucune demi-mesure. Elle était violente, irraisonnée, emportée, entière. Toucher au nom est un acte qui déclenche les passions. Chacun, ayant grandi avec lui, se sent agressé, violé, spolié. Notre nom est sans nulle doute ce à quoi nous tenons le plus.

Le grand psychologue américain Dale Carnegie le met en exergue dès les premières lignes de son célèbre livre *Comment se faire des amis ?* : « Souvenez-vous, dit-il, que le nom d'un homme est pour lui le mot le plus agréable et le plus important de tout le vocabulaire. »

La capacité à retenir les noms de leurs ouvriers chez les

maîtres d'industrie paternalistes du siècle dernier, celle à retenir les noms de leurs électeurs pour les hommes politiques d'aujourd'hui sont sans nul doute les clés de leur succès et de leur réussite.

Il semble évident, par ailleurs, que le nom exerce, sur celui qui le porte, une influence décisive. MM. Mitterrand ou Giscard d'Estaing auraient-ils eu la carrière qui a été la leur s'ils s'étaient appelés Martin, Barbu ou Tordu ?

« Connaître les origines et le sens du nom de ses amis, ou de ses ennemis éventuels, m'écrivait un jour le romancier bourguignon Henri Vincenot, c'est pouvoir les mieux comprendre, les mieux apprécier, les mieux servir et leur mieux pardonner. On ne traite pas une affaire avec M. Lévy comme avec M. Dubreuil, avec M. Ybarnegaray comme avec M. Le Floch ou M. Escartefigue. Il ne faut pas attendre les mêmes réactions de la part de M. Benassis que de M. Frachot, d'un Vincenot que d'un Parès. »

On parle beaucoup aujourd'hui de l'avenir des noms. On s'inquiète de la disparition et de l'extinction des plus rares. Les femmes mariées se battent pour conserver le leur. Chacun veut transmettre le sien. Et pourtant, que savons-nous de son sens et de son origine ? Nous vivons étroitement avec lui et, paradoxalement, nous ignorons pourquoi nous le portons. Fut-il choisi ou imposé ? Quel âge a-t-il, d'où nous vient-il ? Aucune loi ne décida jamais qu'à compter d'une date les hommes auraient un nom de famille. Comme beaucoup de grandes institutions de notre société, il n'est régi que par la coutume qui veut que l'enfant prenne le nom de son père. Le Code civil lui-même reste totalement muet à son propos.

Le nom semble donc venir de la nuit des temps. Héritage d'une lignée familiale, il recèle, par ailleurs, des trésors étonnants sur la vie et les mentalités de nos lointains ancêtres, des trésors que je vais essayer de vous révéler dans ce livre.

La rédaction de ce livre a été un vaste travail qui s'est cependant heurté à certaines limites difficiles à dépasser.

– Une première est celle des patronymes d'origine étrangère. Volontairement, je n'ai jamais voulu les considérer ici. J'ai naturellement retenu les noms nés des différentes langues parlées dans l'Hexagone, comme le basque, l'alsacien..., mais ai ignoré les noms d'origine étrangère. J'ai cependant retenu les noms des familles d'origine israélite que l'histoire a d'ailleurs souvent fait apparaître sur le sol français, ainsi que les noms d'origine arménienne et les noms tsiganes qui ne peuvent faire l'objet d'études similaires dans leur pays d'origine (pour les uns, il n'existe plus et, pour les autres, il n'a jamais existé).

– Une seconde limite est que bien des noms peuvent s'expliquer de différentes façons. Laumonier peut ainsi venir du « monnier » changeur de monnaie, du « monier », nom local du meunier, ou de « l'aumônier », vivant d'aumônes. Paumier peut être une déformation de Paulmier (pèlerin ayant rapporté des palmes de Terre Sainte) ou de Pommier. Favier peut avoir désigné le forgeron (par la forme « fèvre ») ou le marchand de fèves. Entre ces différentes explications, jamais il ne sera possible de trancher. Certains noms conserveront donc toujours une part de mystère. Il en va parfois ainsi de l'histoire. Il faut savoir l'accepter.

– Enfin, ne figurent ici que les noms les plus courants : plus de six mille au total. Pour les autres, on se reportera à la méthode d'analyse donnée en fin d'ouvrage.

Les noms de famille en italique suivis du signe ° sont cités dans plusieurs chapitres (*voir index des noms*).

Les mots suivis d'un astérisque renvoient à l'index thématique p. 311.

PREMIÈRE PARTIE

LA NAISSANCE
DES NOMS DE FAMILLE :
POURQUOI ET COMMENT ?

Le processus de formation des noms est on ne peut plus simple. Pour le bien comprendre, il faut remonter au Moyen Age, plus exactement aux environs du XIIᵉ siècle.

Les lieux, les montagnes, les rivières, depuis toute ancienneté, ont déjà reçu des dénominations d'après leur position, leur relief, leur végétation ou leur environnement. Les hommes, entre eux, ont très vite dû procéder de la même façon. A cette époque, tous sont désignés par un nom, un nom unique, donné par la famille comme elle donne aujourd'hui un prénom à l'enfant qui vient de naître. Ils s'appellent Guillaume, Raoul, Clobert, Richard, Guérin, Jean... C'est tout.

A partir du XIᵉ siècle et pour plusieurs raisons (climat favorable, paix extérieure, recul temporaire des épidémies et de la disette), on assiste à ce que nous appellerions aujourd'hui un énorme « boom démographique », phénomène qui atteint son maximum aux environs de l'an 1200. Au milieu du XIIIᵉ siècle, la France comptera, selon certaines estimations, environ dix millions d'habitants, chiffre énorme qui sera très long à dépasser.

Les conséquences de ce renouveau démographique sont énormes, et cela à tous les plans : économique, social, politique... L'une d'elles, capitale pour nous, est de provoquer une grande confusion, au sein de chaque village, entre les différents Guillaume, Raoul ou Jacques qui y vivent. Dès lors, le réflexe ne tarde guère : chacun reçoit un surnom qui va s'ajouter à son nom. Dans un second temps, ce surnom individuel va se transmettre héréditairement, avec ou sans aménagement, aux descendants de celui qui l'a reçu. L'usage des deux noms se généralise. Ce sont notre prénom et notre nom de famille ou patronyme (nom des pères).

Pour en comprendre le sens et la valeur, il faut connaître le processus originel de dénomination avec ses différents types de surnoms, connaître le contexte général de l'époque à laquelle ils ont été forgés, connaître enfin le sort de ces surnoms depuis l'époque de leur formation dont quelque vingt-cinq générations soit huit siècles nous séparent. Alors seulement, fort de l'étude de nombreux exemples qui révéleront mille et un aspects de la vie quotidienne de ces époques lointaines, on pourra se risquer à rechercher soi-même l'origine d'un nom de famille.

Les différentes catégories de noms

Résoudre les homonymies nées de la démographie, c'est donc, dans un premier temps, préciser les noms uniques par des surnoms. Cela signifie que, d'une part, ces surnoms sont individuels et non familiaux (ce n'est que dans un second temps qu'ils s'imposeront et se transmettront à la descendance). D'autre part, il faut bien penser que jamais ces noms ne sont revendiqués ni choisis par l'intéressé. Au contraire, ils lui sont donnés par des tiers, et donc beaucoup plus généralement teintés de moquerie et d'ironie que de louanges. De formation spontanée, ils naissent du langage parlé, dans la langue de l'époque, emprunts des mentalités, des habitudes, des données sociales et économiques, du décor de la France d'alors, essentiellement rurale et villageoise.

Ces noms, évidemment, subissent à tout niveau des influences régionales, tant dans leur formation que dans leur forme. Chaque région connaît des types plus fréquents selon son habitat, ses mœurs ou les types physiques de ses habitants. Cependant, de façon générale, on retrouve toujours trois sources principales de dénomination : les surnoms familiaux, les sobriquets et les noms de lieux, d'où plusieurs catégories de noms de famille, aux frontières parfois bien incertaines.

LES SURNOMS FORMÉS
SUR DES NOMS DE BAPTÊME

Le principe est simple. Dans ce cas, le nom que porte un individu ne rencontre pas d'homonymie au village, ou bien la personnalité, la notoriété et la popularité de son porteur (voire aussi son autorité) suffisent à l'imposer. Son nom unique n'appelle pas de surnom. Pour tous, il reste alors Bernard, Pierre ou Jacquot.

Le processus est clair. Ce qui l'est moins, bien souvent, c'est l'appartenance à cette catégorie de certains noms. Le problème est, en effet, que les noms de baptême en usage au XIᵉ ou au XIIᵉ siècle sont souvent bien différents des nôtres. L'éventail de choix est, à cette époque, extrêmement large, entre les noms germaniques, les noms chrétiens et latins et de très nombreux diminutifs et « hypocoristiques ».

LES NOMS D'ORIGINE GERMANIQUE

Avoir un nom d'origine germanique ne veut absolument pas dire avoir des origines germaniques. Les actuels porteurs du nom de famille Guillaume ont eu un ancêtre dont c'était le nom de baptême. Ce nom de baptême, d'origine germanique dans son étymologie, ne confère donc pas davantage de sang germanique que le prénom Johnny ne confère de sang anglais ou américain au bébé français qui le reçoit aujourd'hui.

Ces noms germaniques avaient été introduits en Gaule à l'époque des grandes invasions. Les envahisseurs, essentiellement wisigoths, francs, burgondes puis normands, étaient toujours restés minoritaires. Même « vainqueurs », ils s'étaient souvent contentés d'occuper des sols et des postes clés. Pourtant, curieusement, les noms qu'ils avaient apportés s'étaient généralisés. Peut-être par mode, à moins que ce ne fût par obligation. L'explication n'a pu être fournie. Au plan de la langue, le vieux français est beaucoup plus proche du latin et du gallo-romain que des parlers germaniques et francs. Au plan des nominations, ce semble avoir été l'inverse.

Le succès de ces noms de baptême germaniques peut au départ avoir tenu à leur principe. Presque toujours composés de deux syllabes accolées, ils sont toujours remplis de valeurs positives et symboliques. Ainsi, Gérard vient de Ger-Hard (par *gari* = la lance et *hard* = dur) et tous peuvent ainsi se décomposer [1] avec des histoires de loup, de chant, de casque, de foyer, de coq, de brillance, de force,... dans le meilleur style des mythologies saxonnes et scandinaves, comme Siegfried par exemple se décompose en victoire et en paix. J'aurais donc pu, ici, flatter mes lecteurs en leur offrant une foule de ces analyses brillantes et héroïques. Je m'y suis catégoriquement refusé.

En effet, il faut se rendre compte que ces noms se sont généralisés au Ve siècle, soit sept à huit siècles avant la formation de nos noms de famille. C'est dire que nos ancêtres d'alors, lorsqu'ils se sont surnommés, n'avaient plus aucune conscience de la signification de ces noms. Ils n'en avaient pas plus que les parents prénommant aujourd'hui leur fils Benoît n'ont conscience qu'à l'origine, le mot signifiait « béni ». Pas plus que vous ne songez, en volant à bord d'une Caravelle, que le mot vient du bateau médiéval utilisé par Christophe Colomb, lui-même forgé sur *gabarre,* d'après le grec-byzantin *karabos* = bateau, lui-même venu du grec *karabos* = langouste. L'éventail des noms de baptême médiévaux comprenait des noms germaniques, tout comme il comprenait des noms latins. Votre ancêtre prénommé Claude n'a rien de latin ou de romain, même si le nom vient du prénom latin Claudius, signifiant, à l'origine « boiteux » (racine que l'on retrouve dans « claudication »).

---

1. Dans son livre *Trésors des noms de famille*, Jacques Cellard dresse une liste très complète des différents éléments constitutifs que l'on peut rencontrer.

Ils ne s'opposent pas vraiment aux précédents. A l'époque qui nous intéresse, nos ancêtres peuvent être baptisés sous des noms religieux ou d'action de grâce, comme Dieudonné, sous des noms bibliques comme Adam, Abel..., ou sous des noms de saints. Eux-mêmes peuvent provenir de l'Histoire sainte (Joseph, Jacques, Matthieu, Luc...), mais aussi du martyrologe des premiers chrétiens et autres canonisés alors très nombreux, et portant aussi bien des noms latins (saint Claude, saint Dominique...), que grecs (comme sainte Marguerite ou saint André), ou germaniques (comme saint Bernard ou saint Philibert). Tout cela a, de la même manière, valeur de nom de baptême, tout comme d'ailleurs les dérivés qu'ils ont engendrés.

DIMINUTIFS, HYPOCORISTIQUES ET AUTRES DÉRIVÉS

« Je suis Guillot, gardien de ce troupeau », lit-on dans la littérature ancienne. Guillot, ici, a bel et bien valeur de nom de baptême au temps des noms uniques, et toutes les adaptations ou déformations des noms de baptême sont à considérer de même. Elles peuvent résulter d'une prononciation d'enfant, d'un sobriquet gentillet ou caressant (en terme savant, c'est un hypocoristique), d'un sobriquet péjoratif, ou de bien d'autres phénomènes.

Souvent, le nom est allongé d'un suffixe : Guillaume donne ainsi Guillemain, Guillemard, Guillemeau et Guillemin, qui à son tour devient Guilleminot.

Un nom long est souvent réduit, c'est une « aphérèse ». Notre Guilleminot donne ainsi Minot. Arnaudin (rallonge d'Arnaud) donne Naudin. Mais comment savoir, alors, si Naudin vient de Renaudin ou d'Arnaudin, si Bertin vient d'Albert, de Philibert, de Caribert...? Voilà où l'analyse devient des plus complexes.

D'autres fois, c'est le début qui est tronqué. Amaury devient ainsi Maury. Mais comment savoir si les actuels Maury et Mory viennent d'Amaury ou d'un ancêtre ressemblant à un Maure ?

Les adaptations et déformations sont innombrables et de types variés. D'Auffray qui se transforme en Alfred, de Charles qui, dans certaines régions, devient Chasles, on observe des contractions, des labialisations, des apocopes, des dissimilations, aux processus théoriques complexes, jusqu'à de vieilles réminiscences de déclinaisons disparues. Les noms, en effet, avaient autrefois un cas régime, bien souvent en « -on ». La Roche-Guyon signifie « la roche de Guy », ce qui donne à Guyon valeur de « fils de Guy », mais ne l'empêchera pas d'engendrer des Guyonnet, Guyonneau...

A côté de ces noms de baptême en tout genre, on en trouve assortis de nuances filiatives. Selon les régions, Aumartin ou Demartin ont désigné le fils de Martin. Dans certaines provinces, en particulier dans l'Est et les Vosges, on trouve souvent des noms de famille formés de deux prénoms, comme *Florentdidier*, *Robespierre* (pour Robert-Pierre) ou le méridional Péricard (pour Pierre-Richard). D'autres fois, ils sont assortis d'une épithète physique ou morale : Bonjean, Grandjean, Beaujean, Petitjean, Maujean (= mauvais Jean), voire d'un métier ou d'une fonction comme Jeanmaire (= Jean maire)...

LES NOMS A VALEUR FAMILIALE

La place dans la société, et surtout dans la famille, a souvent été source de dénominations. Le rang de l'enfant peut expliquer les Lainé ou les Leneuf, le lien de parenté les Gendre, Cousin, Neveu... Parfois eux aussi sont assortis de qualificatifs (Bonpaire, Maugendre), jusqu'aux enfants privés de famille (les enfants trouvés) qui ont souvent leur propre panoplie de surnoms (mois, saison...), sans oublier les filleuls (Filhol), les amis (Compain), les voisins (Mauvoisin, Voisin)...

Viennent enfin tous les noms qui ont gardé une marque filiative. Nous avons vu Guyon, Demartin, Aumartin... Peut-être faut-il y ajouter tous les diminutifs en « *et* ». Dans des sources très anciennes, en effet, il est attesté que Simonet, Moutonet ou Grasset, sont les surnoms des fils respectifs de Simon, de celui surnommé Mouton et d'un autre surnommé Gras ou Legras. Ce serait un peu là l'équivalent de ce suffixe filiatif universel qui donne les « -ski » polonais (Alexinski = fils d'Alexis), les « -ovitch » russes, les « -son » anglais, les « sohn » allemands, les « -sen » danois, les « -poulo » grecs, que l'on retrouve ailleurs en préfixes avec les « Mac- » irlandais et écossais, les « Mab- » bretons, les « Ap- » gallois...

LES SURNOMS
DE PROFESSIONS ET DE MÉTIERS

Là encore, ils vont représenter les métiers pratiqués à l'époque, et, en premier lieu, les métiers rares, facilitant l'identification. C'est parce que chaque village ne compte en principe qu'un forgeron et qu'un boulanger que les Lefevre, les Faure ou les Fournier sont des noms de famille si répandus.

Ces noms de métiers sont aujourd'hui souvent portés par des descendants d'urbains. A la campagne, on ne pouvait guère résoudre l'homonymie entre les différents Guillaume du lieu en les nommant laboureurs ou paysans. Ç'aurait été aller de Charybde en Scylla. On trouve bien des Granger, des Métayer ou des Messonnier (moissonneur), mais la palette « professionnelle » est surtout riche en ville.

Bien des questions, cependant, se posent quant à ces noms. Était-ce, pour notre ancêtre ainsi surnommé, son activité principale ou secondaire ? Potier a pu désigner un paysan qui, à ses heures, faisait quelques poteries. On trouve ainsi des spécialités comme ces *Bretaudeau* angevins dont l'aïeul devait savoir poser les « brêtes », noms d'anciens pièges à oiseaux. On peut même se demander si c'était là la réelle profession de notre ancêtre. Car, ici aussi, on peut avoir affaire à des analogies (Boucher ayant pu surnommer un bourreau, un homme sanguinaire). Et là, se pose tout le problème des noms d'état et de dignité que nous verrons avec les noms analogiques.

Disons enfin que ces noms recevaient eux aussi des diminutifs qui ont pu avoir des valeurs de filiation. Porcheret a pu ainsi signifier « fils du porcher ».

Nous arrivons, avec tous ces noms, déjà très près de la catégorie des sobriquets, eux-mêmes de types variés : à valeur physique, morale, analogique, ou anecdotique.

LES SOBRIQUETS D'APRÈS LE PHYSIQUE

Ici encore, c'est l'exception qui faisait surnommer un homme d'après son physique : il était le plus grand du village, le seul roux ou le plus brun de peau, etc. En général, ces noms sont plutôt négatifs et ne manquent jamais de relever les disgrâces dont nos ancêtres pouvaient être affectés.

Ils se réfèrent à la taille et au poids, à la stature, aux cheveux (couleur et calvitie), au poil et à la barbe, à l'apparence générale, à la vigueur, à la force et à la santé, aux handicaps physiques et aux infirmités. Ils donnent tous les noms comme Legrand, Legros, Carré, Leroux, Chauvot, Pelux, Barbin, Bienfait, Vigouroux, Muet, Bossuet...

Ils semblent simples et sans ambiguïté, mais rien ne prouve que par ironie, on n'ait pas surnommé Bienfait un pauvre homme contrefait.

LES SOBRIQUETS D'APRÈS LE CARACTÈRE

Les mœurs et le caractère sont évidemment une source de sobriquets en grande majorité négatifs.

Si l'on trouve des surnoms relatifs à des qualités, ils restent rares et peuvent toujours avoir eu une explication ironique (Aimable pouvant avoir été le surnom d'un homme bourru). Ils se rapportent à la gaîté, la bonté et la gentillesse, l'honnêteté et la sagesse, la joie de vivre, la chance, le courage...

A l'opposé, on n'en finirait plus d'énumérer les surnoms relatifs aux défauts ou aux mœurs dissolues. Ils raillent la bêtise, la fourberie, le mensonge et l'habitude de tricher, la violence, le goût de la bagarre et de la chicane, la vantardise, la gourmandise, la couardise, le caractère acide (bavardage, médisance, caractère cassant), et enfin ils n'ont cure d'oublier le goût pour la bouteille et les femmes, jusqu'à être parfois carrément pornographiques.

LES SURNOMS ANALOGIQUES

L'homme du Moyen Age aimait beaucoup recourir à l'analogie et, de façon plus ou moins évidente, beaucoup de noms de famille peuvent avoir été formés ainsi.

Beaucoup se réfèrent aux animaux : animaux domestiques ou sauvages, poissons, insectes, oiseaux... qui, tous, sont très familiers de nos ancêtres ruraux. Beaucoup, à leurs yeux, représentent une qualité, un défaut ou une particularité. M. Mouton a pu ainsi avoir un ancêtre doux ou frisé comme un mouton. L'analogie n'est pas toujours très claire et il ne faut pas oublier que certains animaux ont depuis changé de nom, comme le goupil, devenu renard.

J'ai déjà remarqué comme des noms de métiers pouvaient avoir la même valeur analogique avec l'exemple de l'homme sanguinaire surnommé boucher. Cela nous fait arriver aux nombreux noms dits « de position, d'état, ou de dignité ». Les Lecomte sont trop nombreux pour pouvoir tous descendre d'un comte, même par le bras gauche. Si certains peuvent avoir correspondu à une réalité (Lemaire, Prévot...), la plupart ont dû être donnés par ironie. Il en va souvent de même pour les noms de dignités ou de fonctions ecclésiastiques. Il n'est qu'à penser à des expressions du genre « gras comme un moine » ou « sérieux comme un pape ». L'universalité de ces appellations et de ce processus de dénomination nous vaut une bonne centaine de noms très répandus du genre Bourgeois, Bailly, Labbé...

L'analogie peut donc se dissimuler partout. Pourquoi ne se cacherait-elle pas dans certains des noms d'origine que nous verrons bientôt, comme Lauvergnat, Langlais...? Les Lombards, venus de la Lombardie, au nord de l'Italie, s'étaient spécialisés dans les tractations financières. M. Lombard peut donc avoir pour ancêtre un Italien, mais aussi un homme d'argent, ou tout simplement quelqu'un de riche et aisé. Chaque région n'a-t-elle pas, dans la croyance populaire, ses particularismes au niveau de la mentalité de ses habitants, comme les Normands ont aujourd'hui la réputation d'être indécis, les Auvergnats celle d'être avares ou les Méridionaux celle d'être paresseux ?

L'analogie, enfin, peut expliquer une bonne partie des noms de famille formés sur des noms d'objets. Beaucoup, en effet, sont énigmatiques. Apparemment, les noms de vêtements ne posent pas de problème. Il suffit de songer à Robert Courte-Heuse ou à Hugues-Capet, pour y voir une allusion claire et directe.

Le nom d'objet caractéristique d'un métier peut avoir été donné symboliquement à celui qui l'exerçait. Les instruments de musique ne prêtent en principe pas à confusion. Ne parle-t-on pas encore d'un homme, comme étant « le violon » de l'orchestre ? Mais beaucoup de métiers artisanaux avaient un outil bien particulier qui a pu les représenter.

Je refuse complètement l'explication classique consistant à voir dans le porteur d'un nom d'objet le descendant de l'homme qui le fabriquait ou le vendait. Un fabricant de couteau, de gâteau, de drap, n'a jamais été appelé Couteau, Gâteau, ni Drap, mais Coutellier, Pâtissier, Drapier. En revanche, je suis partisan de l'explication analogique directe ou indirecte, voyant en Gâteau un homme doux et sucré, voire, à la limite, un individu gourmand. Enfin, ce n'est certainement pas un hasard si la plupart des noms de famille formés sur des noms d'objets se rapportent à des objets pointus, coupants, tranchants, piquants, et je suis convaincu qu'ils se sont référés à un physique, et surtout à un caractère, en désignant un homme acerbe et méchant. Après tout, à méchant, méchant et demi ; tout cela est, nous l'avons vu, une affaire de voisinage et de commérage et cette explication est tout à fait en conformité avec le contexte et l'esprit dans lequel les noms ont été donnés à nos ancêtres.

LES SURNOMS ANECDOTIQUES

Ils sont nombreux, mais chacun pris individuellement est en général peu porté, étant à l'origine ponctuel et personnel, racontant une histoire ou une vie bien particulière. La situation qui engendre des noms moins variés est celle du malheureux époux trompé que tout le village montre du doigt, mais dont le surnom, quelquefois, n'est plus aujourd'hui compris de prime abord comme l'est Cocu.

On trouve aussi ici les violons d'Ingres et professions secondaires vus avec les métiers, mais aussi les surnoms professionnels portant un jugement sur la compétence comme *Gâtebois* ou *Gâtesauce*, pour le bûcheron ou le cuisinier.

On trouve l'expression favorite, mot curieux ou juron (*Depardieu*), ou, pour les chantres, leur spécialité vocale (Agnus, Dominus). Pour les domestiques, ce peut avoir été la région d'origine (Bourguignon, Lorrain). Enfin, mille histoires vécues fournissent une foule de noms comme Tulou (= qui a tué un loup), et bon nombre de surnoms se rapportant à un fait précis se sont transmis bien que leur sens ait été oublié. Il peut avoir résulté d'une action, d'une situation, mais aussi d'une évolution tortueuse et compliquée que l'on ne pourra plus jamais retrouver et encore moins comprendre. Bien souvent, il faut donc se limiter à dire sur quel mot a été formé un nom de famille. L'expliquer relève de la fiction et de l'acrobatie sans filet. Pourquoi avoir appelé quelqu'un *Mangematin*, *Percepuce* ou *Frilesaux* (frit les ails)? Pensez aux surnoms qui avaient cours dans votre école ou dans votre famille, ou à ceux qui ont encore cours dans les villages. La société et les mentalités n'ont guère changé depuis huit siècles!

LES NOMS D'ORIGINE ET D'HABITATION

Cette dernière catégorie est, avec des nuances régionales, extrêmement étendue. Elle rassemble plusieurs contingents de noms de famille qui ont des valeurs différentes. On peut en effet dégager une règle faisant dépendre la valeur du nom de la valeur géographique de celui sur lequel il s'est formé.

Il y a d'abord les noms de migrants, voyageurs, routiers en tout genre (*Deloin*, Pèlerin...), sans oublier les nouveaux venus au village (Nouveau, Larrivé...). Il y a ensuite les étrangers, ceux venus d'une province ou d'un pays lointain (la notion de territoire national n'est pas perçue par la population) : Langlois, Normand..., qui peuvent aussi avoir été des noms analogiques. Viennent ensuite les noms de villes ou de villages d'origine :. Toulouse, Derouen, Degournay. Rien ne dit que tous ces noms, donnés par les villageois au nouveau venu, n'aient pas, pour lui, remplacé un surnom préexistant, incompréhensible aux yeux de ses nouveaux compatriotes. L'homme nouvellement arrivé se présente comme Bourguignon, non comme Percepuce : « Je suis Guillaume, le Bourguignon. » On n'a pas à cette époque conscience du nom de famille et on ne le décline pas avec son identité. Il ne s'est pas encore imposé. Ce type de dénomination par des régions ou villes d'origine peut avoir eu cours de ce fait longtemps encore après le dégagement et la fixation des noms de famille, jusqu'au XIVe ou XVe siècle.

Les noms de villes sont donc des noms d'origine, non d'habitation. Il aurait été stupide de dénommer Toulouse un habitant de Toulouse. Il en va de même pour les noms formés sur des noms de paroisses ou de bourgs importants. Par contre, les noms de hameaux alors peu peuplés, de lieux-dits, d'écarts, et de fermes isolées se référaient à l'habitation. Ils étaient des surnoms d'origine pour ceux qui les donnaient, appelant Hugues Delameloise cet Hugues, sans surnom, qui venait dans l'agglomération depuis son hameau nommé La Meloise. Ils sont donnés à des individus vivant peu en société et ne laissant donc guère de prises aux commérages du bourg. Ils n'excluent pas cependant une possibilité d'évolution. Si Hugues Delameloise devient un pilier de café, pardon, de « taverne », il peut se voir rebaptiser Hugues Meurdesoif ou Hugues Boivin... Enfin, cette appellation d'après le hameau va souvent être donnée de façon générique à plusieurs des familles qui y sont établies, même si elles se trouvent sans parenté entre elles (ce qui ne doit pas être très fréquent compte tenu de la restriction géographique du choix matrimonial de l'époque). Ces noms, du moins au départ, sont souvent précédés de prépositions et d'articles comme dans Dumousseau, Denuzière, Delabeluze, Desessarts, qui peuvent ensuite être oubliés.

Ce type de formation sur des noms de lieux précis est particulièrement répandu en pays d'habitat dispersé. On peut cependant en rapprocher, en toutes régions, une catégorie de surnoms très courants, se référant au voisinage de l'habitation, à sa localisation. Ce sont les célèbres Dupont, Dubois, Delaplace, Laplace, qui renvoient à des repères évidents, mais qui peuvent aussi viser des lieux-dits très précis nommés « La Place », « Le Bois »..., d'autant plus précis s'ils sont qualifiés, comme dans Beauchamp, Maumont (mauvais mont), Beaupuis (belle montagne)...

LES NOMS ALLOGÈNES

Sous cette dénomination savante, on réunit les noms de famille formés dans des langues qui avaient cours et ont souvent encore cours dans certaines provinces.

Les noms corses ont ainsi subi une large influence italienne. Ils sont en majorité formés sur des noms de baptême, souvent assortis de suffixes ou diminutifs, en particulier « -ini », « -etti », « -oni », « -ucci ».

Les noms d'Alsace-Lorraine se sont souvent référés à la profession. Leurs diminutifs sont caractéristiques des langues germaniques : « -lin », « -lein », « -ing ».

Les noms flamands, très influencés par le néerlandais, offrent certaines formes typiques : le « s » final sur les noms de baptême, signe de filiation (Pauwel*s* = fils de Paul), est souvent une altération de « son » pour le néerlandais « zoon », comme Colson pour Colas-zoon (= fils de Colas, pour Nicolas). Beaucoup, enfin, se rapportent à un lieu avec le fameux « van » (= de) ou « van der » (= du) qui peut être contracté en « ver ».

Les noms bretons sont souvent des sobriquets, physiques ou moraux. Deux terminaisons typiques : « -ec », surtout fréquent pour les particularités corporelles (*Bourvellec* = homme aux gros yeux) et « -ic ».

Les noms basques, enfin, sont presque tous (à plus de 90 p. 100) des appellations de terre et de maison, tant l'importance de cette dernière est déterminante. Dans les valeurs et les mentalités, la maison basque a toujours eu le pas sur la famille, c'est par elle que l'on désigne, c'est elle qui mesure la pérennité d'une dynastie. A remarquer que, à part des migrations temporaires pour l'Amérique au siècle dernier, les Basques ont peu émigré jusqu'à une période récente.

Les noms israélites sont évidemment à part, ne serait-ce que par leur histoire et leur récente formation. Au Moyen Age, les juifs étaient peu nombreux à vivre dans l'actuel Hexagone, se cantonnant à quelques colonies établies dans certaines villes du Midi. Au XVIIe siècle, leur nombre augmente du fait de l'annexion de l'Alsace (1648). Ils demeurent cependant urbains, et portent des noms assez anarchiques, que l'on suit difficilement, faute de l'équivalent pour eux de nos archives paroissiales qui enregistraient les baptêmes. Sous l'Empire, et essentiellement dans l'optique de faciliter la conscription napoléonienne, un décret de juillet 1808 leur fait obligation de prendre un nom de famille dans les trois mois. Ils choisissent alors souvent le nom de leur ville d'origine, un nom à valeur religieuse, ou parfois un ancien surnom déjà porté par la famille ou à valeur familiale comme Rothschild, nom d'une enseigne de commerce signifiant « bouclier rouge ». Leur descendance reste aujourd'hui en grande majorité urbaine, ce qui a pour conséquence, parfois, de fausser les données anthroponymiques. Ainsi, dans l'annuaire des abonnés au téléphone parisien, Cohen et Lévy (cumulé avec Lévi) arrivent ex aequo en troisième position au palmarès des noms les plus courants, ce qui, évidemment, ne vaut pas à l'échelle nationale.

Les noms composés sont-ils des noms bourgeois? Pas forcément. Très fréquents dans l'Est, le Dauphiné, mais observés aussi dans d'autres régions, ils sont souvent nés d'un besoin de précision provoqué par une nouvelle homonymie. Les Tissot ou les Didier sont devenus trop nombreux au village et dans la région, si bien que l'on s'y perd à nouveau entre les huit ou dix Jean Tissot ou Pierre Didier. On recommence donc à surnommer, par le nom de l'épouse, de la mère, du lieu ou de la maison, du métier, du caractère. Et cela donne les Lambert-Couquot, les Vieillard-Genevois, les Morot-Gaudry, les Tissot-Pin..., qui n'ont rien de bourgeois quant à leurs origines.

Ce qui, par contre, est très bourgeois, et même souvent propre à la bourgeoisie politique, c'est le nom précédé d'un prénom avec trait d'union, comme Casimir-Perier ou Pierre-Brossolette. On a affaire ici à des familles qui ont demandé en justice le droit de modifier ainsi leur nom de manière à rappeler la mémoire du grand homme dont elles descendent.

Au reste, il n'y a pas de noms « bourgeois ». Par contre, les noms nobles, eux, méritent d'être remarqués. Beaucoup de légendes les entourent et il convient, en évoquant leur histoire, de bien faire la part des choses afin d'en comprendre la formation et la valeur.

Tout d'abord, la fameuse « particule ». Elle est en la matière un véritable mythe. En réalité, elle ne signifie rien, apportant, tout au plus, une présomption d'ascendance notable.

Seules des lettres de noblesse officielles prouvent la noblesse, tout le reste n'est qu'apparence et peut n'être que fantaisie orthographique accidentelle ou recherchée. On peut aujourd'hui porter un nom noble sans être noble soi-même, par exemple lorsque l'on a été autorisé par le Conseil d'État à relever le nom d'une grande famille éteinte, dont on est le descendant (c'est le cas des Giscard d'Estaing). Le général De Gaulle a toujours émis des réserves sur l'origine noble de sa famille pour laquelle on a du mal à trouver des preuves. Il convient, alors, d'orthographier « De Gaulle », avec un « d » majuscule. Au reste certains Delaplace, tout à fait roturiers, ont pu voir, sans aucune intervention de leur part, leur nom écrit De la Place, ou De Laplace, ou encore de Laplace....

Les noms nobles ont connu des types de formation particuliers. Les plus anciennes familles, que l'on appelle la noblesse d'extraction, sont nobles de toute antériorité sans posséder aucun titre écrit. Leurs ancêtres étaient souvent déjà des compagnons des rois carolingiens. Peu subsistent cependant, comme la famille de Rochechouart, la famille d'Harcourt, la famille de La Rochefoucauld..., dont les noms se sont fixés avant les noms de famille roturiers.

Plus tard, lorsque le roi se réorganisa et reprit le pouvoir en main, il décerna des lettres d'anoblissement à des familles qui avaient déjà reçu des surnoms. Au XIIIe et au XIVe siècle, il arrive souvent que le titre conféré se soit substitué au nom préexistant, alors tombé dans l'oubli (sans toutefois que l'on puisse voir là un comportement de mépris ou de rejet du nouvel anobli pour le nom de ses pères). A partir de la Renaissance, le nom patronymique s'est en principe conservé, d'où les si nombreux Martin de Grandchamp, Leclerc du Prélong... Parallèlement, dans les familles notables et propriétaires de terres, on prit l'habitude de faire suivre son nom du nom de sa terre, ce que l'état civil entérina souvent, sans pour cela engendrer la moindre noblesse. Ce sont là des noms bourgeois, preuve d'un statut social assez élevé avant la Révolution, mais qui peuvent aussi avoir été, plus ou moins complaisamment, forgés et enregistrés au XIXe siècle. Disons enfin qu'il peut y avoir une différence entre le nom, tel qu'il est écrit sur une carte de visite, et celui officiel, à l'état civil. Rien ne vous empêche, dans la vie courante, de faire suivre votre nom d'un nom de terre comme rien ne vous interdit de prendre un pseudonyme. Sachez cependant deux choses élémentaires. Les vrais nobles, entre eux, ne parlent jamais de noblesse et, dans la vie courante, en parlant d'une famille noble ou d'un de ses membres, vous devez faire abstraction de la particule. Vous ne parlez pas des fables de De La Fontaine. De la même manière, vous devez dire, en parlant de la famille « les La Rochefoucauld, les Maupassant ». Dites, en parlant de lui, « Monsieur de Saint-Victor, ou Monsieur de Villeneuve », lui, en se présentant, dira « Saint-Victor » ou « Villeneuve », et vous, si vous omettez le « Monsieur », direz de même. Dire « de Martimprey est là » est très incorrect, vous devez dire « Martimprey est là », sauf si le nom ne compte qu'une syllabe (« Les De Gaulle », « De Gaulle est là »). Dans le même ordre d'idées, rappelez-vous que les titres sont réservés à l'usage des domestiques. N'appelez jamais un comte Monsieur le Comte, mais Monsieur, sauf pour les ducs et duchesses. Vous pouvez aussi l'appeler directement « Baron », « Comte », « Marquis » (sauf toujours le duc « Monsieur le Duc »), et « Prince » (pour ce dernier la formule est même recommandée). Tout cela, évidemment, ne vaut que dans le cas où vous n'appelez pas ces personnes directement par leur prénom.

Le contexte de l'époque

Comprendre la valeur de tel ou tel nom de famille n'est cependant pas aussi simple. La difficulté principale vient essentiellement du fait que nous sommes complètement « déconnectés » par rapport aux valeurs, aux mentalités, aux décors qui ont été ceux de l'époque où ces noms se sont dégagés. Cette époque, nous ne la connaissons souvent que par les livres d'Histoire scolaires retraçant la vie des princes et des rois, la chronologie des guerres et des successions sur le trône. Autant dire que ces éléments ne nous aideront guère à comprendre la vie des « petits et des sans-grades », des humbles paysans ou artisans d'une époque qui était tout autre et qui importe davantage pour la compréhension des processus décrits.

QUAND LA FRANCE N'EXISTAIT PAS

Le pays ? la patrie ? la France ? le royaume de France ? Au XIIe siècle toutes ces notions sont bien floues. Les derniers Carolingiens s'étaient montrés incapables de gouverner et, partout en Europe et à tous niveaux, la puissance publique s'était morcelée, émiettée, effilochée. C'est le régime de la féodalité. Par un phénomène de décentralisation poussé à son maximum, le pouvoir appartient à une foule de vassaux et d'arrière-vassaux qui l'exercent chacun à l'échelle d'un fief plus ou moins important : ils sont les « seigneurs » de nos livres d'Histoire. A la tête de cette pyramide, tout au moins en théorie : le roi, mais un roi sans pouvoir réel. Un roi désormais capétien, depuis que cette nouvelle dynastie a su s'asseoir sur le trône. Cette dynastie, cependant, va s'acharner à reconquérir mètre carré par mètre carré le territoire royal, et surtout à affirmer peu à peu la puissance royale et l'indépendance extérieure, vis-à-vis du pape et de l'empereur, et intérieure, vis-à-vis des seigneurs féodaux. Si Bouvines en 1214 reste une grande date de l'Histoire de France, c'est justement qu'elle réalise et confirme cette suprématie royale.

En attendant, quelle idée nos ancêtres, modestes paysans, se font-ils de tout cela ? Le roi, à leurs yeux, n'a aucune présence ni aucune réalité, sauf pour qui le voit passer lorsqu'il vit sur son domaine personnel, le domaine royal, longtemps limité à une large Ile-de-France. Paris, alors, n'a pas le rayonnement incontestable qu'elle aura par la suite. Elle ne fait pas plus figure de capitale qu'Orléans ou Reims. Quant aux frontières, aux étrangers, voici des notions bien difficiles à percevoir pour le commun des mortels. Les premières sont floues et souvent enchevêtrées et superposées : les frontières du royaume ne correspondent pas, loin de là, avec celles des fiefs et les différences de langues et de mentalités sont les seules marques de distinction entre les habitants des différentes provinces qui pour la plupart n'ont jamais de contacts, si ce n'est par la rencontre de pèlerins, de marchands ou de migrants qui sillonnent les routes. On conserve, de façon souvent déformée, le souvenir pénible des déjà lointaines invasions (dont les Hongrois au Xe siècle en Bourgogne, en Berry et jusqu'en Aquitaine) et surtout des Arabes qui ont plusieurs fois ressurgi sur les rivages de la Méditerranée bien après Poitiers et que les croisades vont aujourd'hui combattre au bout du monde. Nation et patrie n'ont donc à cette époque pas la moindre réalité.

De plus, dans ce que l'on appelle le « royaume », il est

difficile de communiquer. Hormis la langue savante qui est le latin, les parlers « vulgaires » sont aussi nombreux que variés. A côté du basque, de l'alsacien germanique et du breton apportés par les insulaires fuyant les envahisseurs angles et saxons, il est parlé trois types de langues dans le pays : la langue d'oïl, au nord, jusqu'en Berry et en Poitou, la langue d'oc au sud et le franco-provençal dans le Lyonnais, le Forez, les Alpes et jusqu'au Jura. Certes les textes en langue vulgaire, peu nombreux, rencontrent beaucoup de succès auprès des populations, comme la « Chanson de Roland », écrite au Xe siècle, les récits de Chrétien de Troyes (« Perceval ») contemporains, à la fin du XIIe, le fameux « Roman de Renart » et les nombreux fabliaux qui amusent tant nos aïeux. Mais ces textes ne peuvent suffire à créer une véritable langue nationale, tant les variantes dialectales sont nombreuses selon les terroirs, tout comme le sont d'ailleurs les coutumes au plan juridique.

Mais cette variété même n'est pas ressentie par l'homme de l'époque. Souvent, celui-ci n'a pour tout horizon que la limite de sa seigneurie, comme beaucoup de paysans du siècle dernier n'avaient encore jamais quitté le territoire de leur commune.

FÉODALITÉ ET SEIGNEURIE : L'AUTARCIE GÉNÉRALISÉE

La société féodale est basée sur les liens d'homme à homme. Le roi, ne pouvant défendre et administrer seul son royaume, le partage entre des vassaux qui lui devront l'assistance militaire et l'aide financière. Toujours en schématisant, le vassal fait de même avec des arrière-vassaux, et cela jusqu'à une unité territoriale à échelle humaine : le fief que le seigneur administrait directement, autrement dit la seigneurie.

A ce niveau, le seigneur devait cependant à nouveau

déléguer. Il concédait alors la terre par lots individuels appelés tenures, qu'il partageait entre les paysans. Il leur garantissait la protection militaire. Eux, en échange, lui devaient des redevances ou des participations. Les corvées, les heures de guet au château édifié par le seigneur étaient leur participation à la défense militaire. Les redevances, en nature ou en argent, correspondaient en gros à une sorte de loyer, à la différence que, comme le fief confié au vassal par le roi, la terre concédée par le seigneur n'était que tenue, c'est-à-dire qu'elle n'était remise que de façon précaire et révocable. C'est seulement à partir du XIIIᵉ siècle que les fiefs tendent à devenir héréditaires, alors que de leur côté les paysans cherchent à s'affranchir de la tutelle seigneuriale.

La seigneurie, dans un premier temps, propose aux paysans des avantages et des équipements intéressants. Au centre, le château peut servir de lieu de refuge. Il est jouxté par un jardin privé, dit le « vol du chapon » et réservé à l'usage du seigneur. Le reste de la seigneurie se compose de terres communes et de terres concédées. Les terres communes sont les bois et les pâturages avec leurs droits d'usage : cueillette, ramassage du bois mort et de la tourbe... (à l'exception de la chasse qui, comme la pêche, est toujours réservée au seigneur), et pâture du bétail. Les terres concédées sont donc destinées à la culture, essentiellement céréalière, et sont tenues sous différents statuts : le manse ou la censive, cette dernière, plus récente, ayant l'avantage d'être soumise au paiement d'une redevance fixe : le cens. Enfin, des équipements collectifs sont mis à la disposition des habitants moyennant des taxes d'utilisation : le four, le moulin, le pressoir et souvent la forge. Véritables monopoles, d'usage obligatoire, ils sont soumis au droit « banal » du seigneur, d'où leur nom de banalités. Pour parachever sa gestion, le seigneur est enfin investi de la puissance judiciaire qui lui permet de veiller à l'exécution de ses propres lois. Le monde féodal ignore, au niveau de la pratique, la séparation des pouvoirs. L'homme est donc souvent prisonnier de cette organisation.

Lorsque naissent nos noms, il est toutefois encore possible de changer de statut et de position sociale.

Jusqu'au XIIe siècle, la noblesse n'a rien d'un ordre privilégié. On peut y entrer par l'acquisition d'un fief ou par l'accès à la chevalerie qui se recrute en partie encore chez les roturiers. Ce n'est qu'à la fin du XIIe que la noblesse se ferme sur elle-même et surtout au XIIIe, lorsque le roi s'arroge le monopole des anoblissements (autre façon pour lui de s'affirmer). Jusqu'alors les nobles sont avant tout des militaires et se contentent d'être exemptés de la taille.

Il en va de même pour les clercs et religieux de tous ordres, recrutés eux aussi en majorité chez les roturiers.

Ces roturiers, quant à eux, connaissent plusieurs statuts dont, en schématisant, deux principaux : les vilains et les serfs.

Le vilain (habitant à l'origine une « villa », c'est-à-dire un domaine rural) est un homme relativement libre, principalement en ce sens que ses obligations (redevances, corvées) sont fixes. Il est « corvéable à bone » (« bone » signifiant ici borne, d'où notre mot « abonner »), alors que le serf est « corvéable à plaisir », ou encore « à merci ». Tous deux sont soumis à deux grandes sujétions : le formariage, les obligeant à payer une taxe pour pouvoir se marier avec une personne dépendant d'une autre seigneurie, et la mainmorte, qui n'est autre que notre actuel droit de succession permettant à l'héritier du tenancier de se voir confier à son tour la tenure que son père avait perçue de façon précaire et personnelle.

Dans le courant du XIIe siècle, cependant – et donc à l'époque du dégagement de nos noms –, beaucoup de vilains s'affranchissent de ces obligations. Parallèlement, le servage recule déjà dans de nombreuses régions. Il disparaît de l'Ouest (Bretagne, Normandie, Anjou) pour rester très vivant en

Languedoc, dans le Nord-Est, en Champagne... Beaucoup de serfs s'en voient libérer en acceptant de participer pour leur seigneur à la création de villes nouvelles et au défrichage de terres, d'autres, aussi, en « déguerpissant » pour se réfugier dans une de ces communes jurées dont les habitants, associés, tiennent tête au seigneur, et qui se multiplient un peu partout. C'est là une donnée nouvelle, fondamentale. D'autant que ces villes donneront naissance à une nouvelle société indépendante, appelée bourgeoisie du fait de sa résidence dans ces bourgs.

En marge de cette société, deux catégories : les aubains et les juifs.

Les « aubains » sont les étrangers, les gens extérieurs à la seigneurie (alibi natus = né ailleurs). Leur statut s'améliore. Heureusement pour eux car, jusqu'à cette époque, le seigneur du lieu où ils viennent à mourir recueille automatiquement leur succession. Pour un seigneur, c'est une « aubaine », mais pour un marchand, c'est un risque énorme qui le guette à tout instant. Aussi les choses changeront-elles, dès que le commerce va se développer.

Les juifs, alors, ne sont pas persécutés. Ils sont acceptés, surtout en tant que banquiers, puisque l'Église interdit aux chrétiens tout commerce d'argent. Or l'Église occupe alors une place prédominante à tous les niveaux de la société et de la vie.

DIEU, SES SAINTS ET SES MINISTRES

Au niveau des mentalités, il y aurait beaucoup à dire sur la foi et la pratique religieuse de nos ancêtres. Pour écarter les superstitions et asseoir le catholicisme, l'Église avait commencé par intégrer et rhabiller en saints d'anciennes divinités païennes. En y ajoutant tous les nouveaux saints, le pays était truffé de reliquaires, de tombeaux sacrés et regorgeait de traditions miraculeuses.

L'Église, centre de toute vie intellectuelle à l'époque, était la seule valeur universelle tout en étant pleinement intégrée au monde féodal. Ses évêques et ses abbés portent souvent des titres seigneuriaux. Mais c'est essentiellement par ses représentants qu'elle est proche du petit peuple.

Aux Xe et XIe siècles, la France a vu se multiplier les « blancs-manteaux », ces églises toutes neuves, mais aussi souvent bien petites, qu'on édifiait dans la moindre paroisse. A l'époque du dégagement des noms, c'est une soixantaine de cathédrales et plusieurs centaines de grandes églises qui sont élevées dans un immense élan. Comme l'art roman, l'art gothique glorifie Dieu dans un véritable livre d'images retraçant par les fresques et les sculptures l'Histoire sainte et les Écritures sacrées.

Les curés de village offrent de plus prosaïques images humaines, devenant des personnages à succès de la littérature populaire, tout comme le moine gros et gras, toujours soupçonné de simonie et de défauts de toute sorte. Dès la fin du XIe siècle, la vie érémitique se redéveloppe dans le pays et surtout à l'instigation de Cluny (qui compte huit cents maisons au milieu du XIIe) et de Cîteaux, elle est souvent à l'origine de défrichements et de progrès agricoles, sans oublier, pour Cluny, son influence au niveau de la pratique des pèlerinages, à commencer par celui de Saint-Jacques, en Espagne.

Les noms se sont donc formés à l'époque de la construction des grandes cathédrales, mais aussi à celle où l'Église organise l'assistance aux pauvres, aux lépreux et aux malades, à l'époque où, déjà, elle possède son armée spécialisée dans la lutte contre l'infidèle : les templiers.

Mais cette époque où les patronymes se dégagent et se fixent est surtout, à bien des plans, une ère de profonds bouleversements. Nos lointains ancêtres vivent une véritable révolution.

Une période charnière

Nos noms de famille ne deviennent guère héréditaires avant le XIII⁰ siècle. Ils s'inscrivent, en cela, dans un vaste courant général qui tend à fixer les choses et les gens, à faire d'une société hypermobile une société stable. A tout niveau, tout tend en effet à devenir héréditaire, depuis le royaume qui se transmet de père en fils au sein d'une même famille, jusqu'au statut personnel, aux fiefs, aux dignités et quelquefois aux métiers et aux terres. La famille devient, dans tous les domaines, l'axe de transmission des biens. Elle a elle-même besoin d'être identifiable et durable. Et cela, seule la transmission du surnom, né spontanément du boom démographique, peut le permettre.

Le nom apparaît donc à une période charnière de notre histoire économique, sociale et politique. Tout bouge, tout évolue, aux nuances régionales près car, bien évidemment, les progrès n'apparaissent pas partout en même temps. Les données qui suivent sont donc des données moyennes.

NÉS EN PLEINE RÉVOLUTION AGRICOLE

Les historiens du climat ont montré qu'en ces siècles, un réchauffement général avait doté l'Europe d'un climat doux et bienfaisant. On peut sans doute y voir une des explications de la reprise démographique par un recul des disettes saisonnières et des épidémies, et donc de la mortalité, infantile surtout.

Les hommes étant plus nombreux, de nouvelles terres doivent être défrichées pour les nourrir. Seigneurs et monastères donnent l'exemple. La forêt recule et le pays, présentant autrefois une juxtaposition de clairières habitées, de landes sauvages et de grandes forêts, va changer de visage. Selon les cas, le défrichement est le résultat soit d'une œuvre individuelle (surtout dans les régions d'habitat déjà dispersé, comme dans le Centre, où l'on s'attaque plus à des friches qu'à des forêts), soit d'une œuvre collective (dans les régions aux points d'eau plus rares, dans le Nord, l'Est, le Bassin parisien, l'Aquitaine..., ou encore lorsqu'il s'agit de travaux plus importants comme l'assèchement de marais).

Ces travaux auraient été difficiles à mener autrefois. Ils sont désormais rendus possibles et accélérés par de nombreux progrès techniques. Le XIe siècle a vu apparaître la herse et surtout trois innovations capitales qui se sont peu à peu répandues : le cheval comme animal de trait, beaucoup plus rapide que le bœuf, mais qui ne s'imposera cependant pas dans toutes les régions ; la charrue à roue, plus maniable, dotée d'un soc et d'un coutre de fer, puis d'un versoir qui creuse largement le sillon et rabat la terre sur le côté ; le ferrage des animaux, enfin, grâce à l'augmentation du nombre des forgerons. Aussitôt les rendements céréaliers augmentent. Le XIIIe siècle verra se développer deux activités commercialisables : la vigne et l'élevage du mouton produisant des toisons de laine recherchées par toute une industrie naissante.

NÉS EN PLEINE RÉVOLUTION INDUSTRIELLE

Le XIIe siècle voit l'apparition des premiers moulins à foulon, à fer, à tan, à chanvre. Au XIIIe, ce sont les premiers moulins à vent, l'invention du métier à tisser, de l'escalier à vis, de la voûte d'ogive, des barrages... C'est une véritable révolution des techniques industrielles, avec, sans cesse, une progression du fer dans l'outillage et dans la vie quotidienne (de nouvelles haches et de nouvelles scies facilitent également le travail de l'essarteur). Comment s'étonner, dès lors, que cette première révolution industrielle soit aussi lourde de conséquences que le sera la seconde, au XIXᵉ siècle, bouleversant à tout niveau la vie du pays et des familles ? Le développement de l'industrie drapière médiévale, dans le Nord, suffit à transformer la vie économique d'une région, influençant bientôt le pays tout entier.

NÉS EN PLEIN RENOUVEAU ÉCONOMIQUE ET COMMERCIAL

L'époque du dégagement des noms est aussi celle des grandes croisades. D'un côté, elles ont dirigé sur les royaumes durement conquis sur les musulmans une partie du trop-plein en hommes résultant de la poussée démographique. D'un autre, elles ont considérablement contribué à développer le commerce international et méditerranéen. Entre les deux pôles de la Flandre industrialisée au nord, et des riches ports exportateurs du sud, principalement Venise, un axe d'échanges et de déplacements s'équipe rapidement, fréquenté par les hommes d'affaires de l'époque, grands marchands professionnels achetant et revendant épices et soie, draps, armes, sel, vins, bois de construction, céréales. C'est sur cet axe que naissent les grandes foires : Lagny, Provins, Bar-sur-Aube, Troyes, Chalon-sur-Saône..., alors que la vallée de la Seine devient déjà une artère importante dont Paris saura tirer parti. Parallèlement, des marchés, plus axés sur la consommation directe, se développent dans les villes et les seigneuries. Des routes sont aménagées. Les communications se font entre provinces par une foule de commerçants ambulants. Au moment où apparaissent les noms, les terroirs commencent à s'ouvrir sur l'extérieur.

NÉS EN MÊME TEMPS QUE LES VILLES

Tout est lié. Le commerce développe le tissu urbain, la ville favorise et multiplie les échanges. Car la ville, alors, est un phénomène nouveau et tout à fait révolutionnaire.

Parallèlement aux grands défrichements, le XIᵉ siècle connaît en effet un extraordinaire essor urbain avec la fondation de nombreuses villes nouvelles.

Certaines sont nées sur l'initiative des seigneurs, comme centres d'habitation pour ceux qui exploitent les terres nouvellement défrichées, mais la majorité, au contraire, sont nées en réaction contre leur pouvoir.

Spontanément, en effet, les hommes se sont souvent associés et organisés : les marchands, pour faire du commerce, les particuliers pour se défendre contre les actes de brigandage et l'insécurité, les paysans pour s'affranchir des monopoles seigneuriaux comme péages et banalités. La lutte avec le seigneur est alors souvent âpre. Les hommes fondent une commune dite « commune jurée » et exigent sa reconnaissance, quitte à réclamer l'appui du roi qui commence à « compter » dans ce monde féodal qui se défait.

NÉS EN PLEIN CHANGEMENT
DES VALEURS ANCIENNES

La première conséquence de cet essor urbain est, en effet, de faire chanceler le régime féodal. Basé sur la terre et sa propriété, il va peu à peu laisser place à un système différent, basé sur l'argent.

La ville devient lieu de commerce, et aussi d'artisanat. Les métiers s'organisent en ce qui préfigure les fameuses corporations. Les monopoles seigneuriaux sont sérieusement amoindris par la concurrence. En sens inverse, la ville, pour son approvisionnement, fait appel à la campagne. L'argent circule. Il permettra aux bourgeois, cette nouvelle catégorie sociale libre et indépendante, d'acheter des fiefs. Il permettra aux serfs d'acheter leur liberté et parfois aux vilains d'acheter leur terre. Tout le système féodal est remis en question. Les mentalités vont évoluer alors que, par réflexe de défense, les cloisons sociales vont se renforcer.

A l'époque du dégagement des noms de famille, c'est un monde nouveau qui se met en place.

UNE FAMILLE INDIVIDUALISÉE

L'Église, avant tout, a eu soin de s'imposer dans la vie quotidienne. Le baptême, puis le mariage sont devenus des sacrements obligatoires régis par des lois rigoureuses. La famille, enrôlée par le curé, a par ailleurs évolué dans sa structure ou du moins évolue lentement.

Attachée au sol, à la seigneurie, à sa tenure, elle s'identifie souvent à une maison, qui est, selon les régions, un *ostal*, une *casa*, une *domus* ou un *Haus,* et qui devient la cellule de production et de consommation. Là, même si elle y vit souvent en étroite promiscuité avec les animaux, la famille s'est sans doute réduite à des proportions plus proches de la nôtre, la meilleure preuve en étant que, dans le courant du XIIᵉ siècle, la taille, l'impôt roturier, devient personnelle et que le chef du « feu » en est redevable. La famille, dès lors, se limite donc à ceux qui vivent « à même pain et pot », ce qui sous-entend sous un même toit. La famille existe désormais en tant qu'entité. Elle doit être identifiable, il lui faut un nom. Le surnom de l'un de ses membres va servir à dénommer les autres. Selon les régions et les cas, c'est le plus généralement le père qui a la suprématie (surtout dans le Midi, où l'esprit du droit romain très patrimonial est resté très fort). Le nom, alors, suit le courant général, et, comme le trône, les fiefs, les dignités, il devient lui aussi héréditaire.

La transmission des noms de famille

Le surnom individuel devient donc surnom familial, parfois moyennant quelque adjonction rappelant la filiation (Aumartin, Dejean, Moutonet, Grasset...). Ainsi formé, il n'est cependant pas au bout de son chemin. En France, le nom de famille n'a été véritablement et définitivement stabilisé qu'au début de notre siècle. C'est dire que, durant six cents ans, il a pu connaître bien des vicissitudes.

Les premières furent des vicissitudes de langue. Ce sont elles qui, même après son dégagement, peuvent modifier le nom en fonction d'un parler régional ou d'une évolution générale. Ce sont ainsi les Charles qui sont ici Chales ou Chasles ou les Gauthier qui, dans l'Est, sont souvent des Vauthier, ce sont encore des charrons qui, dans les pays méridionaux, en Normandie et en Picardie, donnent des Caron ou Carron plutôt que Charon ou Charron. Certaines évolutions les modifient aussi par des changements de son multiples dont le plus récent est le passage du son « oi » au son « ai » : « je chantois » devenant « je chantais », Langlois devenant souvent Langlais.

Les secondes sont nées de l'incompréhension du sens du nom. On a vu comme bien souvent celui-ci devenait rapidement imperméable, surtout pour les sobriquets se rapportant à une anecdote précise. C'est pourquoi seule la connaissance de la forme ancienne peut permettre de comprendre sur quels mots il a été formé à l'origine. Nectoux, en Bourgogne, est inexplicable si l'on ne retrouve sa graphie du XVe siècle : « Nyquetoux », forgée sur « nyquet » ou « niquet », une pièce de monnaie sans valeur (surnom de celui qui ne vaut pas grand-chose).

Mais les plus fréquentes, les plus nombreuses, qui sont même inévitables, sont les déformations et variétés orthographiques. Nés du langage parlé, les noms, lorsqu'ils sont appelés à être écrits par des prêtres ou des collecteurs d'impôts ne peuvent généralement pas être épelés par nos ancêtres analphabètes, d'où des graphies en principe phonétiques, en tous les cas diverses, au point de pouvoir évoluer dans le corps d'un seul et même acte pour désigner une seule et même personne. Nul, sous l'Ancien Régime, n'attachait vraiment d'importance à l'orthographe d'un nom patronymique. Quiconque a quelque expérience des archives le sait : les noms de famille n'ont pas d'orthographe. Deux frères, même nés au XIXᵉ siècle, peuvent en avoir reçu deux différentes. Les Houdin sont les cousins des Oudin, les Trotrot ceux des Trottereaux... Pour mon propre nom, les deux sons « o », orthographiables de plusieurs façons (« o », « au », « eau ») et terminables de même (« t », « d », « x ») m'ont livré une bonne douzaine d'orthographes différentes auxquelles s'ajouteront même des Boucarnaud ou Boucarnot (« bou » étant la forme patoise), voire jusqu'à quelque Boquarnaud !

Ce n'est qu'avec la création des livrets de famille, vers 1877 selon les départements, que les noms sont en principe fixés définitivement. Je dis bien, en principe, car le paysan analphabète venant déclarer son enfant à la mairie en 1908 était connu de tout le village et l'on n'aurait jamais eu l'idée d'exiger la présentation du livret de famille oublié dans sa ferme à quatre ou cinq kilomètres (que l'on fait naturellement à pied). Et l'acte était rédigé avec une orthographe ou une autre.

De la même façon que pour les prononciations, les noms ont également subi les conséquences de la mode orthographique faisant d'un gasteau (prononcé gâteau), un gâteau, d'un pastre, un pâtre, même si certains noms ont conservé la graphie ancienne, fidèle à la forme latine, comme Pastoureau ou Lasne pour Patoureau et Lâne.

Mais mille autres accidents de parcours ont pu survenir.

On a vu comme Pierre Cocu, quittant sa femme et ses malheurs, part de son village lorrain et s'établit en Anjou où on pourra l'avoir surnommé Lorrain ou Leroux ou Boiteux, selon les cas. On sait que certains noms d'origine étrangère ou régionale ont pu être traduits, des Schneider devenant Tailleur ou Couturier.

Au niveau des préfixes et particules, l'instabilité est étonnante, allant par exemple de « Delaplace » en un, deux ou trois mots, à « Laplace » en un ou deux mots et jusqu'à « Place »; et tout cela incontestablement pour une seule et même famille.

Autre donnée : il serait abusif de croire que tous les noms de famille se sont formés et fixés à la même époque. Comme le contexte général dans lequel ils se sont dégagés doit comporter beaucoup de nuances et de corrections selon les régions, le processus et l'époque de fixation ont pu varier de la même façon. Ainsi, dans les Vosges, les noms ne deviennent souvent définitifs qu'au début du XVIIIe siècle. Jusqu'à cette époque, avec les noms composés, on a souvent affaire à une évolution en chaîne. *Jean*pierre, nom patronymique, devient pour le fils Didier*jean*, pour le petit-fils Grand*didier*... D'une autre façon, en Limousin, il n'est pas rare de voir des familles de propriétaires terriens changer de nom au fil des lieux habités et cela jusqu'au XVIIIe siècle. Les Leygonie, ainsi nommés parce que habitant autrefois le hameau de ce nom, vivent désormais dans celui de La Rue. Ils seront dits Leygonie de la Rue ou Larue-Leygonie, quitte à se transformer en Larue. En Bourgogne, les vieux recensements du XVe siècle, appelés « cherches de feux », désignent dans presque tous les hameaux et lieux-dits les familles qui y vivent par le nom de ce lieu-dit. Les Delavault sont à La Vault, les Demortière à Mortière. Il est fort possible que ce soit là des noms de remplacement, donnés pour les besoins de la cause à des gens qui n'ont pas encore, en 1475, un surnom devenu héréditaire. Rien ne dit cependant qu'ils n'en recevront pas un par la suite.

A tout moment donc, pour différentes raisons et par des processus variés, les noms de famille ont pu se voir déformer, transformer, reformer. Il est toutefois une période qui est souvent accusée des pires conséquences à ce niveau et pour laquelle je veux rétablir ici la réalité : c'est celle de la Révolution de 1789.

Plus personne ne le conteste aujourd'hui. La Révolution de 1789 fut une révolution bourgeoise, à l'initiative d'une bourgeoisie exclue de la place qui aurait dû être la sienne. Au niveau des couches populaires, elle n'a guère présenté de conséquences directes, en dehors des délations et règlements de compte qui ont immanquablement cours lors de toute période troublée de l'histoire. Au reste, le généalogiste que je suis peut vous garantir qu'elle n'a pas eu, au plan de l'histoire des familles, les conséquences que l'on lui prête volontiers, excepté évidemment dans les rangs de la noblesse, considérablement éclaircis par la machine du Dr Guillotin.

Certaines familles ont trouvé dans la Révolution une occasion d'ascension et de réussite sociale et économique, comme d'autres y ont perdu leur position, totalement ou en partie. Mais au niveau de l'histoire profonde des familles, la vraie rupture sera la révolution industrielle du XIXᵉ siècle, qui, de 1830 à 1900, va déraciner une foule de provinciaux que le train va déverser sur le quai d'une gare parisienne ou d'une métropole régionale. La grande rupture est ici le changement de décor, de vie, de profession que ressent durement l'émigré. Changement de rythme, abandon des habitudes séculaires et des traditions, et surtout, souvent, absence de culture commune avec le propre conjoint issu d'une autre région. Rupture aussi parce que les premières générations d'émigrés, ouvriers, mineurs, domestiques, n'ont ni le goût, ni l'occasion de transmettre la culture familiale, d'où tant de familles qui ignorent aujourd'hui le lieu de provenance de leur grand-père ou de leur arrière-grand-père.

Au niveau de l'orthographe ou de la teneur des noms de famille, la Révolution de 1789 est toujours soupçonnée d'avoir fait perdre ou oublier des particules, d'avoir ressoudé des noms en deux parties, d'avoir modifié des orthographes du genre Leroi pour Leroy. Je l'ai dit : pas plus avant qu'après 1789, les patronymes n'ont eu d'orthographe. Les prêtres dans leurs cahiers paroissiaux ont toujours agi à ce niveau sans politique déterminée. Lorsqu'en 1793 ies maires ont ouvert leurs registres d'état civil – maires quasi illettrés en milieu rural –, il n'y a jamais pu avoir volonté délibérée de changer le « look » des noms de famille. Beaucoup de familles m'ont assuré avoir été victimes de 89 quant à leur nom. Je les ai toujours mises en garde contre ce genre d'a priori et jamais la recherche sur sources ne m'a démenti. Tout au plus certaines familles bourgeoises, choisissant leur camp, ont alors perdu l'habitude de faire suivre leur nom d'un nom de terre, mais il leur fut toujours possible de le rétablir dès que le calme fut revenu, sous l'Empire par exemple ou même le Directoire. Quiconque a une expérience de la recherche généalogique ne saurait me contredire. L'influence de la période révolutionnaire sur les noms de famille est extrêmement limitée. Partir sur ces bases risquerait, non seulement, de décevoir, mais d'encombrer l'enquête conduite par le chercheur, qui doit partir sur des données et des écrits et non sur des légendes. De ces dernières, il s'arrangera simplement pour avoir connaissance afin de pouvoir éventuellement réorienter ses recherches.

DEUXIÈME PARTIE

LES NOMS DANS LA VIE

Noms de baptême
devenus noms de famille :
pas toujours très catholiques

ET POURTANT,
ILS ÉTAIENT DES NOMS DE BAPTÊME

Ils n'en ont plus l'air du tout, et pourtant, une foule de nos noms de famille ont eu autrefois valeur de noms de baptême. Comment s'en étonner ? Chaque époque n'a-t-elle pas eu ses modes selon les régions et les milieux sociaux ? Les princes mérovingiens s'appelaient Caribert, Théodoric, Euric, Marcomir, Chlodwig (d'où Clovis), Dagobert, les princes carolingiens étaient des Pépin, Charles, Lothaire... Chaque dynastie avait souvent son prénom favori qui n'a souvent plus du tout aujourd'hui un air de prénom. Pépin, Archambaud, Boson, Guichard, Girard, Foulques, et bien d'autres encore tout aussi oubliés, ont été portés par les membres des plus grandes familles féodales comme les Comborn, les Beaujeu, les Anjou...

Il est évident que ces noms de baptême n'étaient pas réservés aux grands et que, la mode aidant, ils avaient également cours dans les milieux populaires. Leur origine, franque ou latine, importait peu. De plus, selon les principes généraux déjà exposés, tous ces noms se voyaient assortis de diminutifs et de variantes en tout genre. Voici donc, dans un premier temps, une liste (non exhaustive évidemment) de noms de baptême oubliés qui, sous leur forme d'origine ou une forme

augmentée d'une terminaison ou d'un diminutif, se sont transmis comme noms de famille selon les processus classiques.

Presque tous, sauf précision contraire, sont d'origine
germanique. Leur sens primitif, cependant, ne sera pas indiqué
ici, puisque nous avons vu qu'à l'époque où ils deviennent des
noms, ce sens est depuis plusieurs siècles complètement ignoré.
Peu importe donc que Fouquet ait signifié « peuple dur » ou
Gerbaud « lance audacieuse ».

Achard.

Aldebert, parfois déformé en *Audebert, Audibert.*

Allard, d'où *Allart, Lallart...*

Amand, Amans (penser à saint Amand).

Amblard (qui peut aussi venir du mot « amble », que l'on
trouve dans « aller l'amble », mauvaise démarche du cheval au
galop, d'où une éventuelle analogie physique).

Amour, d'où *Lamour* (et peut-être *Lamouroux*?).

Anquetil, d'où *Lanquetin, Lanquetot.*

Ansard.

Archambaud.

Arnal, d'où *Arnaud, Arnault, Arnold, Arnoud (x, lt)*,
Ernoux, Hernoux...

Artaud, Artaux, d'où *Lartaud.*

Ascelin, d'où *Asselin.*

Attal d'où *Attali* (Corse).

Aubert, d'où *Obert* et *Aubertin* (qui peut être aussi « au
Bertin »).

Aubin, variante d'*Albin*, ou pour *alibi natus* (= né ailleurs)
et alors surnom de l'étranger.

Aubry, d'où *Laubry.*

Audouard, Audouin.

Auffray, Offray, Lauffray, Offroy, Onffray, Onfroy.

Auger, d'où *Augereau, Augier, Laugier, Ogier, Oger* (et
Lagier?).

Authier, d'où *Lauthier, Lautier.*

Autran, d'où *Autrand, Audran, Audrain...*

Aynault, d'où *Enault, Esnault, Desnos, Henault...*

Baguet.

Ballot (le sens actuel du benêt n'apparaît qu'au siècle dernier).

Barnier, identique à *Bernier* (d'où *Besnier*), d'où *Barnaud, Barnay, Barnet*...

Barraud (-lt) ...

Baudouin, Baudoin, Beaudouin °...

Bérard, Béraud (-lt), d'où peut-être *Berland, Berral* et d'où *Braud, Brault, Brot, Brard* (formes contractées).

Bermond.

Bertaud (-lt, -x, -eau), bien que *Berthot* soit plutôt une aphérèse par *Bert* ° [1] (mais comment savoir ?).

Berthier, Bertier.

Biard (par contraction de Bighard germanique), d'où *Biardot.*

Bidart, d'où *Bidaud* ° *(-lt, -x, -eaux...)*.

Bolard (d'où *Boulard, Boulaire*).

Bonnet (il y a beaucoup de Saint-Bonnet, mais ce peut être aussi un diminutif sur l'adjectif « bon »). Idem pour *Bonnot, Bonnin, Bonnard*...

Boucaud, Boucault, d'où *Boucard* et parfois *Bouchaud*, voire aussi *Bouchard* (à moins qu'on ait pour ce dernier une référence à une grande bouche). De *Bouchard*, viennent *Bouchardon, Bouchardeau*...

Boudard, d'où *Bodard, Baudard*...

Boutet, d'où *Boutard, Boutin, Bouton, Botton* (le mot « bouton » (sur la peau), était alors remplacé par « grain », quant au bouton de vêtement, il est encore à peine connu).

Bouvard (qui peut aussi être parfois un péjoratif sur le jeune bœuf ou bouvet).

Briand ou *Brian* (en Bretagne) d'où peut-être *Brillant*.

Brice, qui donne *Brisset, Brissot, Brisson*, et peut-être *Lebris*, alors que son voisin Brictius donne *Brès* et *Bresson*.

Burgaud.

Caribert, d'où contraction en *Chabert*.

---

1. Les noms de famille en italique suivis du signe ° sont cités dans plusieurs chapitres *(voir Index des noms p. 313)*.

Cathelin d'où *Cathelineau* (forme ancienne de Catherin, masculin de Catherine).

Chrétien (forme ancienne de Christian), d'où parfois *Crétin ?*

Cloud (penser à saint Cloud), d'où le diminutif *Clouet*.

Colomban (saint Colomban était très populaire) d'où *Colomban(n)i* corse et tous les *Colombat, Colombet*, voire des *Colomb °* (avec une démarcation imprécise par rapport au colon-pionnier et au pigeon).

Conrad, avec sa variante alsacienne ou lorraine *Kuentz*.

Cornelius, vieux saint latin, donnant *Cornille, Cornillon, Corneille* (le nom de l'oiseau apparaît en principe plus tard).

Crépin (saint très populaire avec son compagnon de martyre Crépinien), d'où *Crespeau, Cresp, Crespy* (à moins que tous ceux-ci n'aient eu des ancêtres à cheveux crépus, car pourquoi tant de Crépin et pas de Crépinien, alors que tous deux semblaient aussi populaires ?).

Dagobert, d'où peut-être *Daguenet, Daguet*.

Drouet, Drouin, Drouhin, Drouhard, Drouot, Druon, Druard et *Derouin* (d'où *Derouineau*).

Emery.

Esprit (par le Saint-Esprit), d'où *Lesprit*.

Eudes, parfois *Eude*.

Evrard, Hébrard, Erhard(-t)..., Eberhard(-t)...

Eymard.

Eyraud.

Fabian, d'où *Fabiani*.

Ferréol, d'où déformation en *Forgeot, Forget, Forgeat, Fargeaud, Fargeot...*

Ferry et *Féry* (en réalité déformations de Frédéric).

Foucard, Foucaud (-lt) d'où *Fouchard, Foucher, Fouchet, Fouquet, Fouquier...*

Fremont, Fromont, Froumont déformé en *Fourmond, Frémont...* (Frémont est aussi le nom de la fourmi dans le « Roman *¹ de Renart »).

---

1. Les mots suivis d'un astérisque figurent dans l'index thématique p. 311.

Froger, Frogier, Frouard, et *Frobert* (ces deux derniers cumulés à d'autres racines).

Foy (martyre agenaise très populaire).

Fulcran.

La vieille racine germanique *Gad,* qui se transforme parfois en *Vad* ou *Vat,* a donné tous les *Gadier, Gadon, Vadet, Vadot, Vaton, Vatin, Vatier, Vattier,* d'où *Vuattier, Wattier,* comme aussi *Watteau, Wattrin...*

Gadrot, d'où *Vadrot.*

Galibert, d'où *Galbert.*

Galleran(d) évoluant parfois en *Valleran(d).*

Gandon, Gandouin.

Ganne, Gasne, d'où *Ganneau, Ganelon.*

Garin, d'où *Garey, Garreau, Gary...,* et *Varin, Varet.*

Garnaud (-lt, -x, -ot), d'où déformation *Warnot.*

Garnier et *Gasnier,* d'où *Granier, Grenier, Varnier, Wargnier, Vernier* °, comme aussi, formés sur la même racine : *Warin, Werner, Wernet...*

Gatin, d'où *Gatineau,* comme *Gastineau* et *Gastin.*

Gaubert, Goubert, Gobert...

Gaucher et *Gauchet,* d'où *Gaucheron, Gauchery* et la déformation *Vaucher* (le mot « gaucher », habile de la main gauche, n'apparaît qu'au XVe siècle).

Gaudefroy, Godefroy...

Gaudry, d'où *Gaudriot.*

Gauthier ou *Gautier,* d'où *Gauthiez* et de très nombreux diminutifs *(Gautheron, Gauereau, Gauthey, Gautron, Gautreau...)* et des déformations régionales comme *Galtier, Vauthier, Vautier, Walter* (Alsace-Lorraine), *Vautrin...* Attention cependant, en Normandie, Gautier (et donc Gauthier) a souvent été le surnom du bûcheron d'après le vieux mot gaulois « gaut » désignant la forêt.

Gauvin, Govin, Govain... (penser au Chevalier de la Table-Ronde).

Geoffoy d'où *Geffray, Geffroy, Jauffret, Joffre* (et *Gauffre?*).

Géraud, Gérault (forme ancienne de Gérald).

Gerbaud, Gerbert, Gerbet, Gerber, Gerbal.

Germont.

Gibaud(-lt), d'où déformation en *Wibaux,* et *Gibard, Gibon, Giboin.*

Gicquel (pour Judicaël, en Bretagne).

Girard, d'où *Giraud(-lt), Girod* (d'où *Girodon), Girot, Giron* comme aussi *Girardin, Girardon, Girardot, Girardet, Girardeau* avec les formes voisines *Giroud* et *Giroux.*

Godefroy.

Goffard, d'où *Goffin* (et *Goffinet*) et *Golfier.*

Gombaud, Gombert.

Gondard, d'où *Gontard, Gontier, Gonthier...*

Gossard, Gosset, Gossot, Gosselin.

Grégoire.

Grimault(-d), Grimbert, Grinberg, qui peuvent se confondre avec Grunberg, alsacien-lorrain ou israélite pour « montagne verte »). Aussi *Grimal.*

Gue(s)de, Guédon, Gaidon.

Guérin, Guérard, Guéraud, Gueyrard, Gueyraud(-lt), Guerry d'où *Guérineau, Guiraud...*

Guibert, Guilbert, Guilbaud, et aussi parfois *Vibert, Vuibert...*

Guichard, Guichardet, Guichardon, Guichardoz (Savoie)...

Guittard, Guittet, Guitton.

Guivarc'h (breton).

Hacard, Haquard.

Hallouin et *Allouin* (à moins qu'on ait pour « à Louis »).

Hamard (proche d'Aymard).

Hamon d'où *Damon* (pour « d'Hamon »), *Hémon,* se rapprochant de Aymon.

Haneau, d'où *Hanotel, Hanoteau.*

Hannequin et *Hennequin.*

Hardouin, Ardouin (qui, en Normandie, signifie aussi « querelle »).

Helliot (d'où *Alliot?* et *Alaux?*).

Hénault, Heniault...

Heraud(-lt).

Herbert, Hébert, Herbin d'où *Herbineau*.

Herman(n).

Herry.

Hersent (prénom féminin, nom de la louve du « Roman *
de Renart »).

Hil(l)aire, d'où *Illaire, Hillion, Ilion*...

Houdard, Houdier, Houdot, Houdon, Houdin (d'où *Oudot,
Oudin, Oudet*) et *Odin, Oudard, Oudart*. De *Oudin* vient aussi
Oudinot.

Humbert, Himbert, Imbert, Humb(e)lot (d'où *Nom-
blot*).

Hunault.

Hureau, Hurault, Huret, Huriez (d'où *Durel, Duret,
Durey* (peut-être « du rey ») *Dureau*, pour « d'Hureau »...

Icard.

Isac, Izac (d'après Isaac) qui donne *Haquin, Haquinet* et
Malaquin (= mauvais Hacquin).

Isambert.

Job, prophète biblique, dont le nom au Moyen Age était
souvent synonyme de niaiserie, d'où *Jobelot, Jobey* et aussi
Jobard, Jobart, Jobert, Jaubert (d'où *Desjobert*, en Berry),
Joubert, Jaubert, Jubert et *Jubin*...

Jonas (personnage de l'Ancien Testament très populaire
autrefois).

Josse, ancien saint populaire surtout dans l'Ouest et le
Nord, d'où *Josseaume, Jousse* et *Jousseaume, Jousset, Jousselin,
Josselin* (d'où notre prénom Jocelyn), *Josserand, Jusserand*...

Jourdain, nom de baptême rapporté des croisades d'après
le nom du fleuve où avait été baptisé le Christ, d'où *Jourde,
Jourdan, Jordan*.

De saint Jovinius, on a gardé des *Jovin, Jouvin, Jouin* (à
moins que ces derniers ne se soient formés sur jeune ou
juin).

Juhel (pour Judicaël breton).

Lambert, d'où *Lambertin, Lamberton, Lambin, Lamblin,
Lamboley*...

Lancel, d'où Lancelin, Lancelot (comme le célèbre héros).

Landon, d'où Lindon.

Landry, d'où Landrin, Landron, Landrot, Landru.

Liébault(-d), Liébart.

Lieutaud, Léautaud, Liautey, Lyautey...

Liotard, Liétard, Léotard (et contraction en Liart,-d).

Loup, du nom de l'évêque de Troyes qui arrêta Attila (ici en concurrence sérieuse avec des surnoms sur l'animal, par analogie).

Saint Lubinus, oublié aujourd'hui, donne aussi des Lubin d'où des Lubineau.

Macard, Macaret, Maquaire, Macquart, Maquard et Machard, Machet, Machin.

Maffre, Meffre, Maffray.

Magin, qui donne Magnon, Magnard, Mainard, Ménard, Mesnard, Meynard, d'où Ménardeau... Il donne aussi Magnier, Maingault, parfois Menier ° (s'il ne vient pas de Meunier), Maguet, Magot, Maguin.

Magne, d'après un antique saint Magnus, d'où Magnez (Nord), Manier, Magnier (et en matronyme Magnière et Manière ?).

Malaud, Mallot, Mallet, Malet, Malard...

Maraud et Marand (d'où Marbot ?).

Maugain, Mauguin, Maugard, Maugain (ou, pour ce dernier, surnom de tricheur par « mauvais gain »).

Mauger (et Mauge ?).

Mengard, d'où Manguy, Menguy.

Milard, Milbert et sans doute Milcent (d'où Mulsant...).

Moïse (souvent israélite) avec Moisan, Moyse, Mosse, Moch.

Morin, d'où Morineau, Morinet, qui peuvent tous, par « maurin », avoir désigné l'homme à la peau couleur de celle des Maures.

Morvan et Lemorvan (bretons).

Nicomède, qui donne Nicod et Nicot et aussi Nigaud (qui

n'a pas alors de sens péjoratif) comme aussi *Nicaise* et *Nicoud*.

Nivard, Nivet, Nivel, Nivelle, Nivot, Nivault...

Nogier, Nodier.

Nou(r)ry et *Nouric* (par **Nodric**).

Othon, Otto.

Oury.

Pamphile, d'où *Pauphilet, Paufillet...* (d'après le nom d'un saint martyr grec.

Pépin.

Perceval, Percevault (nom d'un héros fameux et populaire).

Piat, d'après un vieux saint Piat, d'où *Piaton.*

Placide (saint populaire) d'où peut-être *Plasson* et *Plassard.*

Pons, d'après saint Pontius, d'où les *Poncet, Ponsard, Poncin, Ponsot, Poncelet* (d'où sans doute *Ponchelet*). Déformé en *Point,* il donne *Point, Poinsot* et *Poinsignon.*

Saint Potinus donne *Potin, Pothin* et *Potiquet.*

Prigent (prénom breton).

Privé, Privey et *Privat* (d'après saint Privatus).

Protais (autre martyr à succès), d'où *Protat, Proteau, Prouteau...*

Quirin (d'après le martyr, saint Quirinus), d'où le Corse *Quillici* et son diminutif *Quillicini.*

Rabauld, Rabaud, Rabeau, Rabaudy...

Radon, Radet.

Raffard, Raffier, Raffy, Raffin, Raffi, Raffet, Raffray et de nombreuses formes avec un seul « f ».

Ragon (d'où *Ragonneau, Ragonnet, Ragot), Raguet, Raguin* (d'où *Raguineau*).

Rambaud(-lt), Raimbault, Rimbault(-d), déformé en *Rameau, Ramet,* voire peut-être en *Rimault.*

Rambert (penser à saint Rambert).

Rataud, d'où *Rateau, Rat(t)ier* (le râteau à ratisser, qui apparaît tout juste à la fin du XIIe siècle, peut avoir quelquefois été la référence).

Raynault(-d, -aux), *Raynal*, et aussi *Reynaud...*, *Rey-
nal*.

Redard, *Ridard*, *Redier*.

Renart, *Renard* (c'est là le prénom du goupil, héros du
« Roman * de Renart »), d'où *Reinhard(-t)*, *Reiner* (Alsace-
Lorraine) et aussi *Reynouard*, *Renoir...*

Renier, *Regnier* (proches de Renard et René).

Ribert, d'où *Ripert* et *Rippert*.

Riboud (et *Ribaud* °, *Ribault* qui peuvent aussi avoir eu le
sens de vagabond et de débauché), et *Ribon*, *Ribet*.

Richer, *Richier*, *Riquier*, *Richet*.

Ricou(d).

Ridoux, et *Rioux* (qui peut aussi être une contraction de
Ricoud).

Rigault(-d, -x), d'où *Rigal* (forme occitane), *Riguet* (et
Riglet ?).

Ringard, *Ringot*, *Ringuet* (le mot « ringard » n'apparaît
qu'au XVIIIᵉ siècle).

Rodon, *Rodin*, *Roudil*.

Rohart, *Rohaut* et *Rouard*, *Rouault*, *Rouaud...*

Rostan(d) et *Rostain(g)*, *Roustain*, *Roustan*.

Rudolphe (d'où forme contractée de l'Est : *Rueff*).

Rufin, *Ruffin*.

Sabin, d'où *Savin* (d'après saint Sabinus) d'où *Savignon*,
Savigneau...

Salomon, d'où contraction en *Salmon*.

Samson, *Sanson*, d'où *Sansonnet* (d'après le personnage
biblique, compagnon de Dalila).

Sassier.

Sauveur (ancien nom de baptême par référence au Messie)
d'où *Salvan*, *Salvat*, *Salvy*, *Sauvy*, *Sauvin*.

La sibylle païenne donne *Sébille*, *Sibille*, *Lasibille* (matronyme ?), et *Sébilleau*, *Sébillot...*

Seguin, d'où *Séguy*, *Séguier*, *Seguier* et parfois, dans le
Nord, *Soyer*, *Sohier*.

Selve, d'où *Silve*.

Senard, *Sinard*.

Servan, Servain, Servais, Serval, Servat, Servin déformé en *Sevrin, Sevrat, Seurrat...* (tous sur saint Serviatus, évêque du IVe siècle).

Séverin, d'où *Savarin, Savary* (d'après plusieurs saints : Severinus, Sévère...).

Sicard, Sicart, Sicault, Segard, Segaud, Segault, Sigaud...

Siméon, d'où *Siméoni* (nom de plusieurs saints).

Sulpice (saints évêques assez populaires) est altéré et déformé parfois en *Souplet.*

Suard, Suhard.

Talon, Tallon.

Tanguy (breton).

Thibert, d'où *Thiebierge, Thiberge* et *Tiberghien* (Thibert est aussi le nom du chat dans le « Roman * de Renart »).

Thion, Thiot.

Totain, d'où *Tostain* (forme ancienne) et *Toutain.*

Touroude, Thouroude, altéré en *Troude.*

Truc (ancien nom de baptême d'après un saint méridional), d'où, sans doute, *Truchet, Truchot, Truchon.*

Turpin (d'après le nom latin Turpinius).

Ulmann, Ullmann.

Valère, qui donne *Valéry* et aussi *Valier, Vallier, Valin.*

Vauquier, d'où *Vauquelin,* évoluant souvent en *Gauquelin.*

Vaury (il existe une paroisse Saint-Vaury en Creuse).

Vitalis, qui donne *Vidal,* d'où *Vidalie, Vidalin, Vidalinc,* mais aussi *Vidon, Vital. Vitalis* (en latin : « qui aspire à la vie ») a été un nom de baptême populaire, que l'on trouve parfois altéré en *Vial,* d'où *Vial(l)e* et, *Vial(l)on,* voire *Viellet...* Attention cependant ici aux confusions avec les noms formés sur « viel », comme aux assimilations avec *Vial, Vialle* et *Lavialle,* ce dernier formé sur un nom de hameau et très courant dans le Massif central et le Limousin, au même titre que *Vial* et *Vialle.*

Verain, Vérain, Véran, altéré en *Vrain,* d'où *Vrignaud, Vrigneau, Vrignat...* (tous d'après saint Veranus, évêque de Vence au Ve siècle).

Vivien (d'après le nom latin d'un obscur saint Vivianus), d'où *Viviani, Vivant...*

Enfin, Zorobabel, personnage biblique, a pu donner des *Babel* (d'où *Babelot, Babelin*) et *Babin*, d'où *Babinet, Babineau* ?

LES PRÉNOMS ACTUELS
ET LEURS NOMBREUX DÉRIVÉS

A l'époque de la formation des noms de famille, ils avaient cours, comme les précédents, pour désigner nos ancêtres par un nom unique. Beaucoup étaient assortis de diminutifs ou avaient été déformés, altérés, contractés, selon les parlers régionaux et les habitudes. Selon les processus classiques, ils se mueront souvent en noms de famille.

Voici, à partir des prénoms sous leur forme actuelle ou une forme très proche, une liste non exhaustive de ces innombrables patronymes. Il y manquera cependant certains « prénoms fleuves » de même nature, mais étudiés séparément en raison de leur étonnante popularité.

Les uns ont des origines germaniques (lointaines et oubliées, répétons-le), les autres des origines latines. Tous, par le biais de quelques saints qui les ont portés, sont devenus, tôt ou tard, des noms de baptême chrétiens.

Adam.

Adhémar, que l'on rencontre surtout dans sa déformation méridionale *Azéma.*

Alain et *Allain.*

Albert, d'où *Alberti*, d'où *Albertini*, et aussi *Alibert, Allibert.*

Alexandre.

Alphonse et surtout sa forme méridionale *Alfonsi.*

Amaury et *Lamaury.*

André, qui donne *Andrieu(-x)*, *Andriot*, *Landrieu*, *Landriot* et une forme voisine *Andrault*, d'où *Landraud*, *Landreau*.

Anne (matronyme) et son masculin *Annet*.

Anselme.

Antoine.

Armand.

Arthur.

Auguste, d'où *Augustin* et *Augoustin*.

Aymard (d'où *Leymarie*?).

Baptiste.

Barthélemy, d'où *Barth* et *Barthe* dans l'Est comme *Bartoli* dans le Midi et en Corse.

Bazile et *Basile*.

Benoit, *Benoid*, *Benoist* avec des diminutifs comme *Benin*, *Benot*, *Benet* (et *Benet*) d'où *Beneteau*, *Benedetti* en Corse. Benoit, cependant, signifie à l'origine « béni » et peut avoir parfois été pris en ce sens.

Béranger et *Bérenger*, déformé en *Béranguier* ou contracté en *Bringuier*.

Bertrand, nom germanique porté par un des premiers compagnons de saint Dominique.

Blaise, *Blais* avec *Blazy* et *Blazin* en diminutifs.

Charles, d'où *Charlier*, *Charlet*, *Charlot*, *Charleux*, souvent altéré en *Carles* (dans le Midi) et *Chas(l)es*.

Christophe, en Alsace *Christophel*.

Claude, d'où *Claudon*, *Claudin* et parfois déformé en *Daude*, d'où *Daudier*, *Daudiñ*, *Daudet*.

Clément, d'où *Clémançon*, *Clémendon*...

Constant, *Constans*, que l'on trouve altéré parfois en *Contant* et *Content*.

David, d'où *Davy*, *Davin* (David étant souvent israélite).

Denis et *Denys*, d'où *Deniset*, *Denisot* (et *Deniau*?).

Didier.

Dieudonné.

Edmond.

Edouard.

Emmanuel (d'où le diminutif *Emmanuelli*) et *Manuel*.

Firmin.

Florent et *Florentin.*

François et *Lefrançois* avec, dans l'Est, *Frank, Franck, Frantz.* A ce niveau, il peut y avoir de grandes confusions avec Franc (adjectif, souvent pris alors au sens de « libre », mais aussi nom de baptême germanique proche de François), d'où *Franc, Lefranc, Franquet, Francon...*

Frédéric, avec, dans l'Est, les formes *Friedrich, Fritz, Frisch, Frick...*

Gabriel, d'où *Gabrielli.*

Gaspard, parfois altéré en *Caspar.*

Gaston.

George(s), d'où *Georgeon, Georget, Jorge.*

Gérard, d'où *Gérardin.*

Germain.

Gervais.

Gilbert, altéré en *Gibert, Guilbert* d'où *Vilbert* (*Vibert* et *Vuibert* viennent plutôt de *Guibert,* nom de baptême germanique), et aussi *Gislebert* d'où *Gesbert.*

Gislhain d'où *Geslin* et *Gélin°* (attention cependant pour ce dernier au rapprochement avec la géline et le poulet). En vient aussi *Gizard.*

Henri, Henry, Lehenry, Henriet, Henriot, Henrion.

Hervé, d'où *Hervier, Hervieu.*

Honoré.

Hubert, d'où *Hubin* (et parfois *Lubin* pour « l'Hubin » ?).

Joseph.

Julien et *Jullien,* avec *Jullian, Julian, Joulian* et peut-être aussi *Juillard* et *Juillet°* (ce dernier pouvant aussi avoir été formé sur le nom du mois).

Laurent, Laurens (matronyme Laurence), et *Laurand (-s, -t), Lorand (-t)* et sans doute aussi *Lauret, Laureau, Loreau,* et peut-être jusqu'à des *Lorin* et *Laurain...,* pas forcément originaires de Lorraine.

Lazare, Lazard, avec le filiatif *Alazard,* et la forme méridionale *Lary.*

Léger, Liger, Ligier.

Léon, d'où *Léonelli* et *Léonetti* en Corse.

Léonard avec ses formes anciennes *Liénard* et *Liénart* et sa variante des régions de l'Est *Lienhardt.*

Luc, d'après l'évangéliste, et ses diminutifs *Lucas, Lucot* (d'où matronyme *Lucotte*), *Lucet* et *Luquet.*

Madeleine, avec sa forme ancienne *Magdeleine* et son diminutif *Madelin.*

Marc, d'après l'évangéliste, d'où *Marcq, Marque,* d'où *Marquet* (d'où *Marquetoux*), *Marquer* (ou « marqué » ?), et aussi *Marcon,* d'où *Marconnet...* voire aussi *Marcoux°.*

Marcel avec sa forme voisine *Marceau* et ses diminutifs *Marcelin, Marcellin.*

Marguerite et son diminutif *Margot* (matronymes) avec ses masculins : *Marguerin, Margueron, Marguerie* et *Margerie.*

Martial, d'où *Marsal* et sans doute *Marsaud, Marsault, Marsaudon...* (Marsaud fut sans doute aussi un nom de baptême germanique). On doit en rapprocher les *Marson, Marsot* (et *Marsolier?*).

Mathias (et *Mazéas* breton).

Mathurin, diminué parfois en *Matalon.*

Maurice d'où *Morcie, Meurisse, Morisse* et *Moritz* (Est), *Morize,* d'où des *Morisot, Morizot, Morisseau, Moriceau, Morizet...*

Nicolas, Nicolet, Nicolo, Nicol, Nicole et *Nicolle* (pas forcément matronymes).

Norbert (avec altérations possibles en *Norguet, Norguin...?*).

Octave, surtout sous ses formes *Ottavi* et *Ottavini* (corses).

Olivier et *Ollivier.*

Paul et *Paulet, Paulien, Paulian, Pauliat, Paulin* (ce dernier pouvant se confondre à Poulin° par *Polin*), *Paulus, Pauly, Poly, Paoli* d'où *Paoletti* corse, *Pohl* dans l'Est et *Pauwels,* « fils de Paul », en Flandres.

Philibert, Philbert, Lephilibert.

Philippe et *Filippi* et les diminutifs *Philippeau, Philippot, Philippon.*

Quentin, d'où *Cantin, Quintin, Quinton, Quintard.*

Radiguet semble être un diminutif sur une déformation de *Rodrigue.*

Raphaël, d'où *Rafaëlli,* et, dans le Nord, *Raffeneau* qui s'altère aussi en *Rappeneau.*

Raymond et *Raimond* avec *Ramond, Rémon (d), Reymond* et *Reumaux* dans le Nord.

Régis.

Reine et *Reyne* (à rapprocher du germanique *Reynaud* avec lequel beaucoup de confusions ont été possibles).

Rémy.

Roch, saint très populaire, invoqué notamment contre la peste, mais en concurrence avec la roche, d'où *Rochon, Rochet, Rochard, Rocard, Roquet, Roque (s).*

Roger et *Rogier* (forme ancienne).

Roland, Rolland, Leroland, Rouland et les corses *Orlandi* et *Orlando.*

Rose (en concurrence ici avec la couleur et la fleur, peu probable comme nom de baptême devenu nom de famille), souvent orthographié *Roze.* Formes *Larose* et *Laroze.*

Silvestre et *Sylvestre,* d'où *Sevestre, Silvain,* et aussi *Sauvestre, Sauvan (-t)* (d'où *Sauvaneau, Sauvanet...*), *Sauvain* (et *Sauvard?*).

Simon, d'où *Simoneau, Simonot, Simonet, Simonin, Simonard, Simony* et *Simons.*

Théodore.

Thibaud, Thibault, Thibaut, d'où *Thibaudin, Thibaudot, Thibaudeau, Thibaudet, Thibaudat...* et *Thiébault (-t, -x)...* Toutes ces formes peuvent s'altérer en Thiault). En Bretagne, il devient *Thepaud, Thibon, Thiboult...*

Toussaint (selon la fête de la Toussaint), prénom très populaire autrefois dans certaines régions. Parfois *Tossaint.*

Urbain et *Urban.*

Valentin, Valantin, Vallenti, le diminutif corse *Valentini* et les altérations *Valtin* et *Valton.*

70

Victor et *Victoire*.

Vincent, nom de baptême à succès d'où des *Vincenot*, *Vincendeau*, *Vincendon*, des *Vincenti* et des *Vincens* (et *Vinson*?).

Xavier.

Yves, d'où *Yvon* et le breton *Yvinec*.

« MARABOUT-BOUT DE FICELLE » : DÉROUTANTES APHÉRÈSES

Aujourd'hui, Victor est appelé Totor et Henri devient Riri. Cette forme d'appellation n'a pas cours à l'époque où nos noms se sont formés. Nos ancêtres surnommaient Victor « Toret » ou « Torin » et Henri « Riquet ». J'ai expliqué comme ces dénominations courantes avaient, pratiquement au même titre que les formes d'origine, valeur de noms de baptême. Les scientifiques leur donnent le nom d' « aphérèses ». Elles sont à ce point courantes et populaires qu'il arrive qu'elles subissent à leur tour le même sort. Par exemple, le nom de baptême Amans peut donner Mansard, d'où Sardin, d'où Dinet. Il en résulte une pléiade de petits noms courts de deux syllabes, dont la dernière comporte les terminaisons classiques -et, -ot, -in, -ard, -on, et qui, à première vue, semblent bien impersonnels. Il en résulte aussi une impossibilité, pour certaines formes, à déterminer le nom sur lequel le patronyme s'est formé (voir l'exemple de Bertin, Berton...).

Voici donc une liste alphabétique, non exhaustive, des aphérèses les plus courantes, des formes de départ et des formes d'arrivée. Elles sembleront parfois curieuses. N'oublions pas que huit siècles nous séparent de ce mode d'appellation.

Bart et *Bard* (et *Barre*) posent un problème. Leurs dérivés sont nombreux : *Bardet, Bardin, Bardot* (ce dernier est aussi le mulet), *Bardy* (Massif Central), *Bartet, Baret (Barret)*, *Bar-*

ré°, Barrot, peut-être aussi *Barrat.* Barre et ses formes peuvent avoir eu le sens de perche. Bart et Bard peuvent avoir été un nom germanique à part entière. Mais Bart (et les autres orthographes par assimilation) peut très bien être la forme patoise de Bert (voir à cet article), comme on avait Philibart pour Philibert...

Bastien est l'aphérèse de Sébastien.

Baud, d'où *Baudot, Baudet, Baudin* (d'où *Baudinet, Baudinot), Baudard, Baudon, Baudoux, Baudier,* et toutes les formes en *Beau-* et *Bo-* par assimilation, sont des aphérèses de prénoms comme Thibaud, Clérembaud, Archambaud... Pour *Baut* et *Baud,* se méfier des confusions avec Beau.

Bert est sans doute l'aphérèse la plus courante. L'explication est qu'elle peut, à l'origine, avoir été forgée sur une kyrielle de noms : Aubert, Audebert, Albert, Caribert, Frobert, Gilbert, Grimbert, Hubert, Lambert, Philibert, Robert, Thibert, Vibert... Elle donne des *Lebert,* des *Bertin* (d'où des *Aubertin* filiatifs et des déformations en *Bretin*), des *Bertaud, Berthaud, Berthod,* des *Berton* (dont les déformations en *Breton* sont parfois possibles), des *Bertet, Berthet, Berthier,* puis des *Berthelot, Bertholet... Berthelier, Berthelin, Berthelon* (avec ou sans « h »), des *Berthommier,* sans oublier les *Maubert* et *Malbert* (= mauvais Bert).

Binet, Binot, Binard peuvent être des aphérèses d'Albin ou Aubin, de Babin, et surtout de Robin...

Bon, par exemple, par Thibon pour Thibaud, peut avoir donné des *Bonnet, Bonnot, Bonnaud, Bonneau, Bonnin...* (mais confusions possibles avec l'adjectif).

Briet, Briot, Brion doivent avoir été formés sur Aubry (ou Gabriel ?).

Cardet, Cardin, Cardot, Cardon sont des aphérèses de la forme méridionale de Richard : Ricard, ou du nom Macard.

Chardet, Chardin, Chardot viennent en aphérèse sur Bouchard, Guichard, Michard, Machard et surtout sur Richard. *Chardon* peut s'expliquer de même, mais aussi par la plante, avec un sens analogique (le chardon pique comme l'ancêtre pouvait avoir un caractère ou un abord difficile ou une langue bien médisante). Chardon, de son côté donne *Chardonnet* qui peut aussi s'être référé à l'oiseau par une autre analogie. *Chardonneau* prête moins à confusion.

Chaudot doit être une aphérèse de Michaud, diminutif de Michel.

Chotard, Chotet, Choteau viennent de Michot (pour Michel).

Colas est l'aphérèse de Nicolas. Il donne *Colin, Collot, Collet, Collard* (avec un ou deux « l »), *Colson* et peut-être *Coulet* (pour *Collet*) et *Coulland, Coulan...*

Cot, aphérèse de Jacquot, donne des *Cottet, Cottin, Cottard,* avec un ou deux « t ».

Coud et surtout *Cout*, aphérèses de Jacquoud (pour *Jacques*) donnent des *Coutot, Coutet, Coutant, Couteau, Coutault,...* bien que, pour certains, l'analogie avec le couteau ne soit pas exclue (encore un trait de caractère : homme « coupant »).

Danet aphérèse de Jourdan.

Dard semble être lui aussi aphérèse, et ici les candidats ne manquent pas, jusqu'à certaines formes, elles-mêmes aphérèses, comme Godard.

Delon peut être l'aphérèse d'Adèle ou Madeleine (en matronyme).

Dinet vient de Gérardin ou de Girardin.

Donnet, Donnot doivent être formés sur Richardon (de Richard) voire directement sur l'aphérèse Chardon ou Cardon.

Doreau, Doret doivent avoir été forgés sur des prénoms comme Théodore, Isidore...

Douaret est très certainement l'aphérèse d'Édouard. Il donne *Douarnet* et *Douarnot*, comme *Doiret*, déformé en Morvan en *Douhéret*.

Douet, Douin, Douard et *Douhet, Douhin, Douhard* viennent d'aphérèses d'Audouin, de Baudoin ou d'Hardouin. Ils peuvent se déformer en *Touet, Thouin* et *Thouard*.

Gaud, que l'on trouve souvent seul, avec *Gault* et *Gaut*, peut être un ancien nom de baptême germanique ou une aphérèse de noms comme Rigaud, Ermengaud, Segaud... Il donne des *Gaudon, Gaudin, Gaudet, Gaudot, Gaudard* et toutes les graphies en *Go-* : *Godin, Godot,...* Il donne encore *Gaudel*, d'où *Gaudelle, Gaudelin, Gaudelot*. Il se déforme en *Goudard* et *Goudet* (surtout lorsqu'il a lui-même valeur de nom). Il donne peut-être enfin les *Gaudillat, Gaudillot, Gaudillard, Godillet, Godillot...*, dont le nom peut aussi, en Normandie et Picardie, venir de la « godille » du batelier. Le « godillot » au sens actuel de chaussure doit son nom à Alexis Godillot qui fournissait, au début de la Troisième République, les chaussures de l'armée française.

Genin, Genot, Genon sont des aphérèses d'Eugène, ou plus vraisemblablement de *Mougenin, Mougenot, Mougenon* (aphérèses sur Dimanche-Dominique).

Gereau doit être une aphérèse d'Augereau, diminutif d'Auger.

Gonnet, Gonnot, Gonnod, Gonin ont été forgés sur Hugon, cas régime d'Hugues, et éventuellement sur Ragon. *Guenot, Guenard, Guenin* sont aussi des aphérèses d'Hugues. *Guinet, Guinot, Guinard* peuvent être des aphérèses de vieux noms comme Raguin, Seguin, du diminutif Huguenin (sur Hugues), à moins qu'elles n'aient été, elles-mêmes, une forme de nom à part entière dès l'origine.

Gustin est évidemment l'aphérèse d'Auguste.

Mabit et *Mabille* semblent provenir d'aphérèses d'Amable. On leur trouve des diminutifs comme *Mabillon*.

Les aphérèses des formes de Dominique sont nombreuses et variées. Il peut se transformer en *Dimanche, Demanche, Domange, Demange... Demange* et *Domange* donnent *Mangeot* (d'où *Demangeot*), *Mangeon* (d'où *Demangeon*), *Moingeon, Moingeot, Mangein, Mangin...* Demanche et Dimanche donnent *Manchon*. Demonge donne *Monge°, Mongenot, Mongin, Mongeot*. Enfin, la forme plus méridionale *Demouge* donne *Mougenot, Mougenau(d), Mougey, Mougel, Mougin* (d'où *Mouginot*), *Mougeot* (d'où *Mougeotte* en matronyme).

Mansard, Manson sont formés sur Amans, comme la forme Amand a produit des *Mandon, Mandet...*

Masset, *Massot*, *Massin* (d'où déformations en *Mazin*, *Masin*), *Massard* (péjoratif) viennent de Thomas par Thommasset, Thomassot... *Masson*, quant à lui, laisse toujours le choix entre l'aphérèse de Thomasson ou la graphie répandue du maçon.

Maury embarrasse. Il peut être aphérèse d'Amaury ou se référer à la couleur de la peau, comme les Maureaux et autres noms formés sur le mot « Maure ».

Mazeau°, *Mazot*... peuvent éventuellement être l'aphérèse de Thomazeau. En principe, cependant le nom vient du « mas ».

Menot est l'aphérèse de Guillemenot, diminutif de Guillaume.

Mille est à la fois l'aphérèse d'Émile (plus courant cependant autrefois sous ses formes Emilien ou Emiland), mais peut avoir eu aussi valeur de nom à part entière. Il donne les *Mille*, *Millan* (analogie possible ici avec l'oiseau), *Millot*, *Millet*, *Miller*, *Millier*, *Millon*, *Millien*, et aussi les *Millereau*, *Millerand*, *Millerat*, *Milleron*, *Millerioux*...

Mingaud, d'où *Mingasson* et *Migasson*, peut être l'aphérèse d'Ermengaud, comme *Mangard* celle d'Ermengard.

Minot, *Minet*, *Minard* viennent, en aphérèse, de Guillemin ou Jacquelin (diminutifs de Guillaume et Jacques).

Mondin, *Mondat*, *Mondet*, *Mondon* doivent être des aphérèses de Bermond ou d'Edmond, voire aussi de Simon ou Aymon.

Monot, *Monod*, *Monin*, *Monet*, *Monard* (souvent avec deux « n ») proviennent, par aphérèses, de Simon ou Aymon. Ils donnent aussi *Monneret*, *Monnerot*, *Monnereau*...

Nardin, *Nardet*, *Nardot*, *Nardon*, *Nardou(x)* sont des aphérèses de Guinard (voir ci-dessus), de Renart, mais surtout de Bernard.

Naud, aphérèse de Renaud ou d'Arnaud, reste parfois seule en *Naud* ou *Nault*, mais donne surtout des *Naudin*, *Naudet*, *Naudon*, *Naudou(x)* et des formes en « o » comme *Nodin*, *Nodet*... Par la forme « Nault », on a aussi *Naulin*, *Naulet*, *Naulot* et *Nolin*, *Nollet*, *Nollot*.

Neto semble avoir été une aphérèse d'Annet.

Niel est l'aphérèse de Daniel.

Nizard doit être l'aphérèse de Denis, comme l'est aussi *Nizet*.

Notel semble être une aphérèse d'Hanotel (diminutif d'Haneau).

Penot, *Penaud* peuvent être des aphérèses de *Rappeneau* (déformation de Raphaël, avec diminutif).

Pot peut souvent avoir été une aphérèse de Philippot.

Pinard, *Pinet*, *Pinot*, *Pineau* (d'où *Pinoteau*), *Pinault*, *Pinel*, *Pinon* peuvent s'expliquer par la pomme de pin (souvent valeur grivoise) ou le cépage. Cependant, ils pourraient bien être des aphérèses, par exemple sur le surnom « taupin ».

Quelin° peut être l'aphérèse de Paquelin, diminutif de Pascal.

Quiniou peut avoir la valeur d'une aphérèse sur Jacquinou.

Randon, *Randet*, *Randard* sont des aphérèses de Durand.

Ricet est l'aphérèse de Maurice.

Sand, aphérèse d'Alexandre, donne les *Sandoz*, *Sandroz*, *Sandras*, *Sandrin*.

Sardin peut être l'aphérèse d'une autre aphérèse comme Massard.

Saudet, *Saudin* peuvent venir, en aphérèses, de Marceau et Marsaud.

Senet, Senot doivent être des aphérèses de Massenet, lui-même aphérèse de Thomas.

Stoffel est l'aphérèse de la forme alsacienne de Christophe : Christoffel.

Talet, *Talon*, *Talin* (avec deux « l » parfois) sont des aphérèses de Vital. Talon peut être aussi l'aphérèse de Matalon (sur Mathurin).

Les aphérèses d'Étienne sont nombreuses et variées, selon les formes sur lesquelles elles s'appuient : Estienne, Etieve, etc. On trouve ainsi *Thienot*, *Thenaud*, *Thenot*, *Tenot*, *Thenard*, *Thouvenin*, *Touvenot*, *Thevenard*, *Thevenin*, *Thevenot*, *Thevenet*,...

Thérond doit provenir de Matheron (sur Mathieu).

Thuret, Turet, Thurel viennent d'Arthur alors que *Turin* peut venir d'Arthur, de Mathurin, et (surtout dans le Midi) se référer à une origine dans la ville d'Italie.

Tinet peut être venu de Martinet ou de Valentinet (sur Valentin), et *Tinard* des mêmes prénoms.

Toinet est l'aphérèse d'Antoine.

Vaneau peut être l'aphérèse de *Sauvaneau* (voir Sylvestre).

Venard, Venot, Veneau, Venault peuvent venir, en aphérèses, de Thevenard, Thevenot... ou, par déformation de Guenard, Guenot...

Vignon peut ne pas avoir eu de rapport avec la vigne et avoir été formé en aphérèse de Sauvignon (diminutif de Sauvin).

POURQUOI TANT DE MARTIN ?
LES « PRÉNOMS FLEUVES »

Certains figurent eux-mêmes au hit-parade des noms de famille : Martin, Renaud, Michel, Thomas, Robert, Bernard, Richard..., d'autres, s'ils ne sont pas dans le « peloton de tête », les égalent ou les dépassent au niveau de leurs dérivés (ceux de Pierre sont pléthoriques, ceux de Jean ou de Jacques sont aussi très nombreux). Comment expliquer tout cela ? par la mode ? par l'analogie ? La question, d'importance, est loin de rallier toutes les thèses actuellement en présence, peut-être pour la bonne et simple raison que chacune est valable pour une partie de ces appellations.

Abordons d'abord la question avec le nom-record : Martin. Pourquoi tant de Martin ?

La première explication s'appuie évidemment sur l'immense popularité de saint Martin, évangélisateur d'une grande partie de la Gaule. Elle tombe, cependant, dès lors que l'on se rend compte que certaines régions, bien qu'ayant dédié beaucoup d'églises et de paroisses à saint Martin, donnent peu de familles de ce nom. On invoquera la mode, Martin a été un prénom très prisé à l'époque; or presque toutes les sources nominatives médiévales sont plus pauvres en Martin qu'en Pierre. En désespoir de cause, certains envisagent que le patronyme ait pu faire allusion à une paroisse d'origine du nom de Saint-Martin (de fait, il y en a tant!).

Et si l'on avait là une analogie? Avec « l'âne Martin » par exemple (qui donnerait un surnom négatif désignant un naïf ou un sot) ou avec la vie du saint et sa charité lorsqu'il partagea son manteau? L'énigme reste entière et ne semble pas pouvoir être résolue.

On remarque enfin que Martin l'emporte largement sur ses diminutifs et dérivés en tout genre (Martinet, Tinet...) contrairement à des noms comme Michel, Robert et surtout Jacques, Jehan ou Jean, Guillaume, Guy, Gilles, Raoul. Cela voudrait-il dire que ces derniers sont véritablement ceux à la mode lors du dégagement des noms, si bien qu'ils n'auront pu, sous leur forme normale, suffire à identifier et à surnommer, alors que les Martin et d'autres noms comme Durand (qui a aussi valeur de nom-prénom), Renaud ou Thomas, qui comptent moins de dérivés, seraient suffisamment rares dans les villages pour suffire, sous leur forme pure, à surnommer et identifier leur porteur?

Mais tout cela tient, non seulement aux prénoms qui ont cours à l'époque, mais aussi au culte des saints. Celui-ci est étroitement lié au culte des reliques autour duquel il s'est organisé. Cependant, le laxisme gagne et l'on arrive à des situations abusives. A la fin du IVᵉ siècle, on avait ainsi vu saint Ambroise de Milan découvrir les tombes des martyrs Gervais et Protais, complètement inconnus jusqu'alors, sur la simple foi d'une guérison d'aveugles. Bientôt, chaque région veut ses tombeaux, ce qu'elle n'a guère de mal à obtenir d'autant que les saints, coopérants, changent parfois eux-mêmes de lieux de sépulture en transportant miraculeusement leur sarcophage. Et le nombre de ces saints ne cesse bientôt d'augmenter, jusqu'à la réaction pontificale de la fin du Xe siècle selon laquelle la canonisation est dorénavant une procédure contrôlée par le pape lui-même. Entre temps, il est évident que tout ce qui se portait comme prénom avait eu l'occasion d'être porté par un saint qui était immédiatement devenu le saint patron des autres. C'est comme cela que les noms de baptême, qu'ils aient été d'origine germanique ou latine, avaient toujours, à l'époque du dégagement des noms, quelque saint protecteur dont la vie était plus ou moins bien connue. Beaucoup d'évêques des siècles passés avaient alimenté ces armées de saints hommes. Les Gérard, les Lambert, les Germain, avaient ainsi le choix entre plusieurs patrons.

De même, il faut remarquer que beaucoup de ces prénoms étaient ceux de saints contemporains de la formation des noms, ayant vécu au XIe siècle comme saint Guillaume de Dijon, ou au XIIe comme saint Bernard, saint Dominique, saint Hugues de Cluny, saint Renault, ermite, ou saint Robert, ce qui peut expliquer leur grande popularité à l'époque.

Mais cette considération ne peut suffire à expliquer le phénomène.

On peut encore pousser plus avant la piste de l'analogie. Par les chansons de geste ou les fabliaux, tel nom a pu représenter une qualité ou un défaut. L'exemple le plus célèbre est bien sûr encore celui du goupil appelé Renart, de l'âne Martin déjà rencontré, de l'ours Bernard. « Richard » peut avoir eu le sens « d'enrichi », comme Pierre peut se confondre avec la pierre et ses symboles (dure, solide) et par certaines formes avec le père, au sens de père de famille. Jacques, aussi, a été le surnom du paysan français, mais sans doute plus tardivement. En tout cas, l'expression « faire le Jacques » est, elle, beaucoup trop récente pour être prise en considération.

Une dernière analogie, enfin, renvoie à la case départ. L'analogie retenue peut s'être rapportée à la vie du saint : Jacques et ses pèlerinages, les évangélistes Matthieu, Jean, Marc et Luc avec leur faconde ou leur savoir, Denis avec l'épisode où le saint voyage avec sa tête sous le bras après sa décollation, Thomas avec son scepticisme, etc.

Le mystère garde donc une partie de son épaisseur. L'explication finale est peut-être, en réalité, que toutes ces données ont contribué, en concurrence, à grossir ces légions de prénoms fleuves.

Un mot sur Durand, pour terminer. Lui aussi est difficile à percer. Il ne fait cependant pas de doute qu'il a eu valeur de nom de baptême, peut-être avec, à l'origine, le sens de « dur, obstiné, endurant » comme il l'a dans Durandal, nom de l'épée du vaillant Roland à Roncevaux. Il ne faut donc pas s'étonner de le retrouver ici.

Voici ici vingt « prénoms fleuves », par ordre alphabétique : Bernard, Dominique, Étienne, Gilles, Guillaume, Guy, Hugues, Jacques, Jehan, Marie, Martin, Mathieu, Michel, Pierre, Raoul, Renaud, Richard, Robert, Thierry et Thomas, assortis de leurs dérivés et composés.

Durand, qui donne *Durin* et *Durandet,* sera classé à part du fait de la limitation de sa gamme de dérivés.

Bernard se rencontre aussi dans les orthographes *Bernart* et *Bernhardt,* dans l'Est. Il donne, en dérivés et diminutifs, *Bernardet, Bernardeau, Bernardin, Bernardi* dans le Midi. Déformations : *Besnard, Bénard, Bénart...*

Dominique existe comme patronyme, mais il est surtout représenté sous ses formes occitanes : *Doumergue, Doumerc, Doumer* et par sa variante francisée *Dimanche* (jour dominical) déformée parfois en *Domanche* et *Domange* comme en *Demanche* et *Demange.* Les aphérèses des différentes formes de Dominique sont nombreuses (voir *Mangeot°*...).

Étienne est fréquent comme nom de famille sous sa forme actuelle comme sous sa forme ancienne *Estienne.* Toutes deux ont donné de nombreux patronymes par aphérèse. Noter aussi les formes *Stéphan* et *Stephen* (courantes en Bretagne), d'où *Stephany* et *Stefany,* et, dans le Nord, *Stevens,* d'où *Stevenard* et *Stevenin.* Voir aussi ses aphérèses *(Thienot...).*

Gilles a donné de nombreux *Gille, Gil,* d'où *Gillon, Gillot, Gillet, Gilard* et *Gillard* (bien que ces derniers, en Normandie, peuvent s'expliquer par le mot « gille » = fourberie, tromperie, et avoir été, avec le péjoratif « ard », des surnoms négatifs).

Gilles donne aussi *Gilson* (« petit Gilles » ou « fils de Gilles ») dans le Nord, et dans le Midi *Gelly, Gely*, et jusqu'à *Giry*. Gillot, parfois, a pu donner *Villot* (d'où le matronyme *Villotte?*).

Guillaume donne des *Guillard, Guilland, Guillaumet, Guillaumot, Guillaumeau, Guillaumin, Guillaumont* (qui peut être nom de lieu). Il donne aussi *Guillemain, Guillemin, Guillemot. Guillemin* donne à son tour *Guilleminot*. Dans le Sud, il donne *Guilhem* et en Lyonnais des *Guillerme*. En Flandres, il devient *Willem*, en Alsace-Lorraine *Wilhelm*, en Franche-Comté et dans les Vosges, il est *Vuillaume, Vuillerme* dans le Jura et *Villerme* en Savoie. Ces formes, résultant d'une assimilation du « v » au « g » ont elles aussi engendré des diminutifs, d'où *Vuillemot, Vuillemin, Villemer, Villemant, Villemain, Villemin, Villeminot, Vuillermoz*, et encore, orthographié avec un « w » : *Wilhaume, Willemin*, sans oublier *Willens, Wilman, Williams* et son diminutif *Williamson*. On trouve encore des formes abrégées comme *Vilmin* ou déformées comme *Vuiller(s)* et *Vulliez* (Nord), jusqu'à des contractions comme *Wiault, Viot* (d'où *Viotte?*), *Villot, Willot*. Les dérivés de Guillaume, enfin, ont souvent pu se rapprocher et se mêler à ceux de Guy.

Guy est surtout courant par ses dérivés : *Guyot, Guyon, Guyard* et leurs différentes formes et diminutifs. *Guyot* donne *Guiot* (d'où *Viot, Diot), Guillot* (d'où *Guilloteau, Guillotin...*) *Guyon* et *Guillon* donnent *Guionnet, Guyonnet, Dion...*, Guyard donne *Guiard* et sans doute *Viart* et *Viard* (d'où *Viardot, Viardet, Viardin*). On trouve encore *Leguillon, Leguillou(x)*, souvent bretons, sans oublier *Guillet, Guillo...*

Hugues donne *Hugon, Hugot, Hugo, Huguet, Huguez*, d'où Guez (Nord), *Huguenin*. Huguet donne *Duguet* (d'Huguet), et *Nugue(s)*. Le vieux cas régime pour la déclinaison était *Hue*, d'où des *Hue* (qui désigne aussi l'œuf en Normandie), *Hué, Huez, Huet, Huon, Huc* dans le Midi, *Huart* et *Huard, Huault* et *Husson*. En Normandie, cependant, Huet a signifié sot, niais.

Jacques est à l'origine des *Jacquet°, Jacquier, Jacquot* et

Jacottot, Jacquin (d'où *Jacquinot, Jacquinet, Jacquoux* et *Jacoud,* des péjoratifs *Jacquart* et *Jacquard.* Il donne aussi *Jacquelin, Jacquemard(t), Jacquemin, Jacquemon(t),* et de nombreuses aphérèses. Par sa forme latine Jacobus, il laisse des *Jacob* et par sa variante fréquente en Béarn *James,* il donne des *Jammes, Jamet, Jamot, Jammot, Jamin...*

Jean est à l'origine d'une longue liste de dérivés, soit de sa forme actuelle, soit de sa forme ancienne *Jehan* conforme au latin Johannus. Jehan, Jehandot, comme aussi, toujours sur Johannus : *Jouan, Jouannet, Jouannot, Jouanne,* d'où *Grand-jouan* (cumulé avec l'aspect physique). On trouve encore *Jeannet, Janet, Jeannin* et *Janin, Janson* et *Jeanson, Jeandet* et *Jandet, Jeandot, Jeandon, Jadot, Jeannot, Janot, Jeanneau, Jeanneret, Jeannereau,* comme aussi *Joannès, Jansen* (Flandres)... *Bonjean, Beaujean, Maujean, Grandjean, Petitjean, Grosjean* en sont autant de variantes assorties d'une précision physique ou morale, *Maîtrejean* et *Jeanmaire* d'un état social, *Jeanjean* d'un redoublement curieux, sans oublier les *Lajouannie* ou *Lajoinie* limousins, descendants d'une dénommée Jouannie (matronyme).

La présence ici de Marie et de ses composés peut paraître étonnante. En effet, Marie ne semble curieusement pas avoir eu le succès et la fréquence qu'on lui connaît, en tant que prénom, avant la fin du XVIIIe siècle et surtout le XIXe. Un prénom comme Jeanne la dépassait alors de plusieurs longueurs. Il n'en reste pas moins qu'autrefois Marie était souvent un prénom de garçon, comme lorsqu'il entre en composition dans Jean-Marie. On trouve, fréquemment, des garçons prénommés Marie, comme on en est étonné de rencontrer des Anne garçons, comme chez les Montmorency. En réalité, tout prénom féminin, Marguerite, Catherine..., pouvait se donner, en seul prénom ou en prénom d'accompagnement, à un garçon. Cela valait d'ailleurs en sens inverse pour les prénoms masculins à l'égard des filles (Lazare, Philippe, Blaise...). Il est donc difficile, dans la liste qui suit, de faire la part des choses entre les patronymes et les matronymes, peut-être moins nombreux qu'il ne semble.

Marie donne de nombreux *Mari, Mary, Mariel, Mariette, Mariotte, Marion, Maron* (d'où *Maronne*) et peut-être les *Marot, Maret* et *Mairet* s'ils ne résultent pas d'une aphérèse d'un nom comme Adhémard.

Arrive le fameux *Martin,* aux formes curieusement peu nombreuses : Martin devient souvent *Marti* dans le Midi, *Marty* en Auvergne et dans le Massif central, *Martens* et *Mertens* (voire *Martins*) dans l'extrême Nord. Il se diminue souvent en *Martinet, Martineau, Martinon, Martini* (Corse), *Martinot,* voire *Martignon.*

Mathieu et *Matthieu* donnent les *Mathey, Mathé, Mathy, Mathis* et *Matisse, Mathon, Maton* et *Matton, Mathiot* et *Matignon, Mattéi* corses. Ils donnent encore *Mathelin, Matheron,* et aussi *Matheu.* Altéré en *Maheu,* il devient aussi *Mahieu(x), Lemahieu, Mayeux.* Dans le Midi, il est souvent *Méhu,* et ailleurs *Mahé,* d'où *Mahier* (et jusqu'à *Mayet* et *Maillet ?*)

Michel a engendré de nombreux dérivés : *Michelat, Michelet, Michelin, Michelot, Michelon* (d'où *Michalon*). En Picardie, en Normandie ou dans le Midi, il est souvent *Miquel,* d'où *Miguel* et *Miguet.* Dans le Nord, il donne *Michels.* Ailleurs, il est souvent diminué en *Michon* (d'où *Michonnet, Michonneau*), en *Michot, Michaud, Michaux, Micheaux, Michault...,* en *Michard* ou *Michart* (péjoratifs) ou déformé en *Migeon, Miget, Migeard,* quand il n'est pas contracté en *Miel.*

Pierre est, sans contestation possible, le plus fleuve quant à ses dérivés. En diminutifs, il donne *Pierrin, Pierri, Pierrot* (d'où *Pierrotti*), *Pierret, Pierrard* (contracté parfois en *Piard*), *Pierron,* d'où *Pierronet* (d'où *Pierné*). Mais c'est sur sa forme ancienne, *Père* (attention à la confusion avec père « de famille »), qui existe elle aussi comme nom de famille, que se sont formés le plus de dérivés : *Perrin* (d'où *Perrinet, Perrineau, Perrinot, Perrinoud,* d'où encore *Perney, Pernet, Pernot, Pernoud(x),* et d'où encore *Prinet, Prineau...*), *Perrot, Perreau, Perraud, Perrault* (qui ont pu, par contraction, fournir des *Praud* ° changés en *Prost* ° que l'on explique généralement par

Prévost et Prévot). Perraud donne à son tour *Perraudin. Perrot, Perriot* donnent *Perrotin, Perroti, Perroton, Perrotte* (matronyme?). On a encore *Perroudet, Perroux, Perron* et *Peron* qui donnent *Perronnet, Perret, Perry,* d'où *Perrichon, Perichet.* On trouve aussi *Person, Pierson,* d'où *Poirson* et peut-être *Personne* (avec valeur de matronyme), *Persin, Pernin* et le gascon *Perruc.* La forme *Peyre,* plus au sud, donne *Payre, Payrat, Payraud, Peyrard, Peyron, Peyrot, Peyrault, Peyrou(x).* En altération, il fournit les *Pirot, Piraud, Pirault, Pirou, Piron* (d'où *Pironneau*). Enfin, on trouve des *Per(r)icard* et *Péricat* pour Pierre-Richard, des *Perrusson* pour Pierre-Husson (= Pierre-Hugues). Dans le Nord, et dans l'Est, Peter donne *Peters, Petersen, Peterson.* Au sud, on a *Pietri* et *Peretti.* Reste les curieux *Perpère* (= Pierre-Pierre ou père Pierre ou père de Pierre?), des *Depierre* (qui peuvent devoir leur nom à un lieu) et des *Perrier* et *Perier* qui peuvent aussi avoir un rapport direct avec la pierre-caillou.

Raoul donne *Raoult,* mais surtout *Rouleau, Roulet, Roulin, Roulot,* comme *Raulet, Raulin, Raulot, Roll, Rolle, Rollet, Rollais, Rollot, Rolet, Rolin,* le tout avec un ou deux « l ». Il donne aussi *Rault, Raux, Raud,* et peut se transformer en *Ravoux* dans le Midi. Attention, certaines formes peuvent se rapprocher de celles de Roland. Ainsi, certains Rouland peuvent venir de Roland et d'autres de Raoul.

Renaud, Renault, Renaux, Reneaux... donnent, en forme ancienne, *Regnault, Regnaud, Reignaud*... et, en diminutifs, *Renaudin, Renaudet, Renaudon, Renaudot, Renaudeau*... Il est à rapprocher de *Renou(x), Renoult* (d'où *Renouard*), *Renouf. Renaud* compte aussi de nombreux dérivés par aphérèse. Renaud peut souvent offrir des confusions avec Reynaud.

Richard, dans le Midi, devient souvent *Ricard,* d'où *Ricardeau, Ricardon, Ricardel, Ricaud, Perricard* (= Pierre-Richard). Ailleurs, il donne *Richardet, Richardot, Richardon, Richardson.* Enfin, il donne peut-être *Richon, Richet, Richez, Richou*... Plus tous les dérivés, par aphérèses (voir *Chardon*).

Robert donne de nombreux *Robertet, Roberti* et *Roberty.*

Par *Roberge*, il devient *Robergeon*, *Robergeot* et *Roberjot*. Dans le Nord, il devient *Roberts*, en Alsace *Ropert* et en Bretagne *Ropers* ou *Ropars*. Il donne encore *Robichon*, *Robillard*, *Roubert*, et, par *Robbe*, *Roby*, *Robel* (d'où *Robelin*, *Robelet*, *Robelot*, *Roblot*). Enfin, par le diminutif Robin, il devient *Robinet*, *Robineau*, *Robinau*, *Robinson*, *Robinot* et de *Roubin*, *Roubine*, *Roubinet*... A ces noms s'ajoutent de nombreux autres par le processus de l'aphérèse.

Thierry donne de nombreux *Thery*, *Therry*, des *Thirault(-eau)*, *Thiriet* et *Thiriez*, *Thirion* et *Thiriot* qui souvent perdent leur « h », comme les *Thirouin*, *Thiry*, *Thirriot*, voire les *Thary*. Il donne encore, en Alsace, *Dietrich*, altéré parfois en *Diehl*.

Thomas a pour diminutifs *Thomasset*, *Thomassin*, *Thomé*, *Thomet*, *Thomine*, *Thominet*, *Thompson*, *Thomasi*, *Thomasson*, *Thomazeau*. Souvent, il perd son « h » dans *Tomas*. Enfin, il a engendré de nombreux autres noms par aphérèse (voir *Massot*).

Et Louis, dans tout cela ? Je l'ai gardé pour la fin car il mérite un petit développement à part. Louis fait bien piètre figure aux côtés des précédents. On trouve des *Louis*, des *Ludwig* alsaciens, des *Louison*, des *Loy* (forme ancienne diminuée en Loyer et Loyet et parfois assortie de l'article dans *Auloy*, pour fils « au Loy »). Certains seront surpris de ce peu de succès. Pourtant, le prénom des rois n'a jamais été très répandu dans les classes populaires, du moins jusqu'à la chute de la monarchie et même jusqu'à 1830-1840. Pas plus que Louise n'était très fréquent pour les filles. Quant aux rois capétiens, s'ils en avaient fait le prénom de leur dynastie, c'était en quelque sorte pour revendiquer une légitimité. Les Carolingiens se nommaient traditionnellement Pépin et surtout Charles et les tout premiers rois de France se nommaient Chlogio, autrement dit Clovis (en latin « Clodovicus » ou encore « Ludovicus »), et Ludovicus, c'est aussi Louis. En se prénommant ainsi, les Capétiens se rattachaient symboliquement à la lignée du grand Clovis, fondateur quasi mythique du royaume et qui le premier s'était placé sous la protection de Dieu.

A TRAVERS LA NUIT DES TEMPS :
PÈRE NOËL, ŒUF DE PÂQUES
ET POISSON D'AVRIL

Le calendrier médiéval débordait tellement de fêtes religieuses pendant lesquelles – comme pendant les dimanches – il était interdit de travailler, que nos ancêtres arrivaient à se plaindre des manques à gagner qu'elles engendraient. Il en était cependant que l'on ne contestait guère. Parmi elles, et en tout premier lieu, Noël et Pâques.

Noël, vieille fête du solstice d'hiver, de la victoire du jour sur la nuit, est la fête de la Nativité. C'est en son nom que l'on prénomme aujourd'hui un enfant Noël, surtout lorsqu'il est lui-même né à cette date. Au Moyen Age déjà, comme Toussaint, Noël avait donc valeur de prénom, et, comme d'autres prénoms, s'est transmis comme nom. Cela donne des familles *Noël, Noé, Nouet, Noueille* (alors que les *Nouaille* doivent leur nom à un lieu), et par la forme latine « natalis », on trouve *Natal, Natali* (c'est là l'origine du prénom Nathalie), *Nativel, Nadal, Nadaud, Nadeau, Nadel* et le breton *Nedellec*.

Les porteurs de ces noms, cependant, n'ont rien à voir avec le père Noël. Le personnage n'apparaît qu'au début du XIXᵉ siècle, vers 1820, sous la plume d'un érudit américain Clément C. Moore qui réunit en lui les éléments et les attributs de nombreux et lointains prédécesseurs (la cheminée, les chaussures, la nuit, la hotte...), car, curieusement, le père Noël a des ancêtres. Avec eux aussi, on remonte dans la nuit des temps. Gargan, le fils du dieu celte Bel, portait déjà une hotte et distribuait des cadeaux, tout comme le dieu scandinave Odin, alors que la déesse romaine Strenia présidait aux cadeaux que l'on s'offrait durant les fêtes des Saturnales (de son nom vient le mot « étrennes »). Le christianisme remplacera ces dieux païens par quelques-uns de ses saints : sainte Barbe en Autriche et sainte Catherine en Catalogne, sainte Lucie, saint Thomas, et, bien sûr, dans toute l'Europe de l'Est et la France du Nord-Est, le si populaire saint Nicolas, patron des écoliers, des étudiants, et de tous les enfants depuis la si fameuse histoire du saloir.

Comme Toussaint ou Noël étaient des prénoms et sont devenus parfois des noms, il en allait de même pour Pâques, prénom rare mais plusieurs fois rencontré, mais surtout courant sous la forme de Pascal. Et voici les *Pascal, Pascalin, Pascali* et *Pascalini*, comme les dérivés directs de *Pâques* : *Paquin* (d'où *Paquinet*), *Paquet* °, *Paccard*..., sans oublier les *Pascaud, Pacaud* et *Paquaud* (formes anciennes de Pascal ou dérivés de Pâques). A propos de Pâques, savez-vous que c'est au XIIe siècle surtout, donc à l'époque qui nous concerne ici, que s'est développée la vieille coutume des œufs de Pâques. L'œuf était déjà symbole de vie. De plus, durant les longues semaines du Carême et de son rigoureux régime alimentaire, nos ancêtres ne mangeaient ni viande ni œufs. En prévision de Pâques et du retour au régime normal, il devint donc d'usage, le jour du Vendredi saint, de faire cuire des œufs que l'on décorait ensuite pour, le dimanche, les offrir aux parents, amis et voisins. Le Carême était fini.

Mais ce Carême, si long et rigoureux, laisse lui aussi quelques traces dans nos patronymes. Les *Carimentran* témoignent encore du « carême entrant », ou « carême prenant », c'est-à-dire de ces mardis-gras où chacun, une dernière fois, faisait la fête. Ils peuvent donc avoir surnommé des gens curieusement vêtus, mais plutôt gloutons et voraces, comme s'ils faisaient tous les jours mardi gras. Durant quarante-six jours, ils ne mangeaient guère que du poisson. Comment dès lors s'étonner que, lorsqu'en 1564 le roi Charles IX déplaça le début de l'année du 1er avril au 1er janvier, on prit l'habitude de remplacer le cadeau d'étrennes par un présent dérisoire et un peu trop de saison : le poisson d'avril ?

PARIGAUD : PAS CELUI QUE L'ON PENSE

Les porteurs de certains noms courants comme *Parize, Parise, Parizy, Parizet, Parizot, Parizel, Pariset, Parisot, Parigaud, Parigot* et quelques *Paris*, penseront logiquement que leur nom doit s'expliquer comme l'on explique Lyonnet par Lyonnais, ou Toulouse par Toulousain, c'est-à-dire par des surnoms de migrants. Or, il n'en est rien. Comme *Patricot, Patrigeon,* ou *Patry,* ils viennent, par déformation du nom de baptême Patrice, assez à la mode à l'époque, en souvenir de saint Patricius qui avait évangélisé l'Irlande et en était devenu le patron.

Difficile à croire, me répondra-t-on. Car si toutes les grandes villes de France ont donné des surnoms comme Bordeaux, Delille, Nantais, et bien d'autres, pourquoi la capitale n'en aurait-elle pas engendré ?

Tout d'abord parce que, lorsque les noms se sont formés, Paris n'est pas encore la capitale qu'elle deviendra. J'ai déjà dit comme les notions de patrie et de royaume étaient floues pour nos ancêtres. Seuls le roi et ses légistes s'appuyaient sur elles pour construire la monarchie et la rendre indépendante. Longtemps, plusieurs villes ont eu l'occasion de jouer des rôles politiques, intellectuels et économiques importants, comme Orléans, et les rois ont continué à aller se faire sacrer à Reims. Le pays n'aura une capitale que lorsque l'administration royale s'y sera développée et stabilisée, alors que le roi lui-même avec sa cour continueront longtemps à être itinérants.

Dès le renouveau économique, cependant, Paris sait saisir les atouts de son jeu et les exploiter au mieux. Grâce à la Seine, autoroute de l'époque, le commerce peut se faire avec les pays environnants et la Manche. Paris devient donc vite un centre financier et commercial de premier ordre.

De ce fait, elle va attirer et aspirer une énorme main-d'œuvre venue de tous les points de l'horizon. Au fur et à mesure que l'on avance dans le temps et que les transports s'améliorent, de nouvelles régions déversent leurs trop-pleins sur la capitale, comme aussi souvent les plus entreprenants de leurs hommes. Longtemps, les nouveaux arrivants sont en majorité des gens des pays voisins : Briards, Gâtinais, Orléanais, Cauchois, puis des Picards, des Normands... On voit ainsi les vagues d'émigration progresser par cercles concentriques, jusqu'aux arrivages auvergnats à partir du XVIIIᵉ siècle avec ces rudes hommes qui quittent leurs montagnes et leur buron pour aller, en hiver, frotter les parquets, porter des seaux d'eau, vendre de la ferraille tel le Rémonencq de Balzac, avant de se lancer dans les fameux « Vins et charbons », d'où leurs noms de « charbougnats » dont on fera les « bougnats ». Les Bretons n'arriveront souvent que plus tardivement, mais pour rester, eux aussi, en étroite communauté de vie. Les Méditerranéens et les Corses enfin représenteront les dernières vagues. Plus éloignés géographiquement, ils arrivent au moment où la fonction publique ne cesse d'enfler quant à ses effectifs et l'on sait comme ils savent souvent s'y intégrer.

Comment donc espérer encore trouver de vrais Parisiens de Paris ? Je n'hésite pas à l'écrire : cela n'existe pas. Je ne pense pas, en effet, que l'on puisse trouver aujourd'hui un Parisien ou une Parisienne né dans la capitale et dont les deux parents, les quatre grands-parents et les huit arrière-grands-parents soient nés eux aussi à Paris. On connaît des familles de Parisiens sur trois, quatre, cinq générations ou plus, mais cela uniquement sur une seule ligne, avec toujours un ancêtre qui aura épousé, qui une Lorraine, qui la fille d'un Normand...

Mais l'explication de l'absence de Parisiens comme nom de famille est autre, et de nature démographique. Elle réside dans le fait que, si Paris a beaucoup absorbé, elle n'a jamais rendu. Tout d'abord, parce que beaucoup des nouveaux venus soit s'y marginalisaient, soit s'y embourgeoisaient et donc, souvent, n'avaient que bien peu de descendance. Ensuite, parce qu'il était toujours difficile, en ces temps-là, d'aller se réinsérer dans une petite ville où chacun avait sa place et sa fonction précise et nécessaire, ou à la campagne, qui vivait toujours sous le régime de la féodalité. Les noms de famille tirés de villes ou de pays sont aussi souvent des noms portés à l'époque par des citadins car, bien souvent, les migrants, selon le principe inverse des poupées gigognes, allaient d'une petite ville vers une plus grande. Qui venait à Paris avait peu de chances d'en repartir.

Vie en famille et en société :
positions et commérages

PARENT OU AMI ?

La taille de la famille a fait couler beaucoup d'encre. Selon les régions, les paysans vivaient en communautés « à même pot et même feu », parfois très nombreux, cela principalement dans le Centre et le Massif central, laissant de nombreuses traces de leur présence par des noms de lieux formés sur leurs noms de famille : « Les Chevriers », « Les Devaux »... Beaucoup de provinces connaissaient des familles où l'autorité du père, comme dans le monde romain antique, était absolue. C'est le cas de la Bretagne de l'Ouest, de l'Alsace, du Nord, des Alpes et de tous les anciens pays de langue d'oc où l'on voyait même, en plus de la toute-puissance du père héritée du droit romain, l'exclusion des cadets par le système de la dot (d'où les fameux cadets de Béarn ou de Gascogne). Le reste de la France connaissait plutôt la famille dite nucléaire (parents et enfants).

Quoi qu'il en soit, les liens de parenté étaient assez bien connus et les patronymes, là encore, témoignent.

Les *Père* et les *Mère* (plus rares) se rencontrent. Image sans doute de potentats familiaux, à moins que certains Père ne soient des variantes locales du prénom Pierre. On trouve même, en Bourgogne, le curieux nom de *Père Et Mère*, difficile à expliquer. On a par contre des *Lepère* et des *Bompaire* (bon père), des *Dupard* et *Aupard* (formes anciennes de père ou de Pierre).

Fils et *Lefils* existent, mais ont été dans certaines régions les dénominations courantes du fils aîné. On trouve aussi *Lenfant* (d'où *Fanton*), et *Dufils* qui donne *Dufy*, *Duffy*..., alors que les rares *Lafille* peuvent avoir déjà la nuance péjorative de certains matronymes, sans inclure forcément une notion de parenté.

Frère, *Aufrère*, *Fréret*, *Fréron* sont évidents. Cependant, comme les Fils et comme les Cousin (d'où *Cousinet*, *Cousinot*, *Cousyn*, *Cuzin*, *Cuzinet*..., mais *Cuzin* peut aussi être le surnom d'un couturier), tous ces mots étaient employés pour désigner des amis et s'adresser affectueusement aux gens. Le roi de France lui-même décernait le titre de « cousin » à ses principaux alliés.

L'affection avait ses expressions, le respect aussi. Le gendre appelait le père de sa femme son *Beaupère*, son voisin son *Belami* (*Bellami*..., *Bonamy*...). Beau était ainsi chargé de respect et de considération. On le retrouve dans nos appellations qui sont souvent des noms : *Beaufrère*, *Beaugendre*, *Beaufils*, contraires de *Maufils* et de *Maufiliatre* (mauvais fils et mauvais gendre). On le trouve encore dans *Beausire* et *Beauvillain* (voir *Villain*), sans doute ironiques.

Sinon, la famille fournit moult appellations : les gendres, des *Filiatre*, *Gendre°*, *Legendre*, *Gendreau*, *Gendron*, *Gendrin*, *Gindre*. Les belles-filles des *Bru*, *Labru* et *Lanore* ou *Lanord* en occitan (sans doute lorsqu'elles avaient su prendre les rênes de la famille). On trouve aussi les *Loncle* et *Deloncle*, comme les *Neveu(x)*, *Leneveu*, *Nepveu* et *Nevoux*, *Nebout*, *Nebot* et les matronymes *Niepce* pour *Alaniepce*. Enfin, il existe des *Nourrisson*, *Nourissier*, *Nourissat*, *Nourigat*, attestant d'une mise en nourrice ou d'une activité de nourrice. Il reste enfin des *Sœur* et *Lasseur* qui peuvent être sources de confusion par l'orthographe (avec Sueur, par exemple, ancien nom du cordonnier), des *Sorre* (confondables avec les *Saure°*), des *Parent* assez flous qui ont pu avoir davantage le sens de père ou de parrain (d'où les *Parant*, *Parentin*...), enfin des *Lorphelin* sans équivoque et des *Perdu* (que l'on a forcément retrouvés, sinon, ils auraient augmenté les rangs des noms d'enfants trouvés).

Nous avons rencontré les « amis ». Avec eux, soyons prudents car primitivement, le mot, forgé sur le latin *amare*, aimer, désignait l'amant plus que l'ami (cependant, l'amant n'a-t-il pas toujours été aussi l'ami des maris?). Sur le mot se sont formés les *Ami, Lami, Lamy, Bonnamy, Bellamy, Amiot* et *Amiet* (d'où *Miot* et *Miette*), *Amiel* et *Lamiel* (d'où *Ameil*?). Plus sûrs, en tous les cas, sont les traductions alsaciennes (*Freund*) et bretonnes (*Cariou*) et les « compagnons ». Formé sur le latin *cum panis* (« avec » qui on partage « le pain »), « compagnon » était le nom de l'ami, d'où les *Compagnon, Compain, Compin, Compan*, et aussi les *Copin, Copain* qui semble aujourd'hui être un mot trop familier.

Les voisins ne sont pas oubliés. Ils donnent les *Voisin, Mauvoisin, Beauvoisin, Bonvoisin*, faciles à comprendre. On les rapprochera des solitaires *Lhermitte*, d'où *Lherm, Lhermet, Lermet, Lermat* (et *Delherm* = de l'hermitage), donnant en alsacien *Zeller*.

Les grands-pères manquent-ils à l'appel? Il est vrai que compte tenu de la durée de la vie bien différente de celle d'aujourd'hui, ils étaient moins nombreux. Pourtant, ils doivent avoir donné de beaux patriarches, à l'origine des *Papon* (le grand-père en langue d'oc), *Paponneau*, et des *Papin* et *Papineau*.

UN, DEUX, TROIS...,
JUSQU'OÙ IRONS-NOUS?

Seul « un » manque à l'appel, et pour cause : s'il est seul, inutile de le distinguer, mais il reste les *Lainé*°. On trouve *Deux, Segond, Trois* et *Troy* (qui peut, toutefois comme

Troyon, être arrivé de Troyes), alors que *Thiers*, lui, est bien le nom du troisième (penser au *Tiers-Livre* de Rabelais). On a des *Quatre*, pas de cinq, mais des *Cinquin*, *Cinquet* et des *Quint* et *Lequin* (ce dernier pouvant aussi être une déformation de « le chien »), des *Six* (qui peuvent être une altération du prénom Sixte, surtout en Savoie), des *Huit*, des *Neuf* et *Leneuf* (parfois à rapprocher de *Nouveau*°), des *Dix* (alors que les *Dizain* étaient des magistrats municipaux administrant des secteurs composés d'une dizaine de feux). Tous semblent se référer au rang dans la couvée : le deuxième, le troisième enfant...

Restent d'autres chiffres comme de curieux Dix-Neuf, sans doute par allusion à un chiffre laissé sur un lange d'enfant trouvé, ou trouvé le dix-neuf du mois. On ira jusqu'à *Mille*°, *Millon* et *Million* et *Millard* que l'on laissera au rang des prénoms.

Un seul manquera curieusement à l'appel : le septième. Et là, une légende vient à la rescousse : le septième fils d'une lignée de sept garçons, comme la septième fille d'une lignée de sept, serait selon la tradition doué de pouvoirs particuliers. Dans l'Orléanais, on ajoute même qu'il porte toujours une tache ou une marque sur la peau, ce qui lui vaut le surnom de *Marcou* (qui se retrouve aussi comme nom, parfois *Marcoux*). Certains auteurs disent encore que si ce marcou a lui-même un marcou parmi ses enfants, celui-ci, comme les rois de France, a le pouvoir magique de guérir des écrouelles par application des mains sur le crâne des malades.

Pour fermer le ban, parlons enfin du dernier-né, ce *deretranus* (« en arrière » en latin) et qui a donné des *Derrier*, *Derrain*, *Derain* et *Drain*, *Drin* (mais attention, Rains est aussi nom de lieu en Charolais). De même, le *minimus* (tout petit) a inspiré les *Merme*, *Mermet*°, *Mermoz* savoyards, *Mermillot*...

Il arrivait que telle famille ait des jumeaux. Le fait n'était pas rare et évidemment déjà héréditaire, ce qui pouvait ajouter à la réputation de la famille. Ces jumeaux, lorsqu'ils vivaient, c'est-à-dire lorsqu'ils avaient tous deux, souvent nés plus fragiles, vaincu les mille et un dangers et maladies infantiles qui guettaient tous les bébés d'alors, n'en étaient que plus remarqués. Tout cela suffit à expliquer les *Jumeau* (ce sera le nom d'un fabricant de poupées en porcelaine au début du siècle : les Bébés-Jumeau), les *Gemeau*, les *Gemel*, *Joumel*, *Jumel*..., mais encore, selon l'ancienne appellation venue du mot « bis », les *Besson*, *Bessou*, *Besset*(?), *Bessonnet* et les *Bessonneau* angevins.

Parallèlement, il arrivait bien sûr qu'une femme donne naissance à des triplés, des quadruplés, voire des quintuplés. On en trouve parfois des traces dans les archives paroissiales des XVIIe et XVIIIe siècles, mais ces bébés ne survivent jamais et ne peuvent avoir engendré des patronymes. Ce qui, par contre, est quelquefois décrit dans le détail, ce sont les naissances de frères ou sœurs siamois ou d'enfants monstrueux.

Le 28 may 1748, le curé de la Madeleine d'Auterive (Haute-Garonne) rapporte ainsi que Catherine Raynaud avait accouché de deux filles, unies l'une à l'autre depuis le nombril jusqu'à la lèvre inférieure. Baptisées d'urgence par la matrone, c'est-à-dire la sage-femme, les petites sont mortes, mais M. Gout, maître en chirurgie, les a fait porter chez lui pour les préserver de la putréfaction. Le 1er juin, leurs cadavres furent enfin livrés à l'Académie de chirurgie de Toulouse; le pasteur n'a malheureusement pas jugé utile de nous faire part des conclusions.

PREMIÈRE URGENCE : BAPTISER BÉBÉ

Tous les actes de baptême anciens le prouvent. Jusqu'au siècle dernier, l'enfant baptisé vient de naître. Il est dit né du matin, du jour, tout au plus de la veille. C'est que, compte tenu des maladies en tout genre qui risquaient de l'expédier *ad patres* à peine venu au monde, le bébé, s'il mourait sans avoir été baptisé, était condamné à errer dans les limbes. Dès sa naissance, c'est à peine si la matrone (ou sage-femme), quand il y en avait une, avait le droit de le laver et de lui remodeler le nez à son goût (pas toujours de façon réussie d'ailleurs). L'urgence exigeait que le père prenne en toute hâte le chemin de l'église, et cela quelles que fussent les conditions météorologiques. On imagine dès lors qu'un tel voyage, les jours de grand froid, compromettait davantage encore les chances de survie de l'enfant. D'autant que, dans certaines régions d'habitat dispersé, il fallait souvent faire une dizaine de kilomètres à pied pour gagner l'église. Enfin, si par manque de chance, le curé était absent de chez lui, qu'il soit allé déjeuner chez son évêque ou porter les saints sacrements à quelque moribond, on repartait aussitôt pour le bourg voisin afin que coûte que coûte le nouveau-né fût baptisé.

Le père était donc en chemin avec le parrain et la marraine, eux-mêmes plus ou moins hélés au passage. Autrefois, il semble qu'un garçon ait eu deux parrains et une fille deux marraines. Qui étaient-ils ? Le choix n'était pas arbitraire. Les aînés étaient parrainés par leurs grands-parents si ceux-ci vivaient encore, ce qui était rare. On s'adressait ensuite aux oncles et tantes, aux cousins et cousines puis, dès qu'ils étaient en âge, aux frères et sœurs aînés (sans contraception, une femme avait près d'une maternité tous les quinze ou seize mois). La priorité donnée aux grands-parents et aux oncles n'est pas qu'une politesse de principe. Les filleuls ne pouvant épouser leurs parrains et marraines, les choisir plus âgés qu'eux permettait donc d'éviter des situations délicates.

Souvent aussi, on demandera aux notables de la paroisse, cela surtout à partir du XVIIᵉ siècle, époque à laquelle ils ne sont plus de grands seigneurs mais des petits bourgeois, plus proches des gens. C'est un honneur et, pour le filleul, peut-être un espoir d'héritage.

Quoi qu'il en soit, à l'origine, il semble que le prénom n'ait pas plus été choisi que les parrain et marraine. Il est souvent automatiquement celui du parrain pour un garçon et de la marraine pour une fille, qui ont d'ailleurs souvent le même, au masculin et au féminin. Voilà pourquoi chaque famille avait tant d'homonymes parmi ses enfants, à plus forte raison lorsqu'ils se parrainaient entre eux. Pour l'anecdote, il n'est pas rare, jusque vers 1900, de voir trois ou quatre frères (ou sœurs) recevant le même prénom. On se débrouillait ensuite avec des « l'aîné », avec des sobriquets ou encore d'autres prénoms qui s'y substituaient complètement dans la vie courante.

Le parrain et la marraine étaient importants. On trouve de ce fait des *Parrain* et *Parrin* (qui peuvent toutefois être des déformations locales de *Perrin°*). Mais on trouve surtout des *Fillol, Filliol, Filleul*, avec tous les *Fillioux, Fillon, Fillion*, et les bourguignons *Fiot* et *Fyot*.

A ce chapitre on rattachera les noms comme *Parfait* et *Reffet*, qui peuvent se référer à ces coups de main de sages-femmes remettant un nez à l'endroit. On citera aussi *Payen*, assez énigmatique. Il a pu désigner le paysan, mais aussi l'enfant baptisé tardivement, contrairement aux habitudes.

BÂTARDS, SAUNA,
CONTRACEPTION ET « PUTAINES FILLES »

« Découpez une phalange velue à grosse tête (sorte d'araignée), dit Pline le Jeune, l'écrivain latin, vous y trouverez deux petits vers en son ventre. Placez-les dans une peau de cerf et déposez le tout sur le ventre de la femme avant le lever du soleil. » Alors, elle avortera.

Au Moyen Age, d'autres méthodes ont cours, que l'Église condamne évidemment, pour avorter ou éviter la grossesse. Boire du jus d'ache (sorte de radis), ou encore certaines « pouldres, breuvaiges et passaires », le plus souvent à base de coloquinte, de fenouil ou de persil. La contraception est encore inconnue. C'est tout juste si l'on a une bonne connaissance du mécanisme de la procréation. La grande question, en effet, reste de savoir si la femme, comme l'homme, possède une semence. Ce n'est que beaucoup plus tard que les bourgeois découvriront les « funestes secrets » permettant au couple de limiter le nombre de ses enfants.

A l'époque où nos noms se forment, la sexualité n'est pas une fin. « Il vaut cependant mieux se marier que brûler », a écrit saint Paul, et le mariage, que l'Église s'attache à contrôler, est un pis-aller pour ceux qui ne peuvent vivre la chasteté idéale. Au niveau du plaisir, cependant, on entend beaucoup de choses contradictoires. Il est évidemment considéré comme un péché et ne saurait être le but des rapports conjugaux qui ne doivent viser qu'à la procréation. On s'accorde cependant à dire que la joie amoureuse est nécessaire pour faire de beaux enfants.

En dehors de la sexualité légitime et des adultères aux conséquences lourdes sur le plan patronymique, les célibataires peuvent évidemment déjà se replier sur ces « putaines », dont le nom vient de « putie », l'ordure. Les villes naissantes ont donc leur « maison », ou encore leur « bordel » ou leur « château-gaillard », appelé également souvent « l'abbaye », en référence aux dérèglements proverbiaux des monastères *. Mais, plus discrets, il existe également les étuves, bains publics d'autrefois qui, comme certains de nos saunas, sont de véritables lieux de rendez-vous, où après s'être bien savonné de ce savon noir fait de graisses et de cendres et aspergé d'eau de plantes odoriférantes, on rejoint dans une chambrette quelque chambrière experte en massages souvent particuliers. Les étuves de Tours sont réputées servir de repaire à ribauds et putains et, dans celles de Dijon, en dehors des jours réservés aux prudes bourgeoises, on pouvait « oire crier, hutiner (disputer), saulter tellement qu'on était étonné que les voisins le souffrissent, la justice le dissimulât et la terre le supportât ».

Dès lors, il est évident que l'enfant légitime sera l'enfant du sacrement, et le bâtard le fruit du crime. La seule exception concerne le bâtard noble, dont le statut est évidemment de mieux en mieux accepté selon que son père est important. Ce seront même bientôt les grands qui donneront l'exemple, avec les grands bâtards (c'est-à-dire les aînés) des ducs de Bretagne, de Bourgogne, ou le fameux Dunois, bâtard du duc d'Orléans. Ces bâtards sont élevés au château avec les enfants légitimes, sans avoir toutefois de droits à la succession.

Dans le petit peuple, au contraire, le bâtard est rejeté, il est à l'origine des *Bastard, Lebastard, Batardon* que l'on montrait du doigt, et sans doute d'autres noms encore, comme *Bourc, Bour* et *Bourquin* (mais attention aux confusions avec *Bourg°* et *Dubourg°*). Une autre habitude veut aussi que les bâtards nobles portent les armes et les blasons de leur père, avec une marque de bâtardise, qui est alors le plus souvent une « barre », ou une bande oblique allant de gauche à droite. Cela rappelle par ailleurs les dénominations données aux bœufs brun et roux ou rouge et blanc, que l'on nommait « barrés ». N'est-ce pas alors là l'origine des si nombreux *Barré, Barret, Barreau, Barraud...*, qui auraient été ainsi surnommés dans le même esprit que les animaux, chose fréquente au Moyen Age ? Leur nom peut aussi venir de « bar » (le poisson), mais l'explication par la bâtardise convient tout à fait à l'esprit de l'époque.

Faisons enfin un bond de cinq siècles. En 1734, le rejet et le mépris du bâtard est tel que, dans l'Orne, le curé de Rémelard, qui en baptise un, n'a cure de le nommer. Il se contente d'écrire dans son registre que, ce jour-là, il « est né un garçon par des voies illégitimes ».

« TROUVÉ » OU « SAUVÉ » ?

Les noms d'enfants abandonnés ont fait couler beaucoup d'encre. On a voulu en voir sous différents patronymes. En réalité, très peu seulement en ont été à coup sûr : *Trouvé*, et ses variantes *Trouvat, Troubat, Trouvin*.

Qu'il y ait eu autrefois des enfants non désirés est évident.

La sexualité et le manque de pratiques contraceptives suffisent à l'expliquer. Plus d'une mère dut se trouver dans une situation de détresse telle qu'elle fut contrainte à abandonner son enfant, surtout si elle était célibataire. Cependant, même dans ce cas, la femme appartenait à un groupe, familial ou social. On ne trouve pas, au Moyen Age, ces mères célibataires que le monde ouvrier connaîtra au XIXe siècle. Même si le péché de chair et l'adultère étaient lourdement tarifés par des pénitences de plusieurs années de jeûnes et de mortifications, rien ne prouve que ces nouveau-nés n'aient pas été désignés de façon classique par rapport à leur famille naturelle. Rien ne prouve non plus que les matronymes, généralement expliqués par la forte personnalité d'une mère ou d'une épouse, ne trouvent pas dans ce contexte beaucoup de leurs origines.

Mais rien ne prouve surtout que ces enfants, lorsqu'ils étaient frappés d'un rejet familial et social, aient seulement vécu. Les épidémies et la mortalité infantile ne les épargnaient pas plus que les autres, sinon moins, faute d'affection et il semble même que, dans bien des cas, ils pouvaient être victimes d'un infanticide.

En 1556, Henri II édicte en effet un édit « contre le recélé de grossesse et d'accouchement » aux termes duquel chaque future mère célibataire est tenue d'aller déclarer officiellement son état à un notaire qui enregistre sa déposition. Elle pourra éventuellement exposer la façon dont les choses se sont produites, ce qui nous vaudra des archives souvent « croustillantes », mais peu objectives du fait que nos filles profitent de leur déclaration pour choisir un père contre lequel elles pourront agir en justice en dommages et intérêts. Voici donc des milliers de pièces d'archives décrivant toujours les mêmes situations. Marie-Christine Villenot, enceinte de six mois, déclare ainsi en 1783 avoir été violée par un inconnu alors qu'elle revenait d'Is-sur-Tille (Côte-d'Or) où elle était allée chercher du sel pour son maître. Marie Dubourg, de Magny-en-Vexin, déclare en 1738 être enceinte de six mois pour avoir eu « habitude » avec un voisin. Anne Delon, vingt-quatre ans, avait été séduite par Nicolas Jacquinet, son maître, laboureur à

Pigy, près de Provins, qui, sous couvert de promesse de mariage, avait abusé d'elle.

Plusieurs fois, cet édit sera rappelé et relu aux fidèles par les curés lors des messes dominicales, sans doute parce qu'il est peu appliqué. Or, son but n'était en rien de défendre la mère, mais bien plutôt de préserver l'enfant en faisant échec à l'infanticide qui, au Moyen Age, a bien pu suffire à réduire considérablement le nombre des « Trouvé ».

L'ÉNIGME DES NOMS DE MOIS

Je me garderai de généraliser les infanticides, mais, hésitant moins à parler d'intégrations dans les familles, je laisserai a priori peu de place aux noms d'enfants trouvés.

Lorsque, au XVIIe, XVIIIe ou XIXe siècle, une mère abandonnait son enfant, elle allait généralement au couvent le plus proche, tirait la cloche et déposait son bébé dans le « tour » aménagé dans l'épaisseur du mur. La sœur tourière, prévenue par la sonnerie, venait l'y récupérer, mais ne pouvait voir la mère, qui, déjà, s'éloignait. Alors, sauf demande expresse qui pouvait avoir été écrite et déposée avec l'enfant, du genre « appelez-moi Rose, Mariette », ou quelque autre prénom, rarement un nom, l'enfant était baptisé de façon plus ou moins fantaisiste. A Autun, Marie Desbarreaux dut son nom au fait d'avoir été remise à travers les barreaux d'une fenêtre, Jeanne Lamarche à celui d'avoir été trouvée sur une marche... A l'Assistance publique, plus tard, les dénominations seront aussi arbitraires et anonymes : beaucoup de prénoms (souvent le saint du jour) ou de noms des lieux où ils avaient été trouvés...

Au Moyen Age déjà, beaucoup durent recevoir des noms de lieux. Dans ce cas, le particularisme de l'abandon va nous échapper. On prétend cependant, et voici notre énigme, que beaucoup de ces enfants trouvés reçurent des noms de mois ou de saisons.

Tous les mois sont à peu près représentés. On trouve des *Janvier* (avec des *Jenvresse* et des *Jenvrin*), des *Février*, nombreux, des *Avril*, *Lavril* (d'où *Abrial* et *Abrioux* dans le Midi), des *Aoust*, et surtout *Davout*, *Davoust*,... qui semblent bel et bien se rapporter au mois, mais quel mois ? Je n'irai pas jusqu'à parler du mois de naissance. Je vois assez mal la société villageoise, telle que nous l'avons approchée, retenir le mois de naissance d'un bébé (à l'espérance de vie par définition précaire) pour le désigner ainsi lorsqu'il sera arrivé à l'âge adulte.

Beaucoup plus rares sont les *Mars* (ou *Mard*), *Septembre*, *Octobre*, *Novembre*, *Décembre* (ou *Décembri*), que l'on rencontre cependant. Et voici une seconde question : pourquoi si peu de patronymes sur ces cinq mois-ci ? Et là, je ne vois aucune réponse logique.

Restent aussi les noms de saisons : des *Hivert*, *Yver* et *Winter* et quelques rares *Printem(p)s* et les *Sommer* d'Alsace-Lorraine (l'été). Mais pourquoi aucune référence à l'automne ?

Restent enfin d'autres noms de mois, portés comme patronymes, mais qui semblent avoir une tout autre explication. *Mard*, d'abord, peut être une contraction du prénom Médard, *Juin*, une déformation de Jouin venu lui-même de Jean (par le latin *Johannus*) de Jovin (saint Jovinus) ou *Juillet*, *Juillot*, *Juillard* sont sans doute des diminutifs de Jules ou Julien. Enfin, *Mai* et *May* sont des formes à rapprocher de *Lemay°* ou de *Dumay°*, donc sans rapport avec le calendrier. Et pourquoi *Février*, lui-même, n'appartiendrait-il pas à la grande famille des *Fèvre°* ?

1er MAI : GARE AUX SEAUX D'EAU ET AUX BRANCHES DE HOUX

Le jour de la fête du Travail n'a pas été choisi au hasard, c'est celui auquel on a toujours célébré le retour du printemps, bien avant que l'on ne lui associe le muguet.

Autrefois, en effet, personne ne pensait à aller le cueillir dans les bois. Chacun cependant avait soin de porter sur soi quelque feuillage vert. On disait que l'« on prenait le vert » et d'ailleurs mieux valait le faire. En effet, celui que ses voisins avaient « pris sans vert » s'en recevait aussitôt un seau d'eau sur la tête, à la grande hilarité générale.

Mais le printemps, c'est aussi le réveil de la sexualité et des amours, et cela aussi se fêtait, avec un arbre, cette fois-ci. Dans la nuit du 30 avril au 1er mai, les jeunes gens de chaque village allaient par les rues, les bras chargés de verdure qu'ils déposaient aux portes des jeunes filles à marier. Il s'agissait soit d'un rameau, soit d'un jeune arbre que l'on replantait près de la porte, tout en utilisant le langage des symboles. Une branche de charme signifiait « tu me charmes », une branche d'aubépine « je t'estime », le fusain rimait avec « putain », le sapin avec « propre à rien », les épines ou le houx, enfin, vengeaient les garçons du mauvais caractère d'une fille.

Ces arbres et ces rameaux étaient appelés des « mais » et sont sans doute à l'origine des *Lemay* et des *May* qui sont encore portés aujourd'hui comme patronymes, alors que *Dumay*° a un sens tout différent.

C'était en mai, selon les proverbes, que les galants changeaient d'amies, et, le premier jour du mois, le « marché » était donc ouvert.

Mais ce sont là des proverbes plus récents. Au Moyen Age, en effet, galant n'a pas son sens actuel. Venu de l'ancien verbe « galer » (s'amuser), il désigne tout simplement un homme vif et enjoué, tel est le sens de nos *Galan, Gallan,*

Galant, Galand, Galandon, Galandrin, Galas... Les soupirants en tout genre ne manquaient cependant pas de surnoms, souvent devenus des noms, comme *Lamour, Lamouret, Lamoureux, Lamouroux*, en pays de langue d'oc, *Lamorec* en Bretagne, *Lamourette...* Et avec tous ceux-là les pères de familles ne manquaient pas de soucis, car alors « filles et vignes, disait-on, sont difficiles à garder : il y a toujours quelqu'un qui passe et qui voudrait y tâter ». A quoi les pères des gars répondaient calmement : « Serre tes poules car j'ai lâché mes coqs. » Seule, en ce 1er mai, la vieille sagesse gasconne rappelait encore dans un dernier adage : « Belle femme et fleur de mai, hélas! hélas! », car les Provençaux le savaient : « Belle rose devient gratte-cul. »

LA MARIÉE ÉTAIT EN NOIR

Personne ne s'étonnera que M. Lemarié ait pour ancêtre un jeune marié d'antan. Ce qui étonnera davantage sera le contexte et les circonstances dans lesquelles était célébré ce mariage.

Tout d'abord, la mariée. Ne l'imaginez pas en blanc. Ce n'est là qu'une mode récente, née au siècle dernier avec le culte de l'Immaculée Conception. Nos aïeules, le jour de leur mariage, portaient des robes de couleur, et cette couleur variait selon les régions et les conditions sociales : bleue, rouge, et le plus souvent noire. Cette robe était comprise dans le trousseau énuméré au contrat et rassemblé généralement dans un « coffre de bois ferré et fermant à clef », contenant « escuelles d'estain, linceulx » (c'est-à-dire draps) et autres objets usuels.

Aujourd'hui, le mariage est presque toujours célébré le samedi. Dans l'ancienne France, il en allait autrement. On ne se mariait ni le vendredi (jour de la mort du Christ), ni le dimanche (jour du Seigneur), ni le samedi, trop en sandwich entre ces deux jours. Nos aïeux, le plus souvent, se mariaient donc en début de semaine. Restait à choisir le mois. Étaient proscrits le temps de l'Avent et celui du Carême. Les périodes des gros travaux : fenaisons, moissons et vendanges étaient également évitées. Il ne restait donc que les mois de janvier-février et de novembre, au cours desquels se célébraient la plupart des épousailles.

Mais, pour se marier, encore fallait-il avoir trouvé un conjoint. Et cela n'était pas facile. Lorsque l'Église organisa véritablement le mariage, qui n'existe guère, en tant que véritable sacrement, que depuis le XIIe siècle, elle l'assortit de toute une réglementation particulièrement draconienne. Ainsi, nos aïeux ne pouvaient épouser une femme qui leur soit parente, et cela jusqu'au septième degré, c'est-à-dire qu'ils ne pouvaient épouser aucune descendante d'un de leurs soixante-quatre arrière-arrière-arrière-arrière-arrière-grand-père. Dans le cadre restreint des villages souvent repliés sur eux-mêmes, c'était ainsi presque toutes les filles qui leur étaient interdites. A cela s'ajoutaient leurs alliées, c'est-à-dire, pour un veuf, toutes les parentes de sa première femme, et encore les parentes par affinité « spirituelle », à la suite d'un baptême. Un homme ne pouvait ainsi épouser la marraine de son fils ou sa commère, c'est-à-dire celle qui avait été marraine de son filleul. Le concile de Trente, au XVIe siècle, assouplit heureusement ces principes. Le marié d'autrefois n'en demeurait pas moins bien embarrassé quant au choix de sa moitié.

Les *Lemarié* et *Marié* peuvent avoir un jeune marié pour ancêtre, mais attention, leur nom peut aussi venir d'une déformation de *Marillier*. Lui-même, avec *Marellier* et *Marlier*, désigna le *Marguillier*, celui qui tenait autrefois les registres « matricules » des pauvres de la paroisse (d'où son nom), autrement dit le sacristain (d'où tous les *Sacreste, Sacristie, Sagrestan* en Provence, *Segretan* en Périgord, *Secretan, Secrétain* dans le Sud-Ouest, *Segret*..., qui régnaient sur cette sacristie où étaient déposés les vases « sacrés »).

On rattachera à ce chapitre les *Luzach* bretons désignant les chefs de famille et les mariés avec les patronymes comme *Mariage*. On sera par contre prudent à l'égard des *Lemarré*, qui peuvent venir du « marié » ou du « marais ».

Pourquoi tant de Leroy? Tous ne peuvent pas descendre d'un roi. Comme avec tous les autres surnoms tirés de positions ou de dignités, on a souvent affaire ici à une analogie ou à l'ironie pure. Cependant les *Roy, Leroy, Roi, Leroi* comme leurs équivalents *Rey* dans le Sud, ou *Koenig* (parfois déformé en *Cuny*) dans l'Est, ont souvent une tout autre origine. Ils ont bel et bien eu un roi pour ancêtre, mais seulement un roi pour jouer.

Car nos ancêtres aimaient à jouer. C'était d'ailleurs là un de leurs seuls vrais loisirs. Le calendrier, en effet, leur imposait nombre de fêtes religieuses ou traditionnelles pour lesquelles on ne travaillait pas. On organisait alors des bals et des jeux.

Certains étaient donc de fervents danseurs, des « balleurs », comme, sans doute, les *Ballereau*. Ils aimaient à danser rondes, « caroles », branles, farandoles et autres « balleries » alors à la mode.

D'autres, plus sportifs, s'essayaient à différents jeux. A la campagne, quelques-uns seulement étaient pratiqués. Les quilles, déjà, ont leurs adeptes qui ont pu donner les *Quillard, Quillot, Quillou...* (à moins que l'on ait ici des surnoms grivois). Les *Quillet*, quant à eux, s'expliquent par un ancien mot signifiant « agréable ».

Un autre jeu, très populaire, était le jeu de crosse, sorte de croquet sans arceaux ou de lointain aïeul du golf. Enfin, le plus prisé était sans contestation la « soule », « choulle » ou « chole », selon les régions, qui semble bien avoir été l'ancêtre de notre football. Il est sans contestation ancien, puisqu'une pièce d'archive datée de 1147 montre un seigneur s'engageant à remettre aux habitants de sa terre « sept ballons de la plus grande dimension ». Ces ballons, tantôt en bois, tantôt en cuir et alors remplis de foin, de son ou de mousse, étaient lancés à la main ou au pied et disputés entre deux troupes rivales, par exemple deux paroisses, s'efforçant chacune de « noyer » cette soule dans une mare. De grandes compétitions avaient souvent lieu pour Caresme-prenant (mardi-gras), pour Pâques ou pour Noël, mais pouvaient parfois se terminer assez mal, compte tenu de la violence des joueurs. On voit cependant jusqu'à des ecclésiastiques s'y adonner, tout en intercalant des chants entre les phases du jeu.

A Paris, l'ancêtre du tennis apparaît timidement avec le jeu de paume, joué au début à main nue (d'où son nom), puis avec de primitives raquettes. Il peut être à l'origine de certains *Paumier*° et *Paulmier*° actuels.

Cependant, à côté des jeux physiques, ceux de hasard rencontraient encore davantage de succès. De véritables tripots existaient déjà (d'où peut-être des noms comme *Desjeux*, alors que les *Hazard* peuvent venir du prénom Lazare). Le jeu le plus prisé était sans doute celui de « trinc » que l'on retrouve dans des surnoms de joueurs comme *Trinquier*, *Trinquet*, *Trin*, sans oublier les *Tricard* (= tricheurs). Car les tricheurs étaient déjà nombreux, et moqués par des noms comme *Tremel*, *Tremeau* (?), *Tremelin* (d'après le vieux verbe « tremeler » = tricher), alors que les *Erlanger* alsaciens étaient les gagneurs.

Et notre roi, dans tout cela ? Son nom lui vient d'une autre manifestation. Dans les gros bourgs, une fois l'an, était souvent organisé un concours de tir à l'oiseau, tir à l'arc s'entend, à l'arbalète puis à l'arquebuse (ou couleuvrine à main). Son gagnant était alors appelé le roi du jeu et il le restait jusqu'à l'année suivante. Voilà en principe l'origine de la plupart des porteurs de noms de ce type. Les *Mauroy* (= mauvais roi) ont pu avoir un ancêtre désigné à tort comme gagnant, ou reconnu tricheur, les *Rivoal* et *Rivoalin* bretons descendraient d'un roi chauve. Enfin, les *Campion* et *Champion* doivent s'expliquer de la même façon. Il est possible enfin que les *Royer* et *Royet* puissent s'expliquer par des diminutifs de roi (attention cependant quant à eux aux confusions avec *Rouyer*°, *Rouhier*°, *Rohier*°).

Comte, Bourgeois, Vassal sont, avec beaucoup d'autres patronymes, classés parmi cette curieuse catégorie des noms d'état ou de position. Comme les actuels Roy° et Leroi ne descendent pas d'un roi couronné, mais d'un champion sportif, beaucoup de ces noms doivent s'expliquer autrement que par une filiation brillante. La raison peut avoir été, au contraire, un lien de dépendance, le paysan du comte ayant pu être dénommé l'homme-le-comte, comme on a, pour les villes et communes, Fontenay-le-Vicomte, Nogent-le-Roi, Arnay-le-Duc, ou Issy-l'Evêque. Mais, plus souvent, on a sans doute ici la réminiscence d'une analogie par un ancêtre se donnant des airs importants en singeant tel personnage supérieur. L'hypothèse de la filiation naturelle, enfin, avec les bâtards des grands personnages, semble tout à fait improbable, compte tenu du statut et de la place des bâtards * à l'époque.

Au sommet de la hiérarchie, on commence par les *Lempereur*, qui peuvent avoir été des surnoms d'hommes plus forts, plus habiles que les vainqueurs déjà surnommés Roi. A cette époque, l'empereur du Saint Empire Romain germanique revendique encore l'autorité sur le roi de France, ce qui fait dire aux juristes de la cour que leur roi « est empereur en son royaume », ce que la victoire de Bouvines entérinera définitivement.

Suivent ensuite, par ordre d'importance, les *Prince*, *Leprince*, *Prinz* alsaciens (et sans doute, en variante, les *Prin* et *Prins*), les *Duc*, *Leduc*, *Auduc*, et les *Herzog* alsaciens (et les diminutifs *Duchet*, *Duchon*, *Duchier*...), les *Marquis* et *Lemarquis*, les *Comte*, *Lecomte*, *Conte*, *Leconte*, *Compte* et *Lecompte*, les flamands *Degra(e)ve*, quelques *Vicomte* et enfin des *Baron* (d'où des Baronnet, Baronneau...), à la précision qu'en Normandie chaque femme avait son baron puisque ce mot servait à désigner le mari.

Restons dans le monde doré et titré. Les *Noble* et *Lenoble* peuvent s'expliquer de plusieurs façons, par l'adjectif noble au sens d'homme de mérite, par le sens plus actuel de celui qui a reçu la noblesse. Ils peuvent aussi tenir à une référence au *Roman de Renart*, où Noble est le nom du roi, le lion. Les *Châtelain* et *Catelan* (du Sud) posent moins de problèmes, tout comme les *Fiévet* (détenteurs d'un fief). Par contre, les *Cavalier, Chevalier, Chevallier, Lechevalier,* les bretons *Marec, Le Marec* et *Kermarec* et les équivalents alsaciens *Ritter* et *Reiter*, peuvent avoir désigné l'homme de cet état, celui qui l'imitait, comme aussi le possesseur d'un cheval *, alors véritable « signe extérieur de richesse ». Les *Lecuyer* et *Lescuyer* semblent devoir davantage leur nom au serviteur du chevalier (celui qui portait l'écu, c'est-à-dire le bouclier, d'où le mot écusson) qu'au fabricant ou au changeur d'écus, la pièce de monnaie (explication qui n'est cependant pas à exclure). Les *Gentilhomme* peuvent devoir leur nom au gentilhomme au sens d'homme noble comme au sens littéral d'homme gentil et aimable.

Plus militaires sont les *Capitaine* et *Capitan*, alors que les *Croisé, Crouzet, Crouzier, Crozat, Crozet* avaient pris part à la grande aventure qu'était la croisade, comme sans doute les ancêtres des *Lamiral* et *Lamirault*, qui ont ramené de là-bas cette appellation qui signifie en arabe « émir », chef. Les *Templier*, eux, se réfèrent aux moines de l'ordre célèbre fondé en Terre Sainte.

La vie militaire, cependant, était une réalité peu connue à cette époque qui, d'une part, jouit d'une relative paix à l'intérieur du royaume, et d'autre part ne connaît que les soldats mercenaires.

Par contre, le système féodal est une tout autre réalité et, si l'on rencontre peu ou pas de famille *Suzerain*, on a en revanche de nombreux vassaux : avec les *Vassal, Vassor, Vassort, Vasseur, Levasseur, Levavasseur* normands, *Vassaux, Vasselin* et *Vaslin* (ces deux derniers pouvant également être des déformations de *Gasselin°*), comme on a, en Alsace, des *Lehman*. Dans la même rubrique, on classera les *Seigneur, Signoret, Sire* et *Siret, Sirey, Sirot, Sirop* ainsi que les *Lesieur, Beausire, Mosser* (« mau sire » = mauvais sire) souvent évidemment ironiques.

On hésitera à y classer les *Bachelier*, *Bachelet* et *Bachelot*, qui ont pu avoir différentes significations. Avant de passer son baccalauréat (qui n'existe que depuis le XVIIᵉ siècle), le bachelier était, au Moyen Age, l'aspirant à la chevalerie ou tout simplement le jeune homme à marier (d'où le mot anglais *bachelor* désignant le célibataire).

L'administration, qui se met alors en place, souvent pour contrôler le renouveau urbain, fournit aussi son contingent de noms. L'habitant d'une ville nouvelle, d'un de ces bourgs auxquels le seigneur ou le roi ont accordé des privilèges et des franchises, est un homme au statut bien particulier : le bourgeois, d'où nos *Bourgeois* et *Lebourgeois*. Dans chaque ville, cependant, est placé un représentant officiel du seigneur, qui est en quelque sorte son intendant, le « prévôt ». Ce fonctionnaire, sans doute assez impopulaire du fait, qu'en plus de rendre la justice, il levait les impôts, est à l'origine de bien des dénominations : *Prévost°*, *Provost*, *Pruvost*, *Prouvost*, *Leprévot*, et les contractions *Proust°* et *Prost°*. Tous doivent avoir, pour ancêtre, un homme qui, tel le prévôt, se comportait en véritable petit chef.

Autour du prévôt médiéval étaient deux aides : le « sergent », dont le nom à l'origine désignait un domestique et qui s'est transmis à de nombreuses familles *Sergent*, et le « major » ou « mayor », qui, plus que le rare maire élu d'Ancien Régime, doit être à l'origine des *Maire*, *Lemaire*, peut-être des *Mairet* et *Mairot*, et en tout cas des *Schultz(e)* d'Alsace-Lorraine, comme aussi un peu des *Méresse* (la femme au maire). On en rapprochera aussi les *Majoret* et *Majorel*.

A leurs côtés, en ville, les *Sirven* rendaient la justice et les *Barrier* gardaient les portes et les barrières, alors que les *Voyer* surveillaient les voies. Autres fonctionnaires, les viguiers, que l'on retrouve dans les *Vigier*, *Viguié*, *Viguier°*...

Après ces subalternes, on trouve deux supérieurs du prévôt ancien, qui ont pour mission de le surveiller : les « sénéchaux » (d'où *Sénéchal*) et les « baillis » (d'où les nombreux *Bailly°*, *Lebailly °*, *Aubailly*, *Baillif*, *Bally*, *Bayle°* et *Beyle°* du Sud, et les *Vogt* alsaciens).

En continuant la hiérarchie, nous trouvons les noms dérivés du mot « maître », plutôt à prendre au sens du maître-artisan que du maître opposé au valet : *Lemaître*, *Maître*, les formes anciennes *Maistre* et *Lemaistre*, voire *Mestre* et *Lemestre*, mais aussi, dans le Midi, *Mestral* et *Mistral* (sans rapport, c'est dommage, avec le vent).

Les *Page*, *Lepage*, *Floch* et *Lefloch* bretons, comme les *Pageot*, et *Pajot* n'ont eu pour ancêtre qu'un jeune serviteur (le sens actuel ne naît que plus tard). Ils sont donc bien proches des *Valet*, *Beauvalet*, *Bonvalet*, parfois déformés en *Varlet* et *Levarlet* (d'où *Grandvarlet*, le valet en chef), ou encore des *Ancel*, *Anciau*..., désignant le domestique d'après le latin *ancillus*. Les garçons d'écurie ont enfin leurs surnoms : *Trotin*, *Trotot*, *Trottier*, *Trottion*, *Trotereau*, *Trotignon*...

Autre type de désignation voisin : la puissance, la richesse et la liberté ont donné des surnoms assez clairs. Les *Leriche*, *Riche*, *Richet*, *Richomme* et les alsaciens *Reich* sont bien proches des *Menant* et *Menand* (homme aisé qui administrait et « menait » un domaine), des *Pouderoux* (hommes puissants), des bretons *Kermadec* (nantis) ou des *Gagneux*, *Gagnon*, *Gagnaire*, *Gagnard* (enrichis, travailleurs), comme sans doute des *Lhéritier* et peut-être des *Panhard* bretons (= fils unique). Les hommes libres, affranchis du servage, ont pu quant à eux recevoir des noms comme *Frei* et *Freiman* en Alsace-Lorraine ou *Lanfranchi*. En bas de la pyramide sociale, on trouvera des *Pouvreau* (pauvre homme).

Il resterait à savoir que faire de *Pape* et *Lepape* (surnom ironique comme *Lempereur*, sans doute), de *Raby* et *Rabineau* (surnoms en référence à « rabbin » qui n'apparaît que plus tard ?). *Dauphin*, inusité alors pour le fils du roi (qui ne sera dauphin qu'en raison de la réunion au royaume du Dauphiné), est sans doute plutôt le surnom de ceux originaires du Dauphiné. *Lelu* est peut-être l'élu municipal, mais peut aussi être une déformation de « le leu », (pour le loup*). *Beaussier* peut être une déformation de *Beaussire*, alors que l'alsacien-lorrain *Herr* désigne le seigneur. Notons enfin les curieux *Lhomme* et *Delhomme* (pour « homme-lige », au sens de vassal?) alors que les *Prudhon, Prudhomme, Prodhon, Proud-hon*... (homme preux, homme prudent, homme sage) étaient déjà consultés en matière de justice et d'administration.

LA « *DESPUTAISON DU VIN ET L'IAUE* »

La France a toujours été réputée pour ses vins. Comment donc s'étonner que tant de noms fleurent bon la vigne et ses produits?

Autrefois cultivée dans le sud du pays, essentiellement la Narbonnaise, la vigne, au cours du Moyen Age, se développe considérablement. Les besoins des laïcs, comme ceux des clercs pour le vin de messe, la reprise du commerce avec les villes qui naissent partout à cette époque couvrent la France entière de vignobles. Religieux, nobles, vilains*, bourgeois, tous ont leurs vignes, à commencer par le roi. Elles pénètrent dans tous les jardins et décorent les murs des maisons, tout comme le fait la « treille du roy » à Fontainebleau. Elles arrivent même sur les chapiteaux des cathédrales, qui montrent des scènes de vendanges, un des plus grands moments de l'année rurale. Ces vendanges ne débutent que lorsque le seigneur a levé le « ban des vendanges » qui en fixe l'ordre et le calendrier, commençant évidemment par les siennes. Manouvriers et petits laboureurs forment alors un complément de main-d'œuvre que l'on nourrit copieusement. On voit ainsi les abbayes faire rentrer dès le début de septembre des porcs, des harengs, des sacs de fèves et des fromages en prévision de ces grandes tablées.

Des vignes partout, donc, souvent, en bordure des cours d'eau qui facilitent le commerce, mais qui les mettent aussi en perpétuelle concurrence entre elles. En Bretagne, sur les bords de la Vilaine, en Lorraine, en Nivernais, nulle région ne peut échapper à ses pampres et à ses vrilles. Les Anglais apprécient ces vins de Bordeaux que la reine Aliénor leur apportera lors de son mariage, les vins de la région parisienne et de Champagne sont recherchés, même s'il faudra attendre que le cellerier de l'abbaye d'Hautvilliers, près d'Épernay, un certain Dom Pérignon, invente la champagnisation au XVIIᵉ siècle. Si le vin d'Auxerre est connu grâce à l'Yonne et à la Seine, celui de la Côte-d'Or l'est cependant moins et ce n'est que vers 1200 que l'on commence à parler de celui de Beaune, qui « échauffe et rend batailleur » et que les ducs de Bourgogne sauront conduire aux plus grandes destinées. Cette expansion de la vigne en France se poursuivra longtemps, souvent jusqu'à la crise du phylloxéra au siècle dernier.

Voici donc les *Vigne(s)*, *Lavigne*, *Delavigne*, *Vignol*, *Vignolles*, *Desvignes*, *Treille*, *Latreille* et les *Plant* (= endroit planté de vignes), *Planté, Plantade, Plantin, Plantier...*, autant de noms de lieux devenus noms de famille, comme encore *Vigny* et *Vinay*.

Les propriétaires de vignes donneront les *Vignal*, *Vignault, Vignot...*, et leur agent, chargé de l'administration et surtout de la garde des vignes avant le début des vendanges, est le *Closier, Clozier* ou *Clousier...*

Les travailleurs de la vigne se retrouvent dans les *Vigneron, Vignerot* (Normandie), *Vignier, Vignié, Vignon, Vinatier* (= fabricant de vin), *Poudevigne* (= tailleur de vigne), mais beaucoup de surnoms sont aussi donnés aux consommateurs.

Boire du vin jusqu'à en vomir coûtait jusqu'à quinze jours de jeûne pour sa pénitence, sauf si l'on avait commis l'excès après avoir communié et vomi l'Eucharistie (quarante jours). Celui qui avait enivré son prochain s'en tirait avec dix jours si c'était par amitié, vingt s'il avait agi par méchanceté.

Cela n'empêche évidemment pas de boire. Même si le vin est limité par son prix à l'usage des seigneurs, le petit peuple peut s'y adonner en région de vignobles, et quelle région n'en a pas ? Partout le vin détrône l'ancienne cervoise.

De leur côté, nos commères de village peuvent donc s'en donner à cœur-joie. Une foule de surnoms surgissent. *Boivin* est en principe évident, *Boileau* révèle toute l'hypocrisie villageoise dans la ligne de *Gatevin, Tatevin, Tournevin, Tostivin* (trempé dans le vin), *Po(t)devin* (qui ne prend son sens actuel qu'au XVIᵉ siècle), *Cornevin* (qui corne, qui réclame du vin) ou *Heurtevin* (qui heurte le vin en choquant le verre pour trinquer), et jusqu'à *Pissavin* !

Pion, en Normandie, est le nom du buveur. Le « piot » est alors la boisson alcoolisée. Dans *Pantagruel*, Rabelais parle lui-même de « cette nectarine délicieuse, précieuse, céleste, joieuse et déïfique liqueur qu'on nomme le piot ». Le vieux verbe « pier » signifiait s'enivrer. Est-ce donc là l'origine de tant de *Piet, Piot, Piault, Pillot*..., si courants en de nombreuses régions et traditionnellement expliqués par analogie avec le bébé pie ?

Je me demande enfin s'il ne faut pas ajouter à cette liste les nombreux *Gateau, Gataud*, souvent autrefois *Gasteau*..., dont le nom peut certes venir du gastel du pâtissier, d'un vieux *Gastold* germanique, mais aussi, pourquoi pas, avoir été donné à celui qui gâtait l'eau. Il y a fort à parier alors qu'il le faisait... avec du vin. Le débat est éternel. On publia d'ailleurs dès l'époque « La desputaison du vin et de l'iaue ».

NE JETEZ PAS LA PIERRE A LA FEMME ADULTÈRE, MAIS A SON MARI

Vieux débat, vieilles mentalités. Même si, au Moyen Age, la femme a davantage de place qu'elle ne l'aura à l'âge classique ou au XIXᵉ siècle, on ne peut vraiment pas parler d'égalité des sexes.

Les époux s'étaient-ils choisis ? Comment savoir ? Ce qui est certain, c'est que l'affaire était conclue à cette époque définitivement entre hommes, c'est-à-dire entre beau-père et gendre, autour de la question des dots. Ensuite, la femme avait suivi son mari devenu chef et maître chez lui. S'il ne pouvait y commander, il s'attirait ridicule et moqueries. Si sa femme le trompait, il était montré du doigt au village.

La femme qui commandait est, en effet, très certainement souvent à l'origine de nos si nombreux matronymes, tout aussi bien prénoms *(Nicole)*, noms de métiers *(Meunière)* ou sobriquets *(Noiraude)* qu'elle transmettait elle-même, ou qui n'était que la féminisation du nom de son mari. Mais la démarcation est difficile à établir avec la veuve devenue chef de famille.

La femme qui trompait son mari lui valait d'autres surnoms, bien plus lourds à porter. *Cocu*, évidemment, dont les porteurs se font de plus en plus rares pour avoir demandé peu à peu à changer de nom. Le mot vient du « coucou », cet oiseau qui allait mêler ses œufs à ceux d'autres nids. Car tout le problème est là. Les ceintures de chasteté et autres inventions médiévales, le droit d'alors comme celui d'aujourd'hui, considéraient avant tout le risque que faisait courir la femme adultère d'introduire des bâtards sous le toit de son mari. D'où toute la différence entre les écarts de l'homme et de la femme mariés. La femme, avant tout soumise à son mari à qui elle doit obéissance et respect, commet une faute plus lourde en le trompant que lui, qui ne fait alors que vivre sa vie d'homme. Aux yeux de l'Église, tous deux sont coupables, mais quelle relation sexuelle n'est pas coupable à ses yeux? Les ébats conjugaux, très réglementés, sont interdits dimanche et jours de fête, comme durant l'Avent et le Carême, sans compter que les époux ne peuvent guère varier les positions de leurs amours. Tout cela est tarifé de pénitences allant de trois à quarante jours au pain sec et à l'eau et de quelques amendes. Aux yeux du droit, civil et canonique, la femme adultère encourt donc de lourdes peines dont celle de la tonte des cheveux qui, en principe, servent de voile à sa pudeur et à son innocence.

Malgré tout cela, évidemment, et pour la simple raison que la nature humaine est ce qu'elle est, on avait des époux trompés, et le ridicule, au contraire des peines, frappait plus lourdement ceux-là. A vie, et pour celle de leur descendance, ils ont été surnommés *Cocu*, *Cocula* (Midi), ou *Cougoul*, *Cou-*

goulat, Cougoulic (toujours par analogie au coucou). Mais, le plus souvent, on parle de leurs cornes, d'où les *Corne, Lacorne, Cornard, Cornuaud, Cornaud, Cornu, Lecornu, Cornuet, Cornet, Cornez, Cornat, Cornuchet,* et *Cornec* et *Lecornec* (Bretagne). Souvent, leur corne s'appelle « troche », du nom donné à celle du cerf, d'où les *Troché, Trochard, Trochu, Tronchon.* L'animal lui-même, lorsqu'il intervient dans les patronymes, signale toujours quelques malheureux époux, d'où *Cerf, Lecerf, Dussert, Dusserre* et *Hirsch* en Alsace-Lorraine, à moins que l'on ne lui donne le nom qu'il porte dans le fameux « Roman * de Renart » : *Brichemer.* Encore à cause de lui, les *Branchu* et *Branchut* appartiennent à la même famille où les rejoignent les *Dagorn* bretons, signifiant « deux cornes ». Et voilà comment, par la médisance villageoise, l'inconduite de certaines de nos aïeules nous suit encore chaque jour. Quand je dis de certaines, je veux dire de celles pour lesquelles cette inconduite fut connue. D'autres ont pu être plus habiles et plus discrètes.

LES HANDICAPÉS PATRONYMIQUES

Voilà quelques années déjà, M. Meurdesoif, excédé par son nom et ayant réussi à en changer, avait fondé l'Association des « handicapés patronymiques ». L'idée était bonne, mais la formule de l'association n'était guère adaptée. Ceux qui réussissaient en effet par ses conseils à se débarrasser d'un nom encombrant n'avaient plus de raisons d'en rester membres et l'affaire retomba aussi vite qu'un soufflé. Pourtant, ils sont nombreux, ceux dont les ancêtres se sont vu attribuer par leurs voisins des surnoms gênants. Les commères des villages médiévaux étaient en effet redoutables. Tendances à la boisson, cocuage, difformités ont fourni des noms peu agréables à porter et à assumer. Mais, bien souvent, c'est l'évolution des mots et le cours de l'histoire qui ont rendu certains noms lourds à porter, tout comme elle en allégeait d'autres.

Ont été dès leur naissance des noms lourds et ironiques, les *Couillard, Cassecouille, Tricouillard, Potdevin, Meurdesoif*...

En revanche, qui songe aujourd'hui à voir chez les *Bizouard* bourguignons le nom local du sexe mâle (bizouarne), chez les *Cornu* des cocus, ou chez les *Malapert* le naïf du village ? Qui sait que *Lèvefaud* était le surnom du leveur de jupons ?

Le phénomène le plus courant, ici, est dû à l'évolution. Le nom *Bordel* vient de la forme ancienne « bordeau » qui ne désignait à l'origine qu'une petite borde, c'est-à-dire une petite ferme. Le mot « garce » n'était que le féminin de gars, sans aucune nuance péjorative, et s'est transmis sans arrière-pensée aux *Garce* et *Lagarce*. Les *Labitte* tirent leur nom de la « bitte » qui était une pierre équarrie, les *Lafaysse* de l'ancien mot « faysse » (= bande, lien), les *Moncul* et *Moncqcuc* d'un lieu ainsi nommé car étant sur une hauteur assez pointue. Le mot breton *Bescond* était l'équivalent du vicomte. Les *Crotte* viennent du vieux mot *crypta* (= grotte), les *Sâlepéteur* sont des salepêtrier, surnom d'ouvriers broyeurs. Les *Le Pitre* du Midi tirent leur nom d'un mot local désignant la poitrine, utilisé pour surnommer les hommes courageux, les *Vachier* sont des déformations des vachers, les *Laskar* viennent directement du mot arabe signifiant soldat, les *Lacloche* viennent du sonneur de cloche, les *Fayot* du vieux mot latin *fagus* désignant le hêtre... alors que les ancêtres des *Gay* se contentaient d'être gais...

Beaucoup de noms, aussi, sont devenus difficiles à assumer à cause d'un porteur célèbre. C'est à cause d'un préfet de Paris de ce nom que *Poubelle* désigne le récipient à ordure, alors qu'au départ, il s'est contenté de désigner l'homme peu beau (peu bel). Il en va de même pour *Godillot*, et, dans un autre registre, les porteurs de noms comme *Landru, Petiot, Ravaillac*, ont eu à souffrir d'un homonyme trop tristement célèbre.

Une dernière catégorie de handicapés doivent leurs misères à l'inconscience de leurs parents qui les prénomment par exemple Charles alors qu'ils se nomment Legrand. (Sous De Gaulle, c'était une situation difficile), aux décisions de Cupidon, comme Reine Dubost qui, par mariage, devient Mme *Dangleterre,* ou encore aux choix professionnels : M. *Vielledent* pouvait choisir un autre métier que dentiste et M. *Bourreau* éviter de se faire chirurgien.

Au reste, pour d'infinies raisons, des patronymes donnent envie de sourire. C'est là bien souvent dû à l'ignorance du sens originel, parfois malaisé à interpréter. Ce sont les *Belverge, Hanus, Cudorge, Chivert, Saligaud, Brisecul, Froc, Lamort, Cercueil, Vacherie, Chamot, Troispoux, Salade, Cussec, Houhou, Fessier, Grossein, Jojot, Bécu, Pipelet, Bidon, Truc, Sinoquet, Sidi, Bagnard, Coquin...* jusqu'à ces curieux MM. *B, U, O,* pour des noms comme *Hue,* ou ces énigmatiques *Dix-neuf, Quatrehomme, P.H.,* ou pire sans doute ce M. *Anonyme* qui récemment demanda à changer de nom.

Car, fort heureusement pour leurs porteurs, on peut arriver à se débarrasser d'un tel handicap. La démarche est longue (demande au Conseil d'État avec publication au Journal officiel). Il faut bien compter trois bonnes années et quatre mille à cinq mille francs de frais de justice et de procédure. 60 pour cent des demandes sont en gros acceptées et l'on a toutes les chances de l'obtenir lorsque l'on justifie d'un préjudice réel. On ne compte donc plus les Français ayant changé de nom selon différentes modalités.

Les uns rajoutent une lettre, faisant de *Vérollet* Vernollet, les autres en changent une avec *Boudin* qui devient Baudin, en supprimant une et *Couillon* devient Coullon, chacun s'organise avec son petit patrimoine patronymique, quitte, si le nom est vraiment sans espoir, à en changer carrément en choisissant le nom de sa mère, de sa maison, ou un nom de fantaisie. Mme *Grenouille* choisit ainsi de se nommer Delétang. Peut-on trouver plus logique ?

Il ne nous reste plus qu'à plaindre les infortunés *Trognon* dont chacun connaît l'histoire. Comment modifier en effet ce nom sans tomber de Charybde en Scylla. Otons le « t », il donne

Rognon, ôtons le « r », on a « ognon », ôtons le « o », cela fait « gnon », le « g », cela fait « non », le « n » il ne reste que le pronom indéfini « on », et le « o », il devient alors Monsieur N.!

Physique, caractère et analogies

LA TAILLE HUMAINE
OU L'IRRÉSISTIBLE ASCENSION

Chaque village d'autrefois avait un habitant plus grand que les autres, qui, à la foire, à l'église ou dans la rue, dépassait tout le monde de la tête, comme il en avait aussi un très petit. Voilà évidemment les ancêtres logiques de nos actuels *Legrand* et *Petit*. Chacun s'en était douté.

Ce que l'on n'imagine pas, par contre, c'est que ces géants des villages médiévaux ne dépassaient peut-être pas le 1,75 m! Car l'homme semble n'avoir cessé de grandir depuis son apparition sur terre. Relevé d'abord par l'adoption de la bipédisation, l'homme préhistorique n'a cessé de se redresser et de gagner en taille. Mais les choses ne s'en sont pas arrêtées là et aujourd'hui encore l'homme semble continuer de grandir.

Pour étudier ce phénomène, les historiens ne disposent malheureusement pas de beaucoup d'éléments. Les archives militaires, cependant, en devenant plus élaborées dès la fin du siècle dernier, sont ici providentielles.

Lors du conseil de révision, en effet, le conscrit passe sous la toise. Au départ, il se couche par terre, naturellement nu, sur une sorte de toile graduée. La posture est jugée « inconvenante » par le ministre et surtout peu rigoureuse. Dès lors qu'il passe debout et que les archives en consignent le résultat, on peut se lancer dans des analyses comparatives. On s'aperçoit ainsi qu'entre 1880 et 1960 la taille moyenne du conscrit français a augmenté de 4,6 centimètres!

L'homme prendrait-il 5 centimètres par siècle? En ce cas, l'ancêtre de M. Legrand, géant de son village au XIIIe siècle, aurait environ 35 à 40 centimètres de moins que nos plus grands voisins, et n'aurait donc guère dépassé 1,70 mètre?

Peut-on cependant le penser? L'augmentation de taille enregistrée depuis un siècle semble largement due à l'amélioration de l'alimentation et des conditions de vie en général. D'un autre côté, cependant, les armures de nos musées témoignent que nos ancêtres étaient nettement plus petits que nous!

Quoi qu'ils aient mesuré, nos Legrand ou Petit n'en étaient pas moins, relativement à leurs milieux, très grands ou très petits.

Les premiers donnent les *Grand, Grandet, Grandin*; les *Long, Longin, Longuet, Dulong, Lelong*. En Alsace-Lorraine, leur correspondent les *Gross, Grosse, Grosz* (= grand) et *Grossman* (grand homme) et les *Lang, Langer* (= long), et *Langman* (l'homme long). En Bretagne, on a de même *Lebras* et *Lemeur* (grand) et *Lehir* (long). Ailleurs, on trouve aussi *Butel* (à long buste) et beaucoup de surnoms ajoutés au prénom comme *Beaujean, Beaupierre*, ou comme *Beaugrand* ou encore *Gaulard* (= grande perche), *Perche, Laperche* et *Lapergue* (les deux derniers, toutefois, pouvant venir de noms de lieux).

En face, voici les *Petit, Lepetit, Petiet, Petiot, Petieau, Petetin, Peteau*. En diminutif, ils donnent *Tichet, Tichot, Tichit*... En combinaisons, on trouve des *Maupetit* (= le méchant petit), *Petitgard* et *Petitgat* (= petit gars), et surtout beaucoup de formations avec des prénoms : *Petitjean, Petitdidier, Petitguillaume, Petitdemange* (= Dominique). En Alsace-Lorraine, on trouve les *Klein*, comme on a les *Lebihan* bretons. On trouve aussi des *Court, Courtot, Courtaud, Courtaux, Lecourt, Courtin*. On a des *Bas, Lebas, Basset* (= bas, courts sur jambes), des *Mermet°, Mermillot, Mermillod* de sens voisin, ou des *Menu* et *Menuet*. On termine par les *Nain*, *Lenain* qui, en Bretagne, deviennent *Corre* et *Lecorre*.

Entre les deux, ils restent les *Moyen, Moyal, Moyard*, et peut-être même les ancêtres des actuels *Moy*.

NOS ANCÊTRES ÉTAIENT-ILS DES PUNKS ?

« Cheveux longs, idées courtes », disait-on voilà vingt ans lorsque les Beatles, puis le chanteur Antoine, lancèrent la mode des cheveux longs. Nos ancêtres du XVIIe siècle en dirent-ils autant, lorsque le roi Louis XIII, chauve avant trente ans, lança la mode des perruques ? Certainement pas. Le commerce des marchands de cheveux se développa au contraire rapidement. Des coupeurs parcoururent les provinces, surtout la Normandie et les Flandres, pour acheter à nos aïeux de belles toisons ayant jusqu'à vingt-quatre ou vingt-cinq pouces de longueur, soit une bonne trentaine de nos centimètres. Pourtant, la mode des cheveux longs était une véritable révolution, même si les Gaulois et les Germains avaient autrefois détenu tous les records de chevelure. Frottées d'un mélange de graisse de bouc et de cendre de bois de hêtre, leurs toisons n'étaient cependant pas jalousées des Romains qui les trouvaient au contraire sales et négligées.

Les Barbares étant chevelus, les Romains, peuple raffiné, se tenaient d'être glabres et d'avoir des nuques courtes. C'était pour humilier leurs prisonniers qu'ils les faisaient tondre, comme c'était pour humilier leurs esclaves ou les condamnés qu'ils leur interdisaient de se raser. La romanisation de la Gaule introduira quelque temps cette mode, mais avec l'arrivée des Francs, le cheveu reprendra du poil. Couper les cheveux d'un fils de roi, sous les Mérovingiens, revient ainsi à marquer son exclusion à la succession du trône. Il n'est d'ailleurs qu'à songer à Charlemagne et à sa célèbre pilosité...

A l'époque où les noms se sont formés, le cheveu est cependant l'objet d'une véritable guerre. Au Xe siècle, il conserve toute son importance. On jure « par sa chevelure », on offre ses cheveux à son suzerain en signe de dévouement ou à sa dame en signe de fidélité. On raconte même que certains, surtout en Angleterre, se les teignent en vert vif, en orange, voire même en bleu. Nos ancêtres sont-ils en voie de devenir des punks ?

C'est compter là sans l'Église, qui, peu à peu, réglemente la vie à tous les niveaux. Pour elle, l'attachement d'un homme à sa chevelure manifeste son désir de plaire aux femmes. C'est l'invitation à la débauche et à l'ordure que Satan sait flatter et encourager. Les cheveux longs servent de voile à la femme, alors que les hommes, faits à la ressemblance de Dieu, doivent montrer une face virile, barbe rasée et cheveux courts. Et les moines et religieux de donner l'exemple.

Dans ce contexte, comment s'étonner de la profusion des noms se rapportant aux cheveux, d'autant que, selon les régions et les villages, ce fut là un excellent moyen de désignation.

Chaque village avait en effet son habitant qui s'était trouvé chauve très jeune, d'où les *Chauvet, Chauveau, Chauvel, Chauvin, Chauvelin, Chauvelet, Chauvot, Chovin, Chauvat*, le péjoratif *Chauvard*, les *Chauvillon, Chauveron*, mais aussi, dans le Midi, les *Calvet, Calvi, Calvo* (Corse et Italie), les *Chalvet, Charvet, Cauvet, Cauveau, Cauvel, Lecaux, Cauvard, Cauvin* (forme primitive du nom du moine Calvin), les bretons *Le Moal* et *Lemouel*.

Les « tondus » ont pu être désignés par une analogie (ironique?) avec les moines, d'où les *Tondu*, et les *Touzé, Touzel, Touzet, Touzot, Touzeau*...

L'homme à cheveux blancs, surtout s'il était très jeune, était aussi sujet à surnom : *Blanc, Leblanc, Blanchard, Blanchot, Blanchet, Leblanc, Blanche, Blanchon, Blandin*. Blanchet donne à son tour *Blancheteau*, comme Blanchon donne *Blanchonnet*, etc. A ceux-ci s'ajoutent *Aublanc* (= fils au Blanc), *Maublanc* (= le méchant blanc), le breton *Leguen* et les formes méridionales *Bianco, Bianchi, Bianchini*..., comme encore les

Chenu, Chenard (péjoratif), *Chenuet*, qui deviennent *Chanut* en Auvergne, *Quenu* en Normandie et *Canu* et *Lecanu* dans le Midi (qui donne lui-même *Canuet* et *Lecanuet*). En Bretagne, il donne aussi les *Penven* (tête blanche) et en Alsace les *Weiss* (blanc), d'où *Weisman* et *Witman*.

Le blond était surtout remarqué dans le Sud, d'où les *Blond, Leblond, Blondin, Blondel* et *Blondelle, Blondet* devenant *Blondeix* en Limousin, *Blondeau* devenant *Blondiau(x)* ou *Blondot* dans l'Est. Sans oublier les *Blondeleau*, ou les matronymes *Blonde* et *Lablonde*, les bretons *Lenaour*, et des surnoms comme *Froment* ou *Fromentin*, ou encore les *Bloy* et *Leblois* (= jaune brillant).

Les cheveux gris ont donné les *Legris, Grizard* (péjoratif), *Grisot* en Franche-Comté, *Grison* d'où *Grisonnet, Griset, Grisel* d'où *Griselin, Grislain*... et encore les *Grisoni* du Sud... Ils peuvent aussi donner les noms en « fer- » comme *Ferrieux, Ferreux, Ferret*, pour des cheveux couleur du fer.

Les bruns, surtout remarqués dans le Nord, donnent les si nombreux *Brun, Lebrun, Bruneau* d'où *Brugneau, Brunat, Brunet, Brunel, Braun* en Alsace, *Brenet, Brenot, Aubrun* (= fils au brun)...

A ces bruns s'ajoutent les *Lenoir*, nombreux avec toutes leurs variantes : *Noiret, Noirez, Noirot, Noiraud, Neraud, Neyret, Nerat, Nereau, Nerot*. On retrouve ici « neir », forme ancienne de noir, venue du latin « niger ». De ce fait, des noms méridionaux comme *Nègre* et *Nègrel* ont pu ne se rapporter qu'aux cheveux, tout comme les *Negroni* corses et les *Négrier* (le mot n'apparaît dans son sens actuel qu'au XVIIIᵉ siècle).

Les bruns-roux donnèrent *Fauve, Fauvet, Fauveau, Fauvel*..., mais ce sont les roux qui furent les plus remarqués et surnommés, avec les si nombreux *Roux, Auroux, Leroux, Rousseau (-aux, -aud...), Roussel(le)*, d'où *Rousselet, Rousselot, Rousselin*, ou encore les *Rousset*, ou les *Aurousseau* et *Durousseau* (pour fils au ou fils du rousseau). On a encore *Rouxel, Rouge, Lerouge* et *Roth* alsacien, *Rous* et *Roussat* dans le Midi. On sera prudent avec *Roussin* et *Roussy* qui peuvent venir de la chevelure ou du « roncin » (cheval de promenade), de même qu'avec *Rouy*, nom de lieu dans la France du Nord, mais se référant aux cheveux dans celle du Sud. Le mot « saur », par contre, qui n'a rien à voir alors avec le saur du hareng (qui aura lui une origine hollandaise), désigne également les roux. Il donne *Saur, Sauret, Saurel, Saury, Sauret, Saurin*, et aussi sans doute *Soret, Soreau, Sorel*...

Lebleu a pu désigner des individus au teint blême, mais on peut se demander s'il ne faut pas y voir (comme dans *Blouet, Blouin*...) le souvenir de ces quelques excentriques de la coiffure rencontrés précédemment.

La liste des couleurs peut se clore avec les matronymes *Labrune, Larousse*, en laissant toutefois le limousin *Labrunie* au rang des noms de lieux, en tant que nom de la ferme où avaient vécu autrefois des gens du nom de Brun – on y revient toujours !

La liste des cheveux peut se terminer par *Floquet* (d'où *Flouquard* et *Floucaut*) et *Toupet*, se référant à la toupe de cheveux, et par une interrogation : *Crespin* se réfère-t-il au prénom du saint martyr (Crépin) ou à l'homme à cheveux crépus ?

On en a peut-être fini avec les cheveux, mais pas avec les poils. Les individus velus, au dos « moussu », ont été surnommés *Velut, Pelux, Peloux* (attention, ce dernier est aussi nom de lieu), *Pillu, Moussard, Mousset* et *Moussu*. Les *Lejard*, plutôt que d'évoquer le mari de l'oie, peuvent se référer au « jard » qui était le nom du poil long et dur. Au contraire, les *Pley, Lepley, Pela, Daupeley* (dos pelé) ont des ancêtres tout différents. Comme les *Raclet, Raclin, Raclot* (d'après le verbe racler) ou les *Pluchet, Pluchot* (d'après le verbe plucher pour éplucher) et encore les *Plumet*.

Les *Barbe, Barbin, Barbot, Barbou, Barbet, Barbey*... descendent d'un ancêtre à grande barbe.

Mais ne coupons donc plus les cheveux en quatre. Tous ces noms sont clairs. Ils ont de plus généralement l'avantage d'être bien inoffensifs.

CHARLES MARTEL
AURAIT-IL COMBATTU POUR RIEN?

C'est à se le demander, tant il est fréquent de rencontrer des *Sarazin, Sarasin* ou des *Maure*. Et la question prend encore plus d'importance, lorsque l'on sait que de très nombreux patronymes ont été formés directement sur le nom des Maures. Le premier, *Moreau*, est même l'un des plus répandus au palmarès des noms de famille. Si on lui ajoutait tous ses voisins, il battrait peut-être les si nombreux dérivés de Lefevre. Car ces « voisins » sont nombreux à énumérer : *More, Maure, Moret, Morey, Moray, Maureau, Maureaux, Maurel, Maurelle, Morel, Morot, Morelli* (en Corse), *Morand (t), Morard, Morillon, Morlet, Morlon, Mornet, Mourot, Moureu, Moureau(x), Mouret,* et encore *Mouroux* (qui peut toutefois venir d'Amour et d'*Amouroux*°), *Maurin, Morin, Maury, Mory, Moury,* qui peuvent avoir valeur de prénom (par Morin, Amaury...). On trouve encore *Lamort, Lamorlette,* et d'autres matronymes comme *Morette, Maurette...*

Cette affluence, cependant, ne peut faire mentir l'histoire. Charles Martel, à force de marteler les Maures sur les champs de bataille du Poitou puis de la Provence, les a bel et bien « boutés » hors du pays, et les porteurs de ces noms sont trop nombreux pour faire voir en leurs ancêtres de pacifiques Arabes restés çà et là établis dans la campagne française, où ils se seraient peu à peu intégrés.

L'explication est tout autre, et là encore à rechercher par l'analogie. Les Arabes ayant été, au VIIIe siècle, les derniers envahisseurs du pays, ils ont immanquablement marqué pour longtemps les mémoires. Il n'est qu'à penser aux Anglais après la guerre de Cent Ans, ou même seulement aux Prussiens après celle de 1870. La couleur de leur peau, plus foncée, servit donc souvent de référence pour désigner, dans une famille, un enfant moins pâle que ses frères. Car la couleur de la peau, et en particulier du visage, était facilement retenue comme signe distinctif. On trouvait ainsi des *Tartarin* et *Tartare* (de la couleur des Tartares), des *Taupin* (à la peau couleur du pelage des taupes), des *Clair* (difficiles ensuite à différencier de tous les *Clerc°*), les bretons *Clech, Clec'h* et *Leclech*, des *Bizot* aussi, à la peau gris-brun (« bis »).

D'autres, tout différents, étaient parfois *Jaunet, Jonet, Viollet, Violet, Vermeil, Rougeau, Rougeot, Rougier, Rouget* (à moins que ce ne soit ici une allusion à des cheveux roux), d'autres encore *Roset, Rouzet, Rouzeau, Rouzaud...* Quant aux *Macheret, Machuron, Macherot*, ils étaient mâchurés, alors que les *Maquelier* étaient seulement barbouillés (c'est-à-dire « maquillés »).

NOS ANCÊTRES ÉTAIENT-ILS NORMAUX ?

Il est évident que dans la société primitive dans laquelle nous évoluons à propos de la formation des noms, toute personne handicapée physique ou mentale est complètement marginalisée, si tant est qu'elle parvienne à survivre.

La réponse à la question de départ semblerait donc devoir être positive. Et pourtant, elle doit être nuancée. Nos ancêtres, ceux qui ont eu une postérité, étaient normaux, oui mais. Et ce « mais », finalement, est le principe même de la dénomination, celui qui consiste à retenir la particularité qui distingue de la foule. Il est évident que celui qui, au sein d'un village, en présentait une héritait automatiquement d'un surnom en faisant état.

De la tête aux pieds, voici donc, en retenant les noms les plus courants, toute une liste de difformités et de handicaps.

La couleur des cheveux* et la calvitie ont donné, à elles seules, des légions de surnoms. On peut encore cependant y ajouter les *Lhérissé* et les *Rebours* (aussi *Rebourg, Lerebours, Rebot...*) à la chevelure, ou au caractère bien indiscipliné.

Les *Tallec* bretons avaient un grand front, leurs compatriotes *Lagadec*, de gros yeux. Les *Louchet* et les *Leborgne* ont reçu, quant à eux, des noms explicites. On doit en rapprocher, pour le premier, les *Loichon, Loicheret*... (en ancien français, loicher = loucher) et, pour le second, les *Bornet, Bornot, Borgnol, Borniol*...

Le nez particulier avait fait remarquer les aïeux des *Museau*, des *Camus, Camuset*, et encore des *Naze*, sans oublier les *Goutard* qui avaient peut-être souvent la goutte au nez.

La grande bouche des *Bouchu(t)* et *Bouchard* donnait souvent des voix sonnantes comme celle des *Tonnerre* (peut-être coléreux) et parfois des *Bourdon* (qui est aussi le nom du bâton des pèlerins). Ceux qui n'en avaient pas étaient les *Muet* et *Mutel* (bien que mutel soit aussi alors le nom d'un gros rat), les bègues étant *Bègue, Lebègue, Béghin, Bégon, Bégot*, ou encore, au nord de la Loire, *Baubé, Baubet, Bauby, Baubier, Baubot*, qui se rapprochent des *Balby* et *Balbot* du Midi (d'où balbutier, venu de « barbusser », parler dans sa barbe, comme devaient le faire les *Barbusse*). Étaient-ils alors entendus des *Sourd, Lessourd, Sourdin* ou *Sourdeau* ?

Les joufflus étaient quant à eux surnommés *Giffard*.

Pour en terminer avec la tête, viennent tous les surnoms des hommes à grosses têtes : *Testard, Têtard, Testu, Têtu, Têtud(t)*, *Chabod, Chabaud, Chabin, Chaboud*, d'où *Cabot, Cabin*... (et l'on retrouve notre caboche). Suivent les *Goby* (à tête gonflée), les *Pennec* bretons..., alors que les *Binard* normands avaient souvent le cou de travers, et que les *Ruat* de Gascogne avaient une peau toute ridée.

Autre signe : les boutons et points noirs ou du moins les taches de rousseur. Tous sont sujets à des noms. Le bouton est alors un « grain », d'où les *Grain, Legrain, Granet, Grenet*. En Bretagne, les *Le Bail* étaient tachetés, comme ailleurs on avait des *Taché* (et *Taquet* ?), et aussi des *Véron, Verron, Verret, Veret, Verez, Verlet(-ey)*..., tachetés comme la fourrure de vair. Les *Grelet*, quant à eux, avaient le visage grêlé.

Au niveau du buste, mis à part les surnoms relatifs au

volume, il n'y a guère à dire. Quelques *Poitrineau, Poitrinal, Poitreneau* devaient avoir une forte poitrine, les *Thoraval* bretons, dont le nom signifie « qui brise le vent », de grands bras, comme peut-être les *Gest*, qui devaient tout au moins parler par gestes. Sans oublier, au bout des bras, les *Lamain*, et, plus explicites, les *Lebozic* (en breton, « grosses mains ») et les *Poincaré* (poing carré) ou *Poignant* (à gros poings). Quant aux pauvres *Moing* et *Lemoing* bretons, ils étaient manchots.

Arrivé aux jambes, la liste est tout de suite plus longue, à mettre souvent en parallèle à Legrand et ses voisins. A côté des *Cuissard* et *Cuisset*, des *Le Garrec* et *Garrec* (en breton, grandes jambes), des *Chambard, Chambaud* et *Chambert* (quelquefois formés sur « champ ») et des *Gambard* et *Gambier* du Sud, on trouve aussi les *Gamard* gascons, tous de même valeur. Même succès pour les pieds. Que de *Patard* (grosses pattes), de *Pataud, Patin, Paton, Patté, Patoux, Patru*, de *Troadec* (« grands pieds » en breton), de *Pidoux*, ou *Pidault* (= pied d'oie), comme de *Piedagnel* (pied d'agneau), de *Piedelièvre* ou encore de *Pigelet* (pied gelé), à prendre sans doute au sens propre. Jusqu'à des *Piednoir* assez curieux, sans rapport avec les nôtres ainsi surnommés en Afrique du Nord du fait du port de chaussures par opposition à ceux qui allaient pieds nus.

Beaucoup de surnoms rentrent encore dans cette catégorie. *Marquet*, comme *Marcou*, semble avoir pu surnommer des individus « marqués » (voir aussi *Marcoux°*), *Seydoux*, des hommes à la peau soyeuse, *Hure, Hurel, Hureau*, des personnes à la tête hérissée (d'où le sens pris pour désigner la tête des bêtes sauvages). Les *Poupard, Poupeau, Poupin, Poupon*, comme les *Poupardin* et *Paupardin* ont un ancêtre au visage enfantin. Celui des *Ritz* d'Alsace-Lorraine portait une cicatrice (*ritz* = fendu), comme celui des *Brulé* et *Bruley* pouvait avoir été blessé par le feu (à moins que ce ne soit des noms de lieux). Les *Bignon* avaient bien pu recevoir une bigne, ou une beigne, les *Cassier*, s'être fait « casser » et être meurtris.

Souvent, c'est l'allure générale qui est retenue. Le dos

large donne des *Large*, *Lelarge*, *Quenec* (en Bretagne), *Ledan* (aussi en Bretagne), *Carré*, *Quarré*, d'où *Carnot*. Ceux qui se tenaient très droit étaient les *Dret*, *Dray* (?) et peut-être parfois les *Lignin*. Les *Bossu*, *Bossut*, *Bossuet*, *Bossuat*, *Bosset* et *Bosson* devaient les envier, comme les *Goar* bretons (= tordus). Les *Gourdin*, lourds, se faisaient distancer par les lestes *Bidet* et *Bidel* (qui couraient vite). Alors qu'à la queue restaient les pauvres *Boiteux*, *Leboiteux*, *Boitard*, *Boitier*, devenant *Cloup* en langue d'oc (d'où *éclopé*) et *Lecam* en Bretagne.

Beaucoup cependant étaient forts et vigoureux : *Postic* (robuste, en breton), *Hartman* (en Alsace-Lorraine : homme fort), *Vigoureux*, *Vigouroux*, *Vigreux* et plus simplement *Lefort*, *Fortin*..., ou encore *Dru* et *Ledru* (mot qui avait alors le sens de vigoureux, mais aussi de fidèle).

Nos ancêtres étaient-ils beaux ? En dehors de ces quelques handicapés ou disgraciés, en dehors de ceux de *Poubeau*, *Poubel* et *Poubelle* (littéralement « peu beau »), ils l'étaient sans doute, ni plus, ni moins que nous. On trouvait cependant nombre de *Joli*, *Joly*, *Jolly*, *Jolliot*, *Jollivet*, *Jolivot*..., comme des *Bel*, *Lebel*, *Beau*, *Lebeau*, *Belot*, *Bellot*, *Blot*, *Bellon*, *Bellet*, *Belle*, *Beaux*... Comme encore des *Mignon*, *Mignard*, *Mignot*, *Mignotte*, ou mieux des *Cointe* et *Lecointe* (avec la nuance de propre, élégant), et des *Apollon* répondant au surnom de *Bienfait*.

GROS ET GRAS :
NOS ANCÊTRES SE METTENT À TABLE

Nous irions de surprise en surprise si nous pouvions être invités à la table de nos ancêtres.

L'heure, tout d'abord, et l'appellation du repas. Ce n'est qu'à Paris, sous la Révolution, que l'on prit l'habitude de déjeuner tard. Pour indiquer que ce repas serait copieux, on l'appelait le « déjeuner à la fourchette ». Cela n'empêchait pas le dîner d'être pris tôt, vers dix-sept heures, comme on le voit chez Balzac, quitte à le faire suivre d'un souper.

Au Moyen Age, tout était encore différent. On « *dînait* » à midi. Au lever, on prenait un petit déjeuner, vers six ou sept heures selon la saison. Suivait un second repas vers neuf heures, ce dîner à midi et un souper vers six heures pour se coucher avec les poules.

La table et les ustensiles dérouteront. Pas de couteau : ceux qui en ont le portent sur eux, éventuellement une cuiller en bois, mais jamais de fourchette. C'est Henri III qui l'introduira à la cour et cet instrument passera longtemps comme le signe d'un raffinement suspect. Auparavant, quelques princes, comme Charles V, en possèdent, à titre d'objets précieux, incrustés de pierreries. En réalité, chacun mange avec ses doigts, dans des écuelles de bois, et surtout de terre, fabriquées par le potier du village. Quant à la table, elle n'existe pas en tant que meuble. Au moment du repas, on dispose une planche sur deux tréteaux, d'où notre expression « dresser la table ».

Arrêtons-nous au passage dans l'atelier du potier. Au fil des siècles, il a parfait sa technique, avec les anses et les couvercles des pots, avec surtout un film de vernis à base de plomb fondu. Au village, chacun peut le voir travailler sur son tour, où souvent des dynasties entières vont se relayer. Ce potier a laissé de nombreux noms. Au premier rang viennent bien sûr *Potier, Pottier, Pothier*, d'où *Poterot* et *Potreau, Potrat, Portrat*... en diminutif et la forme bretonne *Leboller*. Mais, souvent, il est appelé *Tourneur*, d'où des variantes, nombreuses : *Tourneux, Letourneur, Tournier, Tornier, Tourne, Tournaire, Tournade, Tournadre*, et aussi *Gire* et *Giret* (girer = tourner). On peut aussi lui rapprocher le *Tupinier*, nom du marchand de tupins, autrement dit de pots.

Mais que met-on dans ces pots ? La nourriture de nos aïeux ruraux est essentiellement constituée de légumes. Les fèves (vendues par les *Favier*), les lentilles, les pois constituent la base de l'alimentation. A cela s'ajoutent des racines en tout genre dont les raves (vendues par les *Rabier* ou *Ravier*, et aussi les *Rabeux* et *Rabet*). Des « herbes » – ainsi appelle-t-on les légumes verts – sont aussi présentées sur les tables médiévales : cresson, laitue, chou, et poireau, ce dernier étant mangé cru. Les plus aisés, éventuellement, enrichissent ces plats de graisse. Le pain n'est guère que du pain noir de seigle ou d'orge, dont la farine permet souvent de faire d'épaisses bouillies.

La viande est rare. Les grands jours voient arriver sur la table de la viande de porc, salée, parfois quelques lapins et volailles (des poules, qui fournissent aussi des œufs), sans oublier pigeons, paons et cygnes qui font souvent partie des basses-cours. La dinde, ou poule d'Inde, ne sera découverte que plus tard par Colomb, dans ce Mexique qu'il prend pour les Indes, d'où son nom.

Par contre, la viande, même si l'on en a, est souvent interdite, notamment pendant Carême, le vendredi, et bien d'autres jours encore. Chacun alors apprécie le poisson. Chaque seigneur a son vivier et chaque paysan pêche ou braconne tout un choix de poissons et ces exquises anguilles pour lesquelles il se damnerait comme le fait le loup Ysengrin dans le « Roman* de Renart ». Le poisson de mer, conservé par la saumure, est également connu et, lors des vendanges, chaque abbaye ou grand seigneur vigneron a soin de faire rentrer à l'avance moult provisions de harengs et de fromages pour nourrir ses vendangeurs. Le poisson a donné, comme noms de famille, des *Poissonnier, Fischer* alsaciens, *Cronier* (pêchant les crones) et *Lécaillon*, comme, par analogie, on a des *Poisson, Poysson, Peysson* des *Fisch* alsaciens ou des *Goujon* ou *Gongeon* (ici sans doute avec des hommes à grosse tête, comme le poisson du même nom).

Le fromage est courant, souvent produit par les chèvres, laissées sur les friches et dans les forêts. De là, on tire aussi beaucoup de fruits qui vont constituer les desserts. Parmi eux, des fruits peu connus aujourd'hui, comme celui du sorbier et celui du néflier, très courant et populaire.

Quant au vin*, bien souvent le paysan n'en a pas à sa table et doit se contenter soit de cervoise, à base d'orge, soit de quelque mauvaise piquette.

La cuisine et l'art culinaire existent cependant, surtout

dans les maisons aisées. Les pâtés sont appréciés, comme les gibiers en sauce, les farcis ou les fritures de petits oiseaux ou de poisson très prisées des Lorrains. Chaque pays a ses condiments et ses plats, dont certains n'ont pas vieilli, comme la bouillabaisse, le gratin dauphinois ou la soupe au pistou. Tout cela, faute de connaître le citron, est souvent accommodé de verjus, qui, conservé dans un tonnelet, provient d'oseille broyée ou des jeunes pousses de vigne. Les tartes et les tourtes en tout genre ont beaucoup de succès en fin de repas, tout comme les beignets et les galettes ou « fouasses ». Cela nous donne des *Fouassier* et des *Gassier* (diminutif de *Fougassier*), des *Tourtier* et des *Touratier,* alors que les *Pâtissier* ou « *pasticiers* » étaient les fabricants de pâtés. On trouve des *Cuisinier* et des *Lequeux* (en breton *Gueguen*), parfois surnommés plaisamment *Gâte-sauce* ou *Frilesaux* (frit les ails). Car l'ail avait déjà son importance, en témoignent les *Allier* (marchands d'ails), d'où *Dallier, Lailler, Laillet.* Dans les maisons riches, enfin, tous ces détails relevaient d'un intendant, le « ménagier », d'où nos *Ménager, Mesnager, Ménage, Lemesnager...*

Dernière question. Nos ancêtres mangeaient-ils à leur faim ? La réponse, évidemment, est nuancée. Les livres d'Histoire de France parlent de disettes capables de mener à des actes de cannibalisme. Des moines l'ont en effet rapporté dans leurs écrits, au Xe ou XIe siècle. Même si ces cas restent heureusement exceptionnels, les disettes n'en demeurent pas moins fréquentes. Dans cette économie fermée, la moindre mauvaise saison suffit à les engendrer. L'époque de formation des patronymes apparaît cependant à ce plan comme une période assez faste pendant laquelle les campagnes ne meurent pas de faim.

Certains n'en sont pas moins surnommés *Malnourry* ou *Maunourry* et les individus maigres et efflanqués ont souvent des noms en conséquence : *Maigre, Lemaigre, Megret, Maigret, Maigrot, Malgras, Maugras, Grelet* (pour grêle, fluet), *Grelier...*

Plus nombreux sont cependant les surnoms ayant désigné les hommes gros et gras, ce qui, jusqu'à notre siècle, était signe de bonne santé et de réussite, tant la table restait une valeur importante. Ce sont les *Gros, Legros, Gras, Legras, Grosjean* (= gros Jean), *Grosset, Grossin, Grasset, Grassier, Groussard, Groussin. Lardreau* et *Lardret* (gros à lard), *Rond, Duron(d), Rondeau, Rondet, Rondot, Redon* et *Redonnet, Redondin* (= boulot, replet), *Reboul* (au sud) et *Rebollet, Rebollat, Rebollin.* Les *Boulle* peuvent avoir eu le même sens, comme les *Popot, Popet, Popon, Popin* (d'où *Popineau*) venant de l'ancien mot « pope », signifiant dodu, tout comme *Pompon* (le pompon n'existant pas alors tel que nous le connaissons). Citons encore les *Lemantec* bretons (= monumental); les *Piffard* et *Piffaud (-lt)* (ventru en langue d'oc, d'où « s'empiffrer », mais qui, dans le Nord, peuvent désigner le joueur de fifre) et les *Pivet, Pivot* et *Pivoteau* qui, comme *Pivert*, désignaient un lourdaud, l'oiseau n'ayant reçu que plus tard son nom, et, selon certains, par analogie avec ce mot.

LEVIEUX, LEJEUNE : LE TEMPS QUI PASSE

Comment nos ancêtres percevaient-ils les heures et la fuite du temps ? La réponse peut de prime abord étonner : le commun des hommes du Moyen Age n'en avait guère souci.

Plus le temps a été rentabilisé, plus les progrès permirent de se déplacer et de communiquer rapidement, plus le temps fut découpé. Le pèlerin qui partait pour la lointaine Saint-Jacques-de-Compostelle ne prévoyait pas un jour et une heure précis d'arrivée. Il comptait arriver avant Noël ou avant Pâques. Le paysan qui travaillait sa terre se réglait sur le soleil et les saisons. Il n'existait pas d'autre pratique de découpage du temps. On n'avait que faire des douze heures du jour et de la nuit. Seule, la cloche du monastère voisin rappelait les grands moments. Elle sonnait prime au lever du soleil (d'où certains surnoms de lève-tôt : *Prim*, qui peut aussi, par *Prime* ou *Prin*, avoir désigné un premier, voire un premier-né), tierce au milieu de la matinée, sexte à midi, none au milieu de l'après-midi et vêpres au coucher du soleil (de *vesper*, le soir, en latin). La nuit venue, elle sonnait complies, puis les nocturnes vers minuit, les matines vers quatre heures du matin et les laudes avant l'aurore. L'office des laudes avait ses fidèles et ses chantres, qui donnent les *Laudier*.

C'était là la seule indication dont on disposait. Le cadran solaire était exceptionnel. On divisait donc la journée par rapport à midi et cela se retrouve jusque dans les actes officiels du XVIIIᵉ, où le notaire spécifiera par exemple qu'il instrumente « avant » ou « après-midy ».

Et la vie s'écoulait. Il est difficile, faute d'archives, de dire jusqu'à quel âge on pouvait vivre. On connaît l'âge de certains princes, abbés ou évêques. Certains avoisinent les quatre-vingt-dix ans, mais font figure d'exceptions (de toute façon, ignorant sa date de naissance, aucun homme ne pouvait dire son âge précis). Compte tenu de la mortalité infantile et des épidémies et famines, l'espérance de vie devait être extrêmement basse. On peut certes voir dans les *Lejeune* et les *Vieux* des noms donnés en référence avec l'âge. J'y verrai pour ma part une nuance importante.

A l'époque, le choix des prénoms était tel que beaucoup de frères se retrouvaient porter le même, comme c'était aussi le cas pour beaucoup de pères et de fils. On avait donc l'habitude, pour les différencier, de les préciser par l'équivalent des « père » et « fils » ou « senior » et « junior » que nous emploierions aujourd'hui. On les appelait alors respectivement « le vieux » ou « l'ancien » (pour le père), « l'aîné » pour un frère, et « le jeune » (attention, *Cadet* n'aura son sens actuel qu'au XVIIᵉ siècle ; en tant que nom de famille, il se rapporte au petit chien). Voilà donc l'explication de nos *Viel, Vieille, Vieux, Levieux, Altman* alsaciens, *Coz, Cozic, Le Coz* et *Toulec* bretons, des *Mauviel* (= mauvais vieux), des *Vieillard, Laîné, Laisné, Laisne, Lenné, Lancien*, peut-être aussi des *Lenfant*, et des *Lejeune* et *Jeune*. A ce dernier se rattachent les nombreux *Jeunet, Junot, Jugniot, Jougniaux, Jeuneau, Juniet, Jouenne*, et

136

aussi les *Jouve, Jouvet, Jouvin, Juvin, Jouvenet, Jouvenot, Jouvenel,* sans oublier l'alsacien *Jung* et les *Lajeunesse.*

A leurs côtés, *Reverdy* est un nom curieux. En principe, il désigne un homme qui aurait rajeuni. Il est vrai que le mythe de la fontaine de Jouvence est aussi vieux que le monde et perdurait au Moyen Age depuis que le dieu grec Jupiter avait changé en fontaine miraculeuse une nymphe du nom de Juventa. Les anciens, pour rajeunir, conseillaient de manger cru des testicules de lièvre ou d'âne (surtout le droit, broyés dans du lait). Au XIIᵉ siècle, on s'attache moins à ces valeurs. En revanche, on croit beaucoup aux pouvoirs de l'alchimiste à la recherche de la recette de la pierre philosophale. Or et argent, considérés comme les retombées sur la terre de l'or des astres du ciel, sont soupçonnés de vertus fabuleuses, dont celle de l'immortalité que l'on attribue alors à la lune et aux étoiles. Le moine Bacon ne prépare-t-il pas des bouillons de « pouldre d'or » à l'intention du pape lui-même ? D'autres, retrouvant les recettes antiques, proposent des préparations à base de pied d'élan, de poudre d'aigle, d'os du cœur de cerf. On raconte même que certaines de ces substances s'achetaient à prix d'or. Les ancêtres des Reverdy en avaient-ils acheté et consommé ? En tous les cas, ils avaient, d'une façon ou d'une autre, retrouvé leur jeunesse et devaient faire bien des envieux.

Une petite mise en garde pour *Vieillard.* Il risque d'y avoir eu souvent confusion par l'orthographe entre *Vieillard* et *Viellard* (habitant d'un lieu de ce nom : voir *Villard*°) et encore avec *Veillard.*

Veillard, Veillet, Veillot, Veillou, Veuillet, Veuillot ont désigné l'homme qui veillait. En ville, lorsque l'église sonne le couvre-feu, la cité, privée d'éclairage, sombre dans la nuit. Ses portes sont fermées et les hommes du guet, comme dans la chanson, prennent leur tour de garde. Les cabarets sont remplis de quelques couche-tard qui partagent chapons rôtis et pain bis et étanchent leur soif à l'eau-de-vie pendant que les rues sont infestées de vagabonds, de voleurs, de putaines filles et d'autres gens de passage ou sans abri qui pourront trouver refuge dans l'église. Ces rues sont alors souvent les théâtres de tapage nocturne. Le veilleur est là pour y mettre bon ordre. Le nom a pu aussi cependant désigner ironiquement un individu faisant souvent les cent pas comme les veilleurs dans leurs rondes.

TOUS LES DÉFAUTS DU MONDE

Les surnoms négatifs l'emportent de très loin, sur les surnoms flatteurs. A croire que nos ancêtres n'avaient que des défauts! Des noms d'oiseaux*, d'animaux*, d'objets* en dénoncent par analogie, d'autres, plus directement, font allusion à la méchanceté. En voici une première liste, pour un éventail de petits et de grands vices et faiblesses.

Beaucoup de mous et d'engourdis : *Moll, Molle, Mollet, Mollard, Moulet, Moulard* sont assez évidents. *Douillet,* loin d'avoir reçu son sens actuel, a la même valeur. Les *Plouzennec* bretons se font carrément traiter d'empaillés, alors que leurs compatriotes *Cadiou* et *Lehodey* sont respectivement considérés comme peu combatifs et fatigués; les *Remise* aussi, sans doute, selon le vieux sens de « se remiser » (signifiant « se reposer »); quant aux *Landon,* ils sont lents, tout comme les *Tardif, Tardy, Tardiveau, Tardivel, Tardivon* et *Tardieu* (Tardif n'est pas par hasard le nom de l'escargot dans le « Roman de Renart »).

De leur côté, les *Triboulin* et *Triboulet* sont « tourmentés » par les « tribolements » des *Tribouillard* et *Triboulard,* quand ce n'est pas par le bruit et le vacarme des *Bruant* et *Bruand* (bruyants) ou la voix forte et coléreuse des *Tonnerre.* Les *Pluvinage* pleurent à tout instant, peut-être des moqueries des *Moquet* alors que les *Loebb* alsaciens-lorrains savent louer et flatter comme ces *Manière* qui vous ont « la manière » (à moins, pour ces derniers, que leur nom ne vienne de celui d'un lieu).

Les *Patarin* sont tout perdus dans leurs « patenôtres », ces

Paster Noster qu'ils récitent à longueur de journée, en bon dévots de l'époque. Les orgueilleux *Bobin* sont en concurrence avec les *Glorieux* aimant à se glorifier. Tous laissent indifférent l'avare que déjà l'on surnomme *Chiche*, autant que le gourmand, alors appelé *Friand* ou *Briffault* du vieux verbe « briffer » ou « brifalder » = manger voracement). Les *Paré* et *Paret* aiment à être parés, apprêtés et élégants.

Les *Mauduit* sont mal éduqués, du verbe « duire » (= instruire, élever) comme les *Sauvage, Sauvaget, Sauvageot, Sauvageon* sont sauvages au sens d'incultes et de primaires.

Les *Virot* doivent être inconstants, comme les *Viret, Virey, Viron, Reviron*..., ou les *Topie* qui déjà tournaient, alors que les *Pilat* et *Pilate,* comme Ponce Pilate, savent particulièrement bien se dérober.

Les surnoms négatifs les plus nombreux ont évidemment trait à la niaiserie et à la bêtise que les voisins voient chez beaucoup de nos ancêtres. L'âne, l'oison et d'autres symboles peuvent aider à les surnommer, mais les mots ne manquent pas non plus pour désigner les sots : « bric », en Normandie, Champagne..., « sot », « pec » en occitan, « badin », *Huet* en Normandie (qui, ailleurs, vient d'Hugo et d'Hugues), fol... Et voici les *Badin, Badinet, Baduel* du Midi, *Bricard, Bricoux, Lesot, Pec, Pecaud, Pecoux* (peut-être aussi *Pegaud* et *Pegoux*). Sans oublier les *Fol, Lefol (l)* bretons, et *Foliot, Follet,* comme *Folin* et *Folain* (aussi des noms de lieu). Les *Lesimple* sont crédules et naïfs. Les *Malapert* sont mal intelligents, et jusqu'à certains *Bernart°* ou *Bernard°* qui peuvent, comme l'ours ainsi surnommé, avoir été niais et sots. C'est souvent le cas en Normandie.

D'autres, nombreux, sont sales, dépenaillés, allant parfois jusqu'à sentir mauvais comme les *Pétard, Pétain* et *Pétot. Les Pouillaud, Pouillot (Pouilloux* est plutôt nom de lieu) sont « pouilleux », les *Ripoche, Ripochot*... galeux, les *Peneau* et *Penel* en haillons, les *Charpin* ont des vêtements, sinon en charpie, du moins bien mal en point. Quelle différence avec les *Tavel, Taveau* (et *Tauvin*) tout enrubannés ou les *Muguet* tout parfumés (comme le muguet qui doit son nom au musc et à la muscade), – à moins que là encore l'ironie l'ait emporté ? Le *Paillard* est le gueux, celui qui couche sur la paille, comme le *Paillat*, et peut-être les *Paillaud, Paillot, Paillet, Payet* et *Payot*. Le *Pacot* est le nom du rustre, du boueux (à moins qu'il ne soit une déformation de Pascault° pour Pascal). Les *Lepeu* doivent avoir un ancêtre valant peu, voire sale et puant (le mot vient de « pute » qui a ce sens), exactement comme les *Pauc* du Sud et les *Wenger* d'Alsace-Lorraine. Les pauvres *Pitel, Piteux, Pitoux, Pitot, Piton* sont tout simplement pitoyables.

Les *Rapin* vivent de rapines, les *Riffard, Riffault, Riffaud, Riffet* doivent être voleurs, les *Ribaud* et *Ribault* débauchés, alors que les *Ribard* sont licencieux, les *Muzard* aiment s'amuser et les *Volle* et *Volant* sont volages.

Quant aux pauvres *Mallard* de Normandie, ils sont carrément « maudits ».

TROUILLARD ET FROUSSARD : ATTENTION, ANCÊTRES MÉCHANTS

Ils mordaient, piquaient, donnaient des coups de bec, du moins si l'on en croit leurs surnoms. Par des noms d'objet* piquants, d'animaux* ou d'oiseaux*, désagréables et féroces, ou plus directement par ceux qui suivent ici, certains de nos ancêtres se voyaient signalés comme par un écriteau à leur porte.

Les *Mauvais, Feral* (sauvage, cruel, en occitan), *Gagnard* (cruel, pillard) étaient-ils les plus dangereux ?

Si la langue est la pire et la meilleure des choses selon Esope, il semble que nombre de nos aïeux l'aient utilisée à de mauvaises fins comme médisances et mensonges, aimant particulièrement lancer des traits acerbes ou ironiques. Et voici tous ceux qui piquent, à commencer par certains *Picard*° et *Piquard*° qui sont trop nombreux à s'appeler ainsi pour être tous venus de Picardie. Voici encore les *Picaud, Picault,* manieurs de pic sans doute plus au figuré qu'au propre, les *Malbec* et *Maubec* (ce dernier parfois nom de lieu), les *Bec, Becquart, Becquet, Becq...* et certains *Lebigot* bretons, qui donnaient tous trop de coups de bec. Les *Griffon* ne valaient sans doute guère mieux, alors que les *Mordacq* du Nord semblaient carrément mordre, peut-être pas à pleines dents cependant. Les *Lehoux* devaient aussi « piquer », comme les *Brochard, Brochot, Brochier, Brochet* (le nom du poisson n'apparaît qu'au XIIIᵉ siècle et est donné par référence à sa forme). Les *Pinsard* et *Pinchard*, eux, semblent s'être contentés de pincer, comme les *Pincemin*. On leur rapprochera les *Havard*, dont le nom doit sans doute venir du « havet », sorte de crochet, et tous les *Crochet, Crochard...*

D'autres passaient aux voies de fait, en « bourrant » leurs voisins (de coups), d'où les *Boureau* (et le nom du bourreau), *Bourel, Borel, Borelly, Bouret* (ce dernier, en Normandie, désignait aussi un petit canard). Plutôt que de « bourrer », d'autres préféraient « ploquer », ce qui revenait au même pour celui qui recevait, d'où les *Ploquin* qui donnaient, et les *Ploquet,* qui avaient sans doute reçu.

Les *Brizard* brisaient, ce qui se disait aussi « froisser », d'où les *Froissard, Frossard, Frussard* et... les *Froussard* (à qui l'on attribuait un caractère tout différent, notre frousse et nos froussards ne datant que du siècle dernier). D'autres « choquaient » au sens de frapper. Voici les *Choquard* et les *Choquet, Chocquet...* D'autres cognaient, d'où des *Cognard,* donnaient des coups de pied, ce sont les *Rist* d'Alsace-Lorraine, où l'on a des *Reiss* et *Riss* qui « arrachaient », et encore des *Richler* qui « déchiraient ».

Il était déconseillé d'aller se frotter aux *Gatignol* (maussade, peu avenant), aux *Escore* (irritable), aux *Rageot* (rageur), aux *Grondin* (grognon), aux *Grignon* (grincheux), aux *Fletcher* (grinçant en alsacien) ou aux *Triboulard* qui « triboulaient » (= tourmentaient). Sept noms qui ressemblent à ceux des nains de Blanche-Neige.

Les *Revel* occitans étaient encore rebelles et les *Pucheu* du Béarn contrariaient leurs voisins.

Beaucoup étaient réputés fourbes et trompeurs. Ainsi les *Tapin* (de « tapir » = caché), les *Truffaud, Truffault* et *Truffy* (de « truffier » = trompeur, menteur); la truffe périgourdine ne reçoit son nom qu'au XIV⁰ siècle). Les *Baratier* « barataient », autrement dit trompaient, comme des baratins de nos baratineurs. Ils ne racontaient que des « barat », d'où peut-être l'origine du nom des *Barat* et *Barrat*. D'autres trompaient en flattant : ils « lobaient », ils sont devenus les *Lobrot,* alors que les *Musseau, Musset, Mussard* faisaient des « muses », c'est-à-dire des cachotteries. Ceux qui vous étonneront le plus seront cependant les *Trouillet, Trouillot,* qui usaient des « troilles » (c'est-à-dire de mensonges), d'où aussi les *Trouillard* (au sens bien différent de celui d'aujourd'hui puisque le mot « trouille » s'est formé au siècle dernier sur le mot « drouille », colique).

Vient enfin la longue liste des querelleurs en tout genre : *Tabuteau* (de « tabus » = querelle), les *Greuze, Greuzard* et *Gruson* (de « greüse » = dispute), les *Mutin* (émeutier), les *Hutin* (querelleur et tapageur comme l'était le roi Louis X), les *Harel* (= querelle), les *Étrillard* (« estrille » = querelle), les *Bataille, Chamaillard, Guerre, Laguerre* et *Guerrier* aux noms plus explicites. Certains *Hardouin*° peuvent ne pas venir du prénom, mais du vieux mot normand « bardoier » (= quereller). Les *Hoquard,* comme sans doute les *Hocquet,* doivent leur nom au vieux mot « hoquet » signifiant chicane. Il ne reste plus, à ce stade, et avec les *Contassot* (qui « contessaient », pour contester) et les *Laloi,* sans doute procéduriers dans l'âme, qui vous conduiront en justice*. Et là aussi, c'est tout un monde que l'on y découvrira.

DES « GAYS » QUI N'ÉTAIENT PAS HOMO

Parmi les noms dont on cherche aujourd'hui à se départir, et que les tribunaux voient arriver dans les dossiers de demandes de changement, il en est deux qui jusqu'à ces dernières années se portaient on ne peut plus paisiblement : *Gay* et *Homo*. Et pourtant, ils n'ont rien dans leur origine qui ait à faire rougir leurs actuels porteurs.

Si ces deux mots désignent désormais les homosexuels, ce sont là des habitudes très récentes. Le premier, d'origine anglaise, n'a pris de sens que depuis très peu d'années. En 1900, les *gay people* étaient au contraire les gens en vue, les gens chics, les mondains et les dandys. Nos patronymes Gay ne peuvent donc en aucun cas avoir désigné des invertis. Et pourtant, au Moyen Age, ceux-ci étaient violemment exclus de la société. Le crime, lorsqu'il était établi, était même puni du bûcher. C'est en effet par les flammes que Dieu avait fait périr la ville de Sodome et les flammes purifiaient. Elles purifiaient tant que l'on devait non seulement y jeter le ou les coupables, mais nourrir le bûcher des pièces mêmes des procès, ce qui nous prive ici totalement d'archives. On ne connaît donc que quelques cas isolés de supplice, dont le premier eut pour victime un certain Robert de Péronne, brûlé vif à Laon en 1317, le plus fameux restant certainement le célèbre Gilles de Rais, le monstrueux compagnon de Jeanne d'Arc.

A l'époque, les homosexuels sont assimilés aux hérétiques, sans doute parce que promis à la même peine et au même supplice. Ils sont des « bougres ». Des adeptes de l'hérésie manichéenne qui s'étaient réfugiés en Bulgarie vers le Xe siècle avaient en effet été appelés boulgres, c'est-à-dire bulgares. Ils sont probablement à l'origine des quelques *Bougre*, d'où, sans doute, les *Bougret, Bougrel*... Mais encore ceux-ci font sans aucun doute plus allusion aux hérétiques qu'aux pédérastes, qui, bien souvent, restaient quant à eux sans descendance.

D'où viennent donc, alors, nos *Homo* et nos *Gay* ? Les premiers, très certainement, du mot latin *homo,* l'homme, tel qu'il apparaît dans *Ecce Homo* et peut avoir été un surnom de chantre*. Le second, tout différent, n'est que la dénomination du joyeux compère, de l'homme gai. Et voici avec lui tous les *Legay, Leguay, Leguey*, ainsi que tous ses diminutifs *Gayon, Gayot, Gayet* et le péjoratif *Gayard*. Attention, toutefois, à ce dernier qui peut parfois se confondre avec *Gaillard*°, comme des recherches pourront montrer que certains *Gay* sont, par suite de classiques accidents de parcours, des déformations de *Geai* et *Legeai*° se rapportant à l'oiseau*. Quoi qu'il en soit, nous sommes donc loin, très loin, des gays d'aujourd'hui et il serait dommage de se laisser influencer par cette similitude pour ne plus porter le vieux nom de ses ancêtres.

NOS ANCÊTRES ET LE SEXE :
LES SURNOMS GRIVOIS

Qui avait connu charnellement sa parente, sa filleule, sa commère (la marraine de sa filleule), ou tout autre partenaire en étant marié, était lourdement puni. Mais l'homme marié n'en était pas quitte aussi facilement, dans ses rapports conjugaux. S'il s'en confessait, il lui en coûtait automatiquement des jours de pénitence au pain et à l'eau. Pour s'être accouplé avec sa femme « à la façon des chiens » : cinq jours ; pour ne pas avoir respecté la continence du dimanche : quatre jours ; celle de l'Avent : vingt jours ; le Carême, évidemment, est hors de prix ; quant à celui qui pensait limiter les risques en s'adonnant aux attouchements solitaires, il se trompait : les jours au pain et à l'eau tombaient tout de même.

Les surnoms transmis comme noms de familles représentant la vie, vue avec toute la malignité et l'ironie des villageois. Comment s'étonner alors qu'ils racontent souvent la vie sexuelle et qu'ils s'attachent à l'anatomie intime ? Les noms grivois sont donc nombreux, surtout si l'on sait repérer certaines analogies.

Masclet (émasculé) et *Chapon* (le coq coupé) sont assez clairs, tout comme *Tricouillard* et *Couillard* (souvent légèrement altéré en *Coujard*, le « j » étant l'équivalent du « i » dans l'ancien alphabet), voire peut-être en *Couhard*.

En Bourgogne, la « bizouarne » désigne le membre viril, d'où les *Bizouard*; mais l'allusion est souvent moins directe : *Couet* et *Couette* se rapportent à la queue; *Barras* signifie grosse perche, grande barre, et n'est certainement pas par hasard encore souvent le nom donné aux étalons. La pomme de pin sert souvent de comparaison, sous son nom occitan *Corcos*. *Pinard*, qui n'a eu sa valeur populaire pour désigner le vin qu'au XIXᵉ siècle, peut, avec *Pinot, Pineau, Pinaud*..., avoir une valeur voisine. *Saillart* peut venir de « saillie », alors que *Lassailly* peut avoir été un nom de lieu (à identifier) ou avoir désigné l'assailli. Quant au sexe féminin, appelé alors « landie », il peut avoir éventuellement donné les *Landy*.

L'allusion porte souvent sur les mœurs : le bélier, dans l'imagerie populaire, était étroitement associé au sexe. Le bélinage désignait l'acte sexuel et « béliner » signifiait « copuler ». On retrouve ce sens dans le nom de la machine de guerre appelée le « bélier ». Les *Belin°, Blin°, Blain°* n'auraient-ils donc pas souvent reçu leur nom en fonction de leurs habitudes sexuelles ? Il est assez tentant, en tout cas, de le penser, surtout pour les *Belliard°*, au suffixe péjoratif.

Dans le même ordre d'idées, le vieux verbe « chaucher », signifiant « couvrir la femelle » pour les oiseaux, peut bien être à l'origine des *Chauchat, Cauchard* et *Cochard* (même si ceux-ci se rapprochent du coq, car les *Lecoq°, Lejault°, Jault°* et leurs autres dérivés, peuvent bien aussi avoir eu cette valeur).

Faut-il voir, dans les *Lepestre* (pétrisseur) uniquement des surnoms de boulangers, et dans les *Brandon*, des références aux traditionnelles fêtes des brandons alors que l'ancien verbe « brandonner » signifiait « être en érection » ? Seuls les *Troussard* s'en tireront bien dans ce chapitre. Le sens pornographique actuel du verbe trousser ne semble pas avoir eu cours à l'époque. Mais les *Salé, Salat* et *Sallard*, eux, doivent s'expliquer par le sens figuré de salé, déjà connu alors, avec la valeur de « coquin ». Décidément, il fallait déjà de tout pour faire un monde !

Les surnoms négatifs sur le caractère de nos ancêtres sont à ce point nombreux que l'on doit plus apprécier encore ceux qui font état d'une qualité, à moins que ce ne soit quelque ironie dissimulée, comme on aura pu surnommer *Lelièvre* aussi bien l'individu rapide que son compère particulièrement lent.

Cependant, faute d'une preuve contraire, mieux vaut se contenter de les prendre au pied de la lettre. Ce n'est pas si souvent que les patronymes décernent des louanges.

A la longue liste des sots et des fous correspond une brève série d'aïeux intelligents et, surtout, sages. Voici donc *Appert* (ouvert, intelligent, d'où notre mot expert), *Finet* et *Finot* (fin, avisé), *Mansuy* (averti), *Prudent* (prévoyant), *Léveillé*, *Sage*, *Lesage* et *Saget* (savant) et son équivalent breton *Le Fur*. Voici encore *Védie* (habile, rusé) et *Proux* (preux, sage), qui risque cependant de se mêler à la horde des *Proust°* et *Prost°*.

L'homme bien élevé est surnommé *Courtois* ou *Lecourtois*, l'homme aimable est *Poli*. *Bonnaire* (= bon air) est gracieux et avenant, comme d'autres sont agréables, que l'on dit aussi alors « savoureux », d'où les *Sabourand(t)*, *Sabouraud*, *Sabouret*, *Savreux*... En Alsace-Lorraine, l'homme pacifique est appelé *Friedman*, à ne pas confondre avec *Freiman* (l'homme libre), d'où des *Friman* et *Fryman* difficiles à répartir. *Liberman*, lui, ne peut être confondu : il désigne l'homme aimé.

L'honnête homme est *Loyau* (loyal), *Rechtman* en Alsace-Lorraine, *Le Sur* (à moins que celui-ci ne vienne de *Lesueur°*). Il est aussi *Bonnefoy*, et peut avoir donné les *Franc* et *Lefranc*, bien que *Franc°* ait été également un nom de baptême.

Les *Doux*, *Doucet*, *Ledoux*, *Linder* (Alsace-Lorraine), *Le Cunf(f)* (bretons) avaient sans doute des ancêtres doux, comme peut-être les *Engel* (d'ange, en alsacien).

Ici encore, cependant, beaucoup de mots ont vu leur sens

évoluer : « bon », autrefois, avait plutôt le sens de brave, d'où les *Bon, Lebon, Bonte* du Nord, *Bouniol, Bonjean* (= bon Jean), *Bondoux* (= bon doux). *Gentil* avait plutôt le sens d'aimable, d'où *Gentil, Genty, Jeanty, Gentilhomme°, Genton...* Les *Hardy* avaient un ancêtre hardi, au sens d'endurci, alors que celui des *Vaillant* et *Levaillant* était surtout robuste, celui des *Gaillard*, audacieux et joyeux, celui des *Galland, Galand* et *Galas*, vif et enjoué, sans penser encore aux filles (le sens actuel viendra seulement plus tard).

D'autres avaient leur spécialité. L'aïeul des *Conort* et *Conord* savait réconforter qui était en difficultés, celui des *Peny* était « pénif », c'est-à-dire « dur à la peine, infatigable, celui des *Tirard* devait être opiniâtre, peut-être même un peu trop têtu, comme le suggérerait le suffixe péjoratif « -ard »). Celui des *Vivant°* était surtout vif, celui des *Lignel* normands rapide et prompt, quant à celui des *Lemièvre,* il n'était à l'époque qu'un petit peu malicieux.

Mais les surnoms les plus nombreux ici sont sans doute ceux des joyeux compagnons. Le vieux mot « gale », réjouissance, donne les noms des *Galey, Galle, Gallet, Gallot,* et peut-être des *Galliot* (ce dernier, en région maritime, désigne le pirate). « Baude », joyeux et surtout plein d'ardeur, se retrouve dans les *Baudelot* et *Baudis* qui sont tout « esbaudis ». « Gogue », la liesse, a permis de baptiser les *Goguel, Goguelat, Goguelin,* particulièrement bons vivants. Ceux qui aimaient « gaber », c'est-à-dire plaisanter, ont donné les *Gabay, Gabet, Gaberot, Gabillet, Gabillon, Gabillot* et peut-être aussi les *Gaborit* et *Gaboriau.* L'ancêtre des *Soulas* et *Soulat* devait aimer se divertir (racine voisine de saoul). Les autres se contentaient d'être gais, d'où les *Gai°, Gay°, Guay, Gayon,* de chanter comme les grillons, d'où les *Grillet* et *Grillot,* d'aimer « baler », autrement dit danser, d'où des *Ballereau°.* Sans oublier les *Gourlaouen* bretons (heureux, joyeux), les *Seligman* d'Alsace-Lorraine, les *Plaisant,* les *Joyeux,* les *Lajoie* et les *Lheureux.*

Lecœur, enfin, a pu être le surnom d'un homme de cœur, alors que l'homme idéal, celui qu'au XVIIe siècle on nomme l'honnête homme, est alors appelé prud'homme d'où de nombreux *Prudhomme°*, *Prudhon°*, *Proudhon°*, *Prodon°*..., tous forgés sur le vieux mot preux (brave, vaillant, utile).

LE TRACTEUR D'ANTAN
OU LES DEUX MAMELLES DE LA FRANCE

Posséder une paire de bœufs tirant sa charrue représentait, dans la France traditionnelle, un capital que l'on peut difficilement évaluer. C'était, dans un monde fermé et une économie primitive, beaucoup plus que posséder un tracteur aujourd'hui. Le mouton était élevé pour sa laine, le porc pour sa viande, le cheval comme moyen de locomotion, le bœuf comme moyen de production. C'était lui qui tirait cette fameuse charrue, si chère à acheter, surtout si l'on voulait un bon soc de fer. Au XVIᵉ siècle encore, en Provence, le fer est si rare et si cher (et le forgeron* si puissant), qu'une simple faux coûte encore une fortune et que l'on se contente donc souvent d'une faucille ou d'une serpe (qui seront sources de tant de noms d'objets*).

Sous l'Ancien Régime, le mot laboureur désigne donc une position sociale, une plus ou moins grande indépendance, un homme établi : le laboureur de la fable de La Fontaine est déjà un petit capitaliste. Il ne possède généralement pas la terre en propre, mais il possède les instruments de production : bœufs, jougs, charrues, qu'il peut éventuellement louer.

95 p. 100 de nos ancêtres étaient ainsi des laboureurs. S'il y a si peu de familles *Laboureur*, c'est en partie, cependant, parce qu'à l'époque où nos noms sont apparus, peu de paysans pouvaient tenir une charrue et un équipage. Dans le Midi, et même dans certaines régions de Brie et d'ailleurs, on attelait encore des ânes et l'on était loin, très loin, de passer au cheval*. De plus, on se sert encore souvent de l'ancienne araire à soc en bois. La charrue et le soc en fer commencent seulement à

révolutionner les techniques et donc les productions. Selon les régions et les types de champs à labourer, champs étroits et en longueur qui exigeront plus ou moins de manœuvres, on passait plus ou moins vite aux techniques nouvelles, les régions du Nord ayant ici une sérieuse avance sur celles du Midi.

Autour des bovins, plusieurs métiers vont donc s'organiser, qui se retrouvent dans les surnoms. L'animal lui-même, par différentes analogies, a donné des *Taureau, Thorel, Thoreau, Thoret, Thorin, Torel...* (avec sans doute un sens plus ou moins paillard). Le bœuf, symbole de force que l'on pourrait dire tranquille, donne des *Bœuf, Lebœuf, Boey, Bouhet, Bouet, Bouvet* (petit bœuf), voire peut-être *Bovet* (à moins que ce ne soit là une déformation de *Beauvais*). Les veaux sont peut-être à l'origine des *Veau* et *Veaux, Viaux...* qui peuvent venir de val (*voir Duvaux°*), et certainement, par contre, des *Leveau, Level* et *Vedel*.

Autour d'eux sont d'abord les gardiens : *Bouvier,* d'où *Bouyer, Bouhier, Bouillet, Bouiller, Boyer* et *Boyet...,* à côté des *Vacher, Vachez, Vachey, Vaché, Vachet,* qui devient aussi *Levacher, Vacheret, Vacherot, Vacheron, Vachier,* et, dans le Sud, *Vaquer, Vaquez, Vaquette* (qui peut signifier vachette), *Vaquin, Vaquier...* On trouve là aussi, lorsque la région s'y prête, car les plantes fourragères sont alors inconnues, les pâtres qui gardent le bétail dans les pâtures et pasquiers (cf. *Dupasquier°*), d'où les *Pastor, Pasteur, Pastré, Pastoureau, Paturel...*

Une seconde spécialité engendre beaucoup de surnoms : les labours. C'est tout un art de savoir diriger les bœufs, en chantant, d'où peut-être certains *Chanteur°, Lechanteur°* ou *Singer°* alsaciens qui n'étaient pas chantres* d'église, d'où aussi ces *Touchard, Touchebœuf, Toucheur, Poimbœuf...,* qui savaient mieux que d'autres manier l'aiguillon, lui-même se retrouvant dans certains noms comme *Agulhon.*

Celui qui, bien souvent, sans être boucher de profession, savait tuer l'animal avait lui aussi son surnom : *Babeuf* (abat-bœuf), *Tubeuf...* Mais c'était là une spécialité encore rare, que seule l'expansion des villes saura développer en même temps que le commerce laitier. L'élevage d'embouche n'apparaîtra que beaucoup plus tard. Il faut attendre 1747 pour qu'en Charolais, un fermier du nom d'Emiland Matthieu ait l'idée de conduire ses bœufs au marché de Poissy, près de Paris, ce qui demandera dix-sept jours de marche et causera beaucoup de pertes en chemin. Il fait figure d'exception, alors que déjà, dans le Morvan voisin, les « galvachers » quittent chaque année leur pays pour partir avec leurs bœufs se louer comme charretiers en Berry, en Puisaye, en Bourgogne ou en Bourbonnais. Leurs animaux sont de fortes bêtes à poil roux ou souvent « barrés », c'est-à-dire mi-roux mi-blanc. Et c'est là souvent leur nom d'appellation, car les bœufs reçoivent des noms : *Barré, Brunain, Blanchot, Chatillon* (pour châtain) qui peuvent eux aussi se mêler aux noms de familles. Le bœuf, décidément, est alors sans nul doute l'ami de l'homme le plus important.

DE CURIEUX VOISINS DE CHAMBRE

Il est difficile d'imaginer ce que pouvait être l'intérieur de nos lointains ancêtres : peu de meubles, peu d'ouvertures, et des animaux qui vont et viennent : chat au coin du feu, souris au bord de son trou, chien, poules, cochons... Chacun sait qu'autrefois, l'étable communiquait généralement directement avec la pièce commune et abritait souvent, de nuit, hommes et bêtes.

Les animaux domestiques, que l'on sait dresser, mais surtout castrer et engraisser, sont membres de la maisonnée comme l'indique leur nom (du latin *domus* = la maison). Ils sont là parce que celui qui peut en posséder – il faut déjà être aisé – n'a d'autre lieu où les abriter.

De jour, tous sont entièrement libres de leurs faits et gestes. Ils n'ont cependant guère à leur disposition de pâturages

150

spécifiques. Hormis quelques prairies que quelques seigneurs réservent à cet effet, la plupart des terres défrichées affectées au « bled », nom sous lequel on désigne alors presque toutes les céréales. Nos animaux se contentent donc des friches et des landes restées à l'abandon et partagent, avec les hommes et les bêtes sauvages, les ressources des forêts. Voilà la célèbre « vaine pâture » de nos livres d'Histoire, qui nécessite évidemment des gardiens pour y surveiller ce peuple bien indiscipliné.

Cantonnés généralement aux friches, voici les chèvres et les moutons, qui seraient ailleurs redoutables pour les jeunes pousses et compromettraient la végétation. Leurs gardiens se retrouvent parmi les noms de famille : *Chevrier, Chabrier, Chevron, Chevrot*, et *Chabrol* dans le Massif central (également nom de lieu), qui, plus au sud, devient *Cabrol* (*Chabrol* peut cependant aussi désigner le chevreuil).

Sur leurs landes, les chèvres (en langue d'oc *Gazel* ou *Gazeau*) cohabitent avec les moutons, d'où de nombreux *Mouton, Moutonnet, Moutonneau*, peut-être surnoms d'hommes frisés ou doux, et beaucoup de *Lagneau, Lagnel, Laigneau, Laniel, Delagneau*... Mais ce sont surtout leurs mâles qui ont du succès dans les dénominations, du fait de leur solide réputation paillarde. Nombreux sont donc les *Belin*° (nom du bélier dans le « Roman* de Renart »), *Blin*°, *Blain*°, *Bélier*°, *Béliard*°, *Béliot*, comme les *Bouc, Bouquin, Bouquillon*, et jusqu'aux *Bouquet*°, et *Bocquet*° qui peuvent, quant à eux, être des déformations de bosquet. Leurs gardiens sont les *Berger*, d'où les *Bergeret, Bergeron, Bergerat, Bergerot, Bergère, Bergez* dans le Nord, comme les *Schaeffer* d'Alsace-Lorraine. Au printemps, ils tondent les toisons qui iront chez les cardeurs et les fourreurs pour terminer comme pelisson*.

Les porcs dépendent des *Porcher, Pourcher, Porchez, Porquier, Porcheron*..., et trouvent leur nourriture dans la forêt. Ils se contentent de feuilles, de brindilles, de faînes, de glands et des quelques fruits sauvages que leur laissent les hommes, ce qui ne les fait guère grossir. Aussi étiques que les chèvres, les moutons et les bœufs, ils constituent alors la seule viande (peut-être avec les chèvres) que mangent nos ancêtres en dehors des volailles et du gibier. De nombreuses miniatures de l'époque montrent l'abattage du cochon destiné ensuite au saloir. Le porc, comme le mouton et les volailles, sert aussi souvent au paysan à payer ses redevances au seigneur foncier. Mais déjà à l'époque cet animal n'a pas bonne réputation et les surnoms qu'il engendre sont souvent lourds à porter : *Cochon, Cauchon, Porc, Porquet, Pourcel, Pourcelle*... Heureusement, il portait d'autres noms qui, moins usités ou oubliés de nos jours, en atténuent les effets. Son premier nom avait été le « ver », d'où notre actuel verrat, dont la femelle était la « gore », d'où de nombreux *Gore, Goret, Goron, Goriot, Lagore, Gory, Gouret, Goury* (attention, il peut être nom de lieu). En Lyonnais, le porcelet est une « caye », un « cayat », d'où des *Caye, Cayat, Cayot, Cayet, Cayon*, mais aussi peut-être des *Caille, Caillat, Caillet, Caillot, Caillon* (pour lesquels il sera difficile de choisir entre l'oiseau et l'animal).

Tout cela donnait aussi des *Troupeau* et *Troupel*, comme on avait des *Sommier* et *Soumier* (gardiens ou propriétaires de bêtes de somme).

JAULTS, MITTES ET CONILS : DES ANIMAUX DÉGUISÉS

En ces temps-là déjà les « mittes » se battaient avec les « cadets » pendant que les « conils » fuyaient devant les « goupils ». Traduisons. « Mitte » était l'ancien nom gaulois du chat, d'où nos minets (d'où peut-être des *Minet°* en principe plutôt formés sur Guillaume), d'où aussi l'expression « faire la chattemite ». Le « cadet » était le petit chien, d'où des noms comme *Cadet* et *Cadot*. Le « conil » était le lapin, et le « goupil » n'avait pas encore été baptisé « Renart » dans le fameux best-seller de l'audiovisuel médiéval.

Beaucoup d'animaux, en effet, ont vu leur nom changer.

Le coq s'appelait ainsi le « jault », le blaireau était le « tesson », le crapaud le « bot », la pie l' « agace » ou l' « agache », la buse le « butor », l'hirondelle l' « aronde »... Sans oublier les dénominations locales comme le chamois qui devient *Izard* dans les Pyrénées, l'orvet qui devient *Anoulh* (d'où *Anouilh*) dans les pays méridionaux, le caneton que l'on nomme *Bouret°* ou *Bourret°* en Normandie, le corbeau qui est souvent la « graille » en langue d'oc.

Autant d'animaux, autant de surnoms, car autant d'analogies, physiques ou mentales, entre la bête et l'homme, surnoms d'autant plus prisés que nos ancêtres du Moyen Âge étaient très proches des animaux qui à tous les niveaux participaient à leur vie quotidienne.

Le chat symbolisait déjà la tromperie. Il donne les *Mitte*, *Mithouard*, les *Lechat* et, dans le Midi, les *Lecat* (*Lecas*, si tant est que l'on puisse se fier à l'orthographe, aurait plutôt désigné des individus « cassés », au sens d'épuisés, fatigués; surnom de paresseux ?).

Le chien, souvent avec une nuance péjorative, se retrouve dans les *Le Chien*, *Lequien*, *Lequin°(t)*, *Quin*, *Cagne*, *Caignon*, *Lacagne*, *Queneau*, *Quenot*, *Quenard*, *Quenault*... En Normandie, il est appelé le « grout », d'où les *Grout*. Le chien de chasse est le *Braque* (d'où les braconniers) et l'on trouve aussi quelques *Levrier*.

Dans la basse-cour, aux côtés des coqs, poules, chapons et gélines (*voir Lecoq°*), sont les *Canard* et leur *Canet* (surnoms d'homme craintif?). Les oies, souvent synonymes de niais, donnent les *Loison* les *Pidoux*, *Pideau*... (= pieds d'oies). Les jars peuvent avoir donné quelques *Jars*, *Lejars*, voire *Jard* (par mauvaise orthographe). L'éleveur est « l'oyer », mais *Loyer* est aussi le surnom du rôtisseur, qui fait rôtir (du latin *rotare* = tourner) principalement des oies sur sa broche. C'est lui qui, peu à peu, en diversifiant sa production, deviendra rôtisseur-traiteur, s'efforçant de bien « traiter » son client à table. Il est l'ancêtre de notre restaurateur.

Mais la basse-cour était aussi le lieu où l'on trouvait des pigeons, déjà synonymes de « faciles à tromper », d'où *Pigeon*,

Pigeot, Pigeat, Pigeaud, autrefois surtout appelé « collomb », d'où nos si nombreux *Collomb°, Collombet, Collombat, Coulon, Colombel...* (souvent difficile à différencier des colons au sens de pionniers défricheurs de terres) et tous élevés ou abrités par le *Colombier* (nom de lieu ou de profession).

Bien d'autres animaux familiers sont à l'origine de noms de famille. Les lapins sont absents de ce bestiaire parce que pas encore domestiqués et restés à l'état de nuisibles pour les récoltes du paysan. Mais le blaireau est là avec les *Tesson,* et les plus modernes *Blériot,* le lièvre (rapide) avec les *Lièvre, Lelièvre* et les *Haas* d'Alsace-Lorraine, le putois (qui sent mauvais et qui tire son nom du vieux mot « pute » = sale, puant, d'où les « putaines filles ») donne les *Pitois* et *Pithois.*

Dans l'herbe, le crapaud, que l'on nomme alors « bot », symbolise la difformité et la claudication (d'où le pied-bot). Il a donné les *Bot* et *Lebot, Botot, Botet, Botreau, Brotot, Botrel.* L'anguille, tant appréciée de nos ancêtres pour la finesse de sa chair, symbolise la souplesse et l'adresse à esquiver que devaient présenter les ancêtres des actuels *Languille* et *Languillat.* La fouine, alors « foine », a vu son nom dénommer les individus fureteurs et intrigants, d'où les *Foinet, Foineau...* et, tout comme eux, les *Furet* pâtissent de la mauvaise réputation de leur modèle.

Les souris et les rats, au contraire, sont peut-être moins chargés de défauts qu'aujourd'hui et les *Souris, Rat, Lerat* (et *Rateau°*) sont surtout vus comme rapides, petits et agiles tout comme ceux des *Mulot.* Les *Loir* et *Leloir(e)* devaient avoir des ancêtres dormeurs ou paresseux, les *Hérisson, Lhérisson, Lhérissé* des ancêtres aux cheveux hirsutes, les *Guepet* des aïeux piquants et acerbes, les *Mouche, Mouchard, Mouchet* (attention, l' « émouché » était aussi le nom de l'épervier), *Mouchel, Mouchon, Mouquet, Lamouché* des aïeux importuns, comme ceux des *Sautereau* se rapprochaient par leurs habitudes de la sauterelle, ceux des *Papillon* aussi, et ceux des *Grillet* et *Grillot* devaient être gais comme des grillons. Quant aux *Orsel, Oursel, Orso, Hours* ou *Lhours,* leur aïeul devait être bourru ou lourd comme un ours à moins qu'il n'ait été de ces montreurs d'ours ambulants.

LE COQ ET LA VOLIÈRE

Pourquoi tant de *Lecoq*? Quand on a réfléchi aux symboles qu'il représente et à son omniprésence jusque sur les clochers de nos églises et à la tête de nos villages dans l'expression « coq de village », à l'image de cet oiseau fier, roi de la basse-cour et don Juan du poulailler, on comprend mieux la fréquence de ce patronyme.

Fétiche des Gaulois, il était autrefois appelé « jal » ou « jault », selon le latin *gallus* et ce n'est qu'à l'époque où nos noms se sont dégagés que son second nom, tiré du cri qu'il pousse, commence à entrer en concurrence avec l'ancien.

Voilà donc comment nos beaux garçons d'ancêtres, ces séducteurs tant redoutés des pères et des mères, s'en tirèrent, au village, avec des surnoms ayant trait à cet animal : *Lecocq, Lecoq, Cocquet, Coquet* (qui ne prendra le sens que nous lui connaissons qu'au XVIIe siècle).

Les patronymes qui en dérivent sont extrêmement nombreux : *Cocard* et *Coquard* (au sens de méchant coq, de sot) qui donnent eux-mêmes *Cocardon* et *Cocardeau* (on retrouve cette nuance de « vaniteux, prétentieux » dans nos mots cocarde et cocardier). Les *Cochet* (qui n'ont pas de rapport avec le cocher de fiacre) donnent les *Cochez, Cochin, Cocheteau, Cocheteaux...* On a encore les *Coquot, Coquetot* et *Cocteau,* les *Coclet, Coclin* et *Coquelet, Coquelin,* les *Coqueux* et les bourguignons *Coqueugniot,* comme les plus anciens *Gal* et *Galy, Galin, Gallet, Galinet* et même certains *Gau,* sans oublier les flamands *Dehaene,* alors que *Coquerel* est en principe le surnom de l'éleveur de volailles.

D'autres patronymes, cependant, proviennent de l'ancien nom : *Jaud, Lejault, Jaux, Jal, Lejal, Jaulin, Jalet, Jalot... Jault*, de même origine, est le nom d'une importante famille rurale nivernaise, vivant à « même pain et même feu » dans une large communauté familiale.

Mais, souvent, on castrait le coq pour mieux l'engraisser et en faire un poulet bien gras et bien dodu. C'est là le « chapon » qui, avec l'image que l'on comprend, donna de bien méchants surnoms : *Chapon, Capon, Cappon, Chaponneau...* Formé sur l'ancien nom du coq, son féminin était la « géline » qui restera le nom de la poule jusqu'au XIVᵉ siècle. Voici donc les *Gélin, Gélinet, Gélineau, Gélinaud*, dont les éleveurs sont les *Gélinier* ou *Galinier*. Plus rares donc (et plus tardifs ?) sont les patronymes de *Poulat* et *Poulet*, ou de *Poublanc* (poule blanche ?), alors que l'on trouve aussi des *Poussin, Poussard, Pousset* et *Poussier*.

Avec « gélines » et « chapons », nous retrouvons les redevances en nature que nos ancêtres portaient au château chaque année. Pas de dindes, et pour cause, puisque les « poules d'Inde » ne seront ramenées de ce qu'il croit être les Indes, c'est-à-dire d'Amérique, que par Christophe Colomb.

Terminons par un autre « coq », qui n'a rien à voir, contrairement à ce que l'on imagine, avec le roi de la basse-cour : je veux parler du cuisinier. Il est, comme le mot « queux » de « maître-queux », à rattacher au hollandais *kok* (= le cuisinier) et au latin *coquus* (de même sens) et a donné naissance à quelques familles *Queux.*

TOUS LES NOMS D'OISEAUX

« Un jour certain vilain trouva au bas de sa haie deux perdrix. » Ainsi commence un vieux fabliau qui raconte la gourmandise et le mensonge d'une femme, prête à se damner pour manger des perdrix. Nos ancêtres, en effet, s'ils ne chassaient pas le gros gibier, savaient tendre des pièges aux oiseaux sauvages et les faire ensuite tourner sur leurs broches. Tous les oiseaux d'ailleurs leur sont familiers. Eux aussi ont leurs défauts et leurs particularismes qui font que leurs noms, bien souvent, sont repris pour surnommer le voisin, tantôt négativement, tantôt positivement, par analogie au physique ou au caractère.

Les *Corbeau, Corbel* et *Corbelin* ont donc sans doute pour ancêtre quelque braillard de village. Tout comme les *Graille* ou *Graillot* (c'est le nom du corbeau en langue d'oc), comme les *Rapp* (de l'alsacien « rabe » = corbeau), *ou encore les Thiercelin, Thiécelin...,* selon le nom du corbeau dans le « Roman de Renart ». Le mot corneille étant plus tardif, il n'est pas sûr que les *Corneille, Cornille* et *Cornillon* se soient référés à l'oiseau, alors qu'ils peuvent venir du prénom de saint Cornelius.

La pie a avant tout la réputation de bavarder, d'où les surnoms des *Piel, Piot* (et peut-être des *Pillot°*, mais attention ici aux explications par « pier » s'enivrer), *Pillet, Pillon*) et, selon son ancien nom « l'agasse », des *Lagache.*

Autre bavard : le merle, d'où les *Merle, Lemerle, Merlaud, Merlier* et, en Normandie, les *Meslet, Meslin, Mesle, Lemesle* (alors que, dans le Nord, ces trois noms se rapportent à la nèfle, fruit du néflier, lui aussi appelé « mesle »).

La perdrix est surtout peureuse et craintive. Elle a donné son nom aux *Perdriel, Perdriau(-aux)... Perdriat, Perdereau(x)... Perdrioux...*

Le geai, qui symbolise la vantardise, se retrouve dans les *Geay, Legeai, Jay, Lejay, Jayet, Jayard* (et *Jaillet*), et *Gey*, avec des risques de confusion orthographique avec les *Gay°*.

La caille était réputée pour sa délicatesse, d'où les *Caille, Lacaille, Caillat, Caillot, Caillon* (attention cependant pour ces trois derniers aux confusions avec les *Cayat°*).

Les échassiers figurent aussi dans cette volière, sans doute par référence à leurs longues jambes ou à leur long cou : le héron a donné des *Héron, Agron* (en Bretagne, d'où les *Dagron* ?). Toujours en Bretagne, les *Lemoulec* se réfèrent au pluvier, alors qu'un peu partout on trouve des *Grue* et *Lagru(e)*, comme il existe des *Sigonneau* et *Sigonney* (d'après la cigogne).

La buse en ces temps-là s'appelait le *Butor*, le pigeon ramier le *Favard*, la mouette la *Mauve* ou encore *Laillier* en Normandie (alors qu'ailleurs « l'allier » est le marchand d'ails). Si le nom *Laigle* peut se rapporter à la ville ou à l'oiseau, celui de *Hulot* fait référence à des habitudes nocturnes ou à une myopie.

L'analogie est moins évidente pour les *Videcoq* et *Vidocq*, devant tous deux leur nom au coq sauvage (wild), c'est-à-dire au coq de bruyère. Celle des *Loriot*, *Auriol* et *Oriol* ou *Oriot* dans le Midi, doit être la couleur dorée du loriot renvoyant aux cheveux du surnommé.

Les passereaux devaient, quant à eux, être symboles de légèreté. L'hirondelle est ainsi à l'origine des *Larronde* selon son nom ancien. On trouve des *Lalouette* et des *Lerch* alsaciens-lorrains qui en sont l'équivalent, des *Moineau*, *Moinot*..., qui peuvent aussi descendre de quelque moine*, des *Rossignol*, *Rossigneux*, *Roussignol*..., certainement gais, de simples *Passerat* (passereau), et beaucoup de références à l'insouciant pinson : *Pinson*, *Pinchon*, *Quinson* en Languedoc, *Fink* et *Finkel* en Alsace-Lorraine. Le pic-vert, alors, avait pour nom *Pichard*, d'où des surnoms en rapport avec l'oiseau et, que les *Serin* se rassurent, l'oiseau auquel ils doivent leur nom n'était pas encore aux XIIe et XIIIe siècles synonyme de niaiserie et leur ancêtre devait seulement avoir le teint un peu jaune.

La liste pourrait encore énumérer des *Chouan*, *Chouet*, *Chouard*, se rapportant au chat-huant (les chouans vendéens en auraient fait leur cri de reconnaissance), sans oublier les *Létourneau* et *Tourneau* (peut-être étourdis), comme des *Angoulevent* (le martin-pêcheur), et des *Mouchet* qui peuvent venir, non de la mouche importune, mais de l'épervier mâle, au plumage moucheté appelé « émouchet ». On terminera par tous les *Loiseau*, *Loisel*, *Vogel* d'Alsace-Lorraine, et *Laudet* (pour l'audet = l'oiseau) en Gascogne.

DES HÉROS DIGNES DE CEUX DE DALLAS

Sait-on que les tympans et les porches de nos chères cathédrales médiévales dont on admire aujourd'hui la sculpture dans l'ocre de leur pierre étaient autrefois peinturés dans les couleurs les plus criardes ? Au cœur de la ville, le plus souvent sans aucun dégagement, le bâtiment cultuel offrait à l'extérieur comme à l'intérieur un formidable livre d'images pieuses racontant l'Ancien et le Nouveau Testament à nos ancêtres illettrés : en quelque sorte, la première B.D. !

Régulièrement, des mystères étaient représentés sur leur parvis, des mystères qui duraient des journées entières, voire même plusieurs, et qui tenaient en haleine des foules nombreuses et passionnées, au point que l'on prenait souvent la précaution de creuser un fossé séparant acteurs et spectateurs pour empêcher ceux-ci d'intervenir de façon intempestive en prenant parti. De leurs côtés, jongleurs et troubadours ambulants diffusaient par tout le pays les mêmes contes et les mêmes fabliaux. Mais si les aventures du Chevalier au barillet, des Trois aveugles de Compiègne ou des deux vaches Brunain et Blérain étaient des brefs récits d'une heure, des « courts métrages », d'autres correspondaient à nos séries et feuilletons-fleuves et remportaient partout un succès tel qu'ils devenaient vite universellement connus.

Le plus beau et le plus complet de ces succès fut sans aucun doute remporté par le « Roman de Renart ». Ses auteurs, dont les noms ne nous sont malheureusement pas parvenus, le doivent au génie qu'ils ont eu de présenter les défauts des hommes par l'intermédiaire des animaux. Et l'on sait comme ces derniers, animaux sauvages ou animaux domestiques, étaient familiers et proches de nos aïeux ! La formule était nouvelle et en soi déjà du meilleur effet comique. Or, ce véritable monument littéraire est parfaitement contemporain de la formation des noms de famille. Comment dès lors s'étonner que ses héros, au sommet de leur popularité, y aient été souvent si étroitement associés. N'offraient-ils pas à nos ancêtres un savoureux éventail de surnoms à attribuer à leurs voisins ? D'ailleurs, les noms mêmes des animaux du conte procèdent des mêmes techniques de fabrication que les patronymes. Prénoms, comme Tibert où... Renart; surnoms tirés du physique comme Blanchard (le coq) ou Brune (la corneille); du caractère, comme Cointereau, le singe (plein d'ironie, puisque « cointe » signifie joli et gracieux); des surnoms, enfin, comme Percehaie, nom d'un fils de Renart.

Les noms des héros du « Roman de Renart » ont donc pu être repris par une analogie avec l'animal ou le personnage qu'il incarne, analogie physique ou de caractère. Il est donc intéressant d'en retenir ici quelques-uns, qui peuvent bien être à l'origine d'appellations humaines de l'époque.

Tiécelin est le corbeau, *Tibert* le chat, *Cointereau* le singe, *Brun* l'ours, *Hersent* la louve, *Beaudouin*, l'âne, *Frobert* le grillon, *Tardif* le limaçon, *Frémond* la fourmi. Le cerf est appelé *Brichemer*, du nom de la « briche », jeu d'adresse que l'on pratiquait avec deux bâtons, comme le cerf aurait pu le faire de ses bois. Et le plus célèbre est naturellement le super-héros, ce rusé « goupil » auquel on donne ici le prénom de Renart, et qui le conservera pour toujours.

De ce jour, l'homme rusé pourra donc se voir appeler *Renart* plutôt que goupil, l'individu minutieux *Frémond* plutôt que fourmi, celui qui se croit supérieur *Primault*, comme le fils du loup, alors que le mouton *Belin* (qui « bêle », d'où son nom, pour réclamer justice) contribue à augmenter les rangs des *Belin, Blin, Blain, Blein*...

Renart et *Renard* embarrasseront toujours au niveau de l'étymologie, en ce sens qu'ils peuvent aussi avoir été le prénom transmis héréditairement. En revanche, les formes alsaciennes *Fuks* et *Fuchs,* celles du Nord et de l'Est, *Volf, Wolf(f),* *Volpert, Voltz, Devos,* enfin la forme archaïque de *Goupil,* *Legoupil, Volpil* et *Goupy* se réfèrent bien toutes à l'animal rusé, sans doute comme l'ancêtre ainsi surnommé.

LA PEUR ANCESTRALE DU LOUP

Les psychologues d'aujourd'hui n'hésitent pas à voir dans le loup du Petit Chaperon rouge la personnification du mâle séduisant la pucelle. Certains y voient même la représentation du père répondant aux tendances sexuelles œdipiennes de sa fille. En tous les cas, même si le loup a disparu de la vie contemporaine, les enfants hurlent toujours en le voyant dans les dessins animés alors que les pires scènes de guerres ou de violences ne semblent pas les émouvoir. Il n'est donc pas exagéré de parler de peur ancestrale. Combien d'histoires anciennes que nos familles se transmettent se rapportent-elles encore aux loups et à leurs méfaits!

Les mentions de loups sous l'Ancien Régime ne se comptent pas. L'hiver et la guerre les ramènent régulièrement, affamés, jusque dans les rues des villes. Au temps de Louis XIV, la Beauce, le Vendômois, la Champagne et la Lorraine sont particulièrement touchés alors que la cour se passionne pour le Gévaudan où une « bête » terrible étrangle et tue. En 1697, au cours de battues organisées en forêt d'Orléans, plus de deux cents loups sont détruits. Et, depuis plus d'un siècle, une ordonnance exige que chaque village réunisse trois fois par an un représentant de chaque « feu » pour organiser une battue aux loups. Cela n'a pas empêché un enfant d'être dévoré par un loup place de Grève, en plein centre de Paris, en 1595.

D'autres témoignages abondent. Ceux des registres paroissiaux, si chers aux généalogistes, ancêtres de l'état civil, qui livrent souvent des documents de ce genre :

« Le 14 octobre 1748, a été dévoré par le loup Jean-Jacques, fils de Michel Delaval, qui paissait les bestiaux de son père... » (Saint-Symphorien-d'Andilly, Haute-Savoie). L'enfant a huit ans.

« L'an 1746, le 9 juillet, j'ai inhumé le corps d'Étienne

Douliac, du village de Vaur, âgé d'environ onze ans, mort des blessures horribles et effrayantes que lui avait fait le jour précédent une espèce de loup que l'on nomme male bête (= mauvaise bête) » (Bassignac-le-Bas, Corrèze).

« Le 27 mai 1739, a été inhumé un enfant de dix ans, noyé dans la rivière, lequel avait été tiré hors de la rivière par un loup qui lui a mangé mains et bras, jambes, cuisses et reins » (Berd'huis, Orne).

A Latillé (Vienne), le curé enterre le 24 avril 1751 les restes d'un enfant de treize ans. Il est, précise le curé, le huitième à être dévoré par un loup dans la région, en l'espace de trois semaines.

Un livre entier ne suffirait sans doute pas à les énumérer. Laisserait-il encore une place à l'œdipe des psychanalystes ?

Au Moyen Age déjà, le loup terrorisait. Il est donc normal de le retrouver dans les noms de famille. Sa cruauté a pu donner lieu à bien des surnoms, comme on a pu aussi vouloir honorer celui qui avait su le vaincre. Le chasseur l'exposait alors en le pendant à une perche et le lieu devenait alors « Loupendu ». C'est là l'origine des *Dupanloup* de Savoie. On a aussi des *Tulou(p)*, et des *Cachelou(p)* et *Cacheleu* (pour « chasse-loup ») et de curieux *Virelouvet* et *Vireloubet* (pour « tourne-loup » ?).

Mais les noms les plus courants sont *Lelou(p)* et surtout *Leleu* (Nord, Picardie, Est). Viennent ensuite des diminutifs avec « v » en pays d'oïl : *Louvet, Louvel, Louvetot, Louviot*, ou avec « b » en langue d'oc : *Loubat, Loubet*. En Alsace, ce sont les *Wolf(f)*. Le repaire de l'animal a donné des noms de lieux devenus patronymes comme *Loubière, Loubeyre*. Et le louvetier est l'ancêtre des *Louvier, Loubier, Loubatier, Loubatière*...

Il reste cependant que ces « loup » et ces « leu » peuvent aussi s'expliquer par un ancêtre prénommé Loup, prénom courant en honneur de l'évêque de Troyes qui avait arrêté Attila et auquel sont vouées les nombreuses paroisses Saint-Loup et Saint-Leu.

L'ÉNIGME DES NOMS D'OBJETS

Classiquement, on voit dans le nom de famille synonyme d'un objet une référence au métier de l'ancêtre ou du moins à son savoir-faire dans le contexte d'une occupation complémentaire, ou encore le nom donné à celui qui le vendait, vendeur et fabricant pouvant être évidemment une seule et même personne.

J'ai déjà dit, dans les principes généraux de dégagement des noms, comme cette explication me semble peu vraisemblable. D'une part, parce que l'on rencontrerait de ce fait des commerces et des activités par trop spécialisés comme la vente de canifs, de marteaux, de flèches, de hottes... D'autre part, parce que, si l'on retient ce mode de dénomination, on constate vite qu'il est loin d'avoir été généralisé. En effet, nombre de métiers présents dans la société de l'époque et dans les noms de famille ne sont jamais représentés par des noms d'objets. On trouve des Cordonnier, des Savatier (savetiers), mais peu de chaussures : les *Soulier* sont originaires de lieux portant ce nom dans le Sud-Ouest de la France, où il désignait une habitation à étage, et les rares *Sabot* se rattachent à l'ancien sens du terme qui désignait la toupie. De même, les *Laplanche* sont généralement descendants d'un ancêtre vivant près d'une planche, c'est-à-dire d'un pont de bois. Et pourquoi, aussi, tant de Charron, Charton..., pour si peu de Char et Lechar ?

Pour moi, l'explication de ces noms est tout autre, et malgré tout très simple. Les noms d'objets les plus répandus parmi les patronymes sont essentiellement de trois natures différentes : les noms d'objets piquants ou coupants, ceux d'objets lourds et ceux de contenance ou de mesure. Cette constatation laisse donc supposer qu'il s'agit plutôt ici d'analogies ayant trait au caractère ou au physique.

Des individus à l'humour acerbe, aux propos acides, au caractère entier et tranchant, ont toutes les chances de s'être vus désigner ainsi, par des noms d'objets familiers de l'époque.

La serpe, d'usage quotidien, était appelée « goux » ou « goy ». Et voici des *Goux, Goy, Legoux, Gouy, Legouy, Legouhy, Degouy* (= fils de Gouy) et, en diminutifs, des *Goyet* et *Goyard* (d'où le filiatif *Augoyard)*.

Le pic donne des *Piet* (d'où *Piette)* et des *Pigot*. On trouve aussi des *Pieu, Pieuchot*.

Une « fiche » était une pointe en fer, d'où des *Fiche, Fichet, Fichot, Ficheux*, et *Fiquet*.

Le « fradet » était le fer d'une flèche d'arbalète. Dans le langage courant, il signifiait aussi (voici un argument de plus en faveur de ma thèse) « mauvais, scélérat », d'où les *Fradet, Fradin*.

De même, on trouve des *Boussin* (nom du trait d'arbalète) et des *Mauboussin* (mau = mauvais), des *Flèche* (qui peuvent aussi présenter une analogie avec la vitesse), des *Canivet* (nom du petit couteau, d'où notre canif), des *Crochet, Crochard, Crocq* et *Croc*, des *Lance* et *Lantz* en Alsace, des *Lapointe*. Les *Couteau* et *Coutot* peuvent être des aphérèses de Jacques par Jacquout, mais aussi renvoyer au couteau. Les *Claveau* et *Clavel* se réfèrent à un gros clou ainsi nommé, les *Fourquet* à la fourche (comme notre fourchette), les *Agulhon* à l'aiguillon du bouvier, les *Catoire* portent l'ancien nom de la ruche des abeilles et les *Brochot* piquaient comme une broche. Viennent encore les *Piolet* (d'après « Piola » = la hache dans le Midi), les *Picq, Piquet, Pique* et *Piquard* (sur le pic), et les piquants *Picard°* (attention cependant pour celui-ci à la Picardie), *Pichet, Pichereau, Picheron, Picherot, Picherin, Picon, Picot*. Les *Picoche* tiennent leur nom de l'ancien nom de la pioche (alors que les *Picavet*, dans le Nord, se réfèrent à celui du fagot). Les *Point* et *Pointeau*, enfin, viennent du nom du fer de lance.

Ils assomment, comme devaient le faire les *Pavard,* tirant leur nom du bouclier des arbalétriers. Ils pillent, comme les *Pestel* et *Pétel* (qui peuvent cependant avoir eu une valeur grivoise). Les objets lourds désignent généralement un homme violent, capable d'assommer. Nous avons ici un exemple célèbre : celui de Charles Martel, ainsi surnommé après sa victoire de Poitiers. Voici donc des *Marteau, Martel, Maillet* et *Maillot* (= maillet à long manche). En Alsace-Lorraine, on trouve des *Stock,* d'après le nom du bâton. Les *Tricot, Triquet* et *Tricard* se rapporteraient plus à la trique, au bâton, qu'au jeu de trinc.

LES NOMS DE CONTENANCE ET DE CONTENANT

Nombreux, ils peuvent se rapporter au physique : *Tonneau,* pour gros comme un tonneau, aux mœurs : « pouvant boire la contenance d'un tonneau de vin », mais aussi au métier ou à la spécialité d'un artisan amateur.

On trouve des *Boillot, Bouillot* et *Bouillaud,* d'après le nom d'un panier renflé, des *Tonneau,* des *Tinel* (nom de la cuve), des *Coffin* (le panier), comme des *Panier* et *Pagnier (-z),* des *Heuze* (la hotte), des *Gaudron* (pour chaudron), des *Mortier* (pour l'auge de maçon, mais qui peut aussi être un nom de lieu, comme c'est le cas des *Dumortier*). A l'échelle inférieure on a beaucoup de vases et de pots en tout genre : *Toupin* était le nom d'un petit récipient en terre, comme *Tupin. Madre* désignait un vase (le mot « madré » n'apparaît qu'au XIVᵉ siècle), et *Terrin* était le vase de pierre.

De ceux-ci, on doit rapprocher les noms d'instruments de mesure, généralement des mesures du blé, qui peuvent avoir été des surnoms de meuniers ou de gros mangeurs. On trouve des *Minost* et *Minot* (ce dernier étant souvent une aphérèse de

Guilleminot°), des *Boisseau, Boisseaux* et *Boissot* (avec la forme ancienne *Boissel* et en Normandie *Boitel*), des *Guichet* (de demi-boisseau) et des *Guichot*, des *Bichet*, autre mesure de l'époque comme le *Septier* (devenu setier).

AUTRES NOMS D'OBJETS

Parmi les noms d'objets couramment repris en noms de famille, beaucoup se rapportent à la monnaie, mais à la monnaie sans valeur. Les *Maillard*, et peut-être certains *Maillet* et *Maillot,* se rapportent à la maille, petite monnaie sans valeur, d'où un sens certainement péjoratif : celui qui ne vaut rien. Ce vieux mot est d'ailleurs à l'origine de deux expressions qui ont encore cours aujourd'hui : « n'avoir ni sou ni maille », et « avoir maille à partir avec quelqu'un », partir ayant ici son ancien sens de partager. Autrefois, une femme légère était aussi appelée une « maillière », car elle se livrait pour une maille.

A côté de la maille, le « niquet » n'avait guère plus de valeur. Cependant, on hésitera pour les *Niquet* et *Nectoux* (venant de Niquetoux) entre l'explication des Maillard et celle venant de « faire la nique » au sens de « se moquant de tout, bravant tout ».

Autre série patronymique : les noms de fruits qui peuvent eux aussi s'expliquer par une analogie (moins facile à comprendre) : *Mandel,* en Alsace, se réfère à l'amande, *Racine* à la carotte, appelée aussi *Rais* en ancien français, d'où peut-être des *Raisin* qui n'auraient plus rien à voir avec la grappe (comment savoir ?). Le navet a donné les *Navet, Naveau* et *Nabet.* L'olive, les *Olive* et *Ollive. Raspail* était le nom de la balle de blé, mais a pu être aussi un nom de lieu. Quant au poireau, il l'emporte de loin avec *Poireau, Pouriau, Pourrier, Pourrière, Pouret, Poret, Poirel, Poirot, Poiret* (certains de ces noms cependant peuvent avoir un lien avec le poirier).

D'autres noms désignent des objets précieux comme *Ruby,* des objets moins courants comme le « méreau » (le jeton), d'où

Méreau et *Mérel* (à moins que l'on n'ait ici des aphérèses sur un prénom oublié), *Bancel,* le petit banc, reste, quant à lui, plus obscur.

C'est à peine s'il subsiste donc, parmi les patronymes noms d'objets, des noms qui peuvent avoir désigné une profession. Nous avons vu que Mortier pouvait renvoyer à la contenance ou à un lieu, que Catoire (la ruche) pouvait désigner l'homme agressif et piquant, que Minot avait plutôt valeur de prénom comme diminutif de Guillaume par Guillemenot, que Goux, la serpe, se référait sans doute au caractère, que Gateau pouvait désigner l'individu sucré ou celui qui « gâtait l'eau », naturellement avec du vin, que Rateau avait eu une valeur de prénom par Rataud... Que reste-t-il? *Truel,* rare, qui peut se référer à l'outil de maçon, mais qui désignait aussi un filet de pêcheur; *Tourte, Tourteau* (dans l'Ouest) et *Tourtel* qui ont pu désigner un homme rond, *Rabot,* au sens obscur car l'outil n'apparaît sous ce nom que plus tard, *Soufflet* (surnom de joueur d'instrument à soufflet?), *Trousseau* et *Troussel* (fabricant de trousseau?), *Tassard* et *Tassin* (formés sur le mot « tasse » = bourse?), *Campana,* nom de la cloche en Niçois et en Corse (surnom de sonneur?). *Tison* (la quille de bois) pourrait bien, quant à lui, se rattacher aux nombreux noms grivois...

Que reste-t-il des noms d'objets? Les voici démythifiés. C.Q.F.D.

A chacun son métier

ENTRE L'ENFER ET L'EAU BOUEUSE :
LE BOULANGER

Lorsque le pain est posé à l'envers sur la table, le diable entre dans la maison, l'argent en sort, la Sainte Vierge se met à pleurer et les filles ne trouveront pas de mari. Les croyances autour du pain sont nombreuses et fortes : s'asseoir sur un pétrin est un sacrilège en Berry, jeter le pain est un crime. Le pain est le symbole de la nourriture terrestre, comme il est, à l'église, le symbole de la nourriture de l'âme. Sous la protection du bon saint Honoré (représenté avec sa longue planche à enfourner les pains), le boulanger accomplit son métier quasi magique.

A l'origine, ne peut cependant opérer que celui qui gère le four banal de la seigneurie, à la disposition des paysans moyennant péage ou redevance. C'est là l'explication des si nombreux *Fournier*. Tout change avec le développement des villes et l'apparition d'une nouvelle profession : la « talemelerie ». Ces « talemeliers », dont le nom semble construit sur les deux verbes « taler » (au sens ancien de battre la pâte) et « mêler », s'imposent dans les cités, et le roi finit par affranchir les citadins de la banalité du four.

Des anciens noms du boulanger sont nés beaucoup de patronymes. Nous avons vu les *Fournier*, qu'augmentent les

Fourneret, *Fourneyrol* et *Becker* d'Alsace... Du talemelier viennent des *Tallemant, Talmant, Talmard...* Parfois encore il était appelé *Tamisier*, et enfin « boulenc », pour désigner celui qui tournait la farine en boule, d'où les modernes *Boulanger, Leboulanger, Bellanger...*, quand il n'était pas tout simplement le *Pannetier* ou *Pannetrat*.

Autour de lui apparaissent rapidement des ouvriers. Les « mitrons » tirent leur nom de leur bonnet en forme de mitre, les bluteurs, qui séparent le son de la farine, ont donné des *Ballut, Baluteau, Blutel*. Les pétrisseurs ont donné des *Pesteur, Pfister* alsaciens, *Pasteau, Lepestre, Pétrier...*

Celui qui enfourne les pains est nommé le « geindre », d'où des *Geindre, Legeindre*, et peut-être aussi certains *Gendre*° et *Legendre* par déformation. Le travail se passe sous l'œil d'un « brigadier », veillant à la bonne disposition des pains dans le four et les mauvais ouvriers, souvent, s'en tirent avec des surnoms, comme *Maupin* (= mauvais pain), alors qu'en Provence, le mauvais boulanger est souvent appelé « brulo pano » ou « gasto farino » et à Paris « criquet » ou « cri-cri ».

La profession, par ailleurs, est étroitement réglementée. Souvent, les boulangers, comme d'autres artisans, sont soupçonnés de malhonnêteté, notamment par l'emploi de poids truqués. Un proverbe de l'époque dit que cent meuniers, cent tailleurs et cent boulangers donnent trois cents larrons. De fait, les peines à l'égard des boulangers tricheurs sont souvent lourdes : carcan, flagellation publique. A Augsbourg, en Allemagne, on prévoit même de les mettre en un panier au bout d'une perche et de les plonger ainsi dans un étang d'eau boueuse.

Son costume, aussi, est contrôlé. Près du feu de l'enfer, il n'a guère besoin de vêtement et il est alors aisé de le retenir à son travail. Dès le XVIᵉ siècle, il lui est donc fait interdiction, en dehors des « jours de dimanches et autre fête », de porter manteau, chapeau et hauts-de-chausses, le tout sous peine de punition corporelle et de confiscation desdits vêtements. Il doit être en caleçon, sans hauts-de-chausses et en bonnet, dans un costume tel qu'il soit toujours en état de travailler.

Le boulanger, enfin, par ses activités de pétrissage et d'enfournement, véhicule beaucoup d'images grivoises qui ont fort bien pu être à l'origine de certaines dénominations par analogies. Ne dit-on pas encore d'une jeune fille enceinte avant le mariage qu'elle « a emprunté un pain sur la fournée » ? Et un boulanger-poète ne déclarait-il pas à sa belle :

« Je pétrirai le jour venu
Notre pâte légère
Et la nuit au four assidu
J'enfournerai, ma chère. »

D'ailleurs, la signification sexuelle du pain est longtemps restée vivace dans nos régions. Au début du siècle, un peu partout en France, certains boulangers donnaient à leurs pains une forme nettement phallique. Tout boulanger cependant sait encore bien « qu'à mal enfourner, on fait les pains cornus ».

BOUCHER :
UN ANCÊTRE SOUVENT BIEN CACHÉ

On dénombre curieusement trois fois moins de familles Boucher que de famille Fournier descendantes du boulanger d'antan. Pourquoi ?

L'explication tient d'abord à l'alimentation* de nos ancêtres. On sait que les habitudes alimentaires traditionnelles sont bien différentes des nôtres et que, jusqu'au XXᵉ siècle, la majorité de nos ancêtres consomment très peu de viande. Faute de pommes de terre, les fèves, les choux, les œufs constituent leurs plats de résistance. Les volailles sont réservées aux repas de fête. Le morceau de lard ou quelque morceau de porc retiré du saloir et fumé à la cheminée n'arrivent sur la table qu'en période de gros travaux d'été ou dans une circonstance exceptionnelle.

Non seulement nos lointains ancêtres ne fréquentent donc pas la boucherie, mais, comme la boulangerie, cette boucherie ne se développera vraiment qu'avec les villes. De plus, bien que réglementée depuis fort longtemps (depuis l'an 730 à Paris), la profession de boucher est particulièrement peu attirante. Dans la rue, environné de mouches et d'odeurs « punaises » (c'est-à-dire puantes), le boucher vend à l'estime à une pratique dont les pieds baignent dans des ruisseaux de sang. Pour assurer ses fins de mois, il vend également les peaux des bêtes qu'il a lui-même tuées, aux tanneurs, aux corroyeurs et aux selliers-harnacheurs, comme il vend aussi des suifs aux fabricants de chandelle et des os et de la corne aux minutieux artisans tablettiers ou ivoiriers. Malheur à lui cependant s'il tente d'écouler de la viande avariée! En 1351, tous les bouchers de Paris devront ainsi assister, tête nue, à l'exécution d'un de leurs confrères convaincu de ce forfait.

Mais quelle est justement cette viande qu'il propose?

Le bœuf* est alors avant tout un instrument de production équivalant à notre actuel tracteur. L'élevage bovin ne se pratique donc pas en vue de la consommation, sauf pour quelques tables privilégiées.

Le porc est le monopole des « cuisiniers-oyers » (à l'origine rôtisseurs d'oies, d'où nos *Loyer*°). Il deviendra celui des « chaircuitiers-saulcisseurs », spécialisés, comme l'indique leur nom, dans la préparation et la vente de la « chaire cuite » (d'où leur actuel nom du charcutier) et dans celle des « saulcisses » tenant leur nom de cette saumure appelée « saussis » dans laquelle on les prépare.

Que reste-t-il donc au boucher médiéval? le mouton, sans doute, dont il vend la laine aux tisserands et aux peigneurs de laine. Mais surtout la chèvre et le bouc. Et voilà une origine insoupçonnée, bien qu'à peine voilée. Les premiers bouchers ont vendu, entre autres, de la viande... de bouc!

En ville, les bouchers deviendront souvent riches et puissants. A la fin du Carême, ils organiseront la fête du « Bœuf-Gras » et défileront dans les rues des grandes villes alors qu'à la campagne on parlera souvent du « Bœuf-Viellé ».

Traditionnellement cette fête marquera la fin du Carême. Le jour du vendredi saint, le boucher organise et décore son étal et, le dimanche de Pâques, le commerce reprend.

Le boucher reste donc longtemps un métier rare. Il est logique qu'il soit peu présent dans nos patronymes. Toutefois, sous sa forme ancienne de « maisel », qui subsista longtemps notamment dans le Midi, il donne des *Maisel, Mezel, Maizel, Maiselier, Mazelier, Mazel* (et même peut-être certains des *Mazaud°* et *Mazeau°* occitans). En Alsace-Lorraine, il est à l'origine des *Flei(s)cher*. Dans le Nord, on trouve des *Saignier* et *Sannier* qui ont souvent été le nom du charcutier, par référence à la vente du saindoux.

Au reste, les actuels *Leboucher, Boucheron, Boucherot, Boucherat, Boucherin* ont eu, sans doute possible, un ancêtre boucher. Il faudra rester plus prudent pour les *Boucher, Bouchez, Bouchey, Bouchet* et *Bouchier* qui peuvent devoir leur nom à tout autre chose et avoir une origine bien cachée, tout au creux des « boschet » ou « bouchet » d'autrefois qui ont pu avoisiner la maison de leurs aïeux. Ils rejoindraient alors les *Bosquet°, Bousquet°, Bouquet°* et finalement la grande famille des Dubois.

UNE SUPERETTE DE DENRÉES RARES

Les Boucher, les Fournier et les Boulanger abondent. Il manque le troisième de la traditionnelle trilogie : l'épicier. Or, pour des pages et des pages de l'annuaire téléphonique de Paris remplies des premiers, on ne trouve qu'à peine un quart de colonne de *Lepicier* et *Lespicier*.

L'explication est déjà suggérée par la seconde graphie. Ne pensez pas pouvoir trouver chez l'épicier médiéval ni conserves, ni fruits et légumes. En ville, les « orangers » vendront des fruits, dont ces oranges, ou plutôt ces « pommes oranges » servies pour la première fois au mariage de Charles VI. Venant

173

du Portugal, elles sont amères comme des citrons, mais ont la réputation d'être des aphrodisiaques. Ce n'est qu'au XVII⁰ siècle qu'apparaîtront les oranges de Chine, que l'on appellera des... « mandarines ». Leur prix – elles viennent de loin! – est si élevé qu'Harpagon entre en fureur lorsque son fils envisage d'en servir à sa table. Les « clémentines », de découverte plus récente, doivent quant à elles leur nom à un certain abbé Clément qui les baptisa ainsi en 1902.

Que vendait donc l'épicier de jadis? Pas davantage du vinaigre ou de la moutarde. C'était là la spécialité des vinaigriers et moutardiers qui ont donné les ancêtres de nos *Moutardier*, *Moustardier* et *Moutard*. Les vinaigriers, dans les grandes villes, allaient par les rues en bonnet rouge et tablier, poussant une brouette chargée de tonnelets de vinaigre. Ils vendaient parfois aussi de la moutarde, sous la forme de pastilles, que l'on diluait ensuite dans le vinaigre. Ils prétendaient aussi avoir certain vinaigre qui savait transformer « en ingénue la femme la plus mariée ».

Que vendait donc notre épicier? Sur sa petite balance de cuivre à plateaux de corne ambrée, il pesait des « pouldres fines » venues d'Orient, aussi appelées espices, qui avaient nom poivre, cumin, girofle, cannelle, gingembre, ou « graine de paradis ». A cela s'ajoutaient maintes drogues utilisées pour se soigner, comme encore amandes, anis, dattes, réglisse ou gingembre enrobé de miel que l'on nomme « épices de chambre ». Les plus gourmands, enfin, pouvaient lui demander de leur casser un peu de « sucre en pierre » qu'ils allaient offrir à leur belle. Quant au sel*, c'était à une autre filière qu'il fallait aller le chercher. Notre épicier, ou encore « marchand du poids », ne vendait que des choses rares, recherchées et chères. Comme il vendait au détail et en petites quantités, on disait qu'il « regrattait », d'où son nom usuel de « regrattier ». Tout le reste faisait souvent, du moins dans les grandes villes, l'objet de commerces spécialisés et ambulants. Les marchands passaient par les rues en criant chacun leur slogan, ce sont ces fameux « cris de Paris » si souvent décrits qui, toute la journée, résonnaient par les rues de nos cités, véritables publicités avant le nom.

174

Son nom de « marchand du poids » peut encore révéler l'épicier à travers des noms de famille comme *Pesant*, *Lepesant* ou *Tronel* (de « troue » = poids). La quantité de ses pots peut avoir donné aussi le surnom de *Potard*, devenu ensuite celui de l'apothicaire. Mais, à l'époque, apothicaire et épicier étaient considérés comme deux branches d'une même profession. Ne se disputaient-ils pas – et souvent violemment – la vente du sucre, alors considéré comme médicament ?

L'OR BLANC DU MOYEN AGE

Mon grand-père faisait toujours sensation lorsqu'il montrait à ses invités une chaise-coffre. C'était la chaise-à-sel d'une de ses aïeules. A vrai dire, elle avait dû servir à plusieurs générations, à en juger par son bois attaqué par le sel qu'elle avait longtemps renfermé. C'était là une cachette discrète pour la bonne femme qui achetait son sel au marché noir. A se demander comment les « gabelous », chargés de percevoir l'impôt sur le sel appelé « gabelle », pouvaient être dupes de cette supercherie.

La gabelle, cependant, n'existait pas encore lorsque nos noms se sont formés. Cet impôt n'apparaît qu'au milieu du XIIIe siècle et ne se généralise que plus tard ; les « greniers à sel », à la fois tribunaux spécialisés pour connaître de ce trafic et dépôts officiels où se débite le sel, ne sont instaurés qu'en 1342. Le roi, en effet, ayant compris les ressources qu'il peut tirer de l'exploitation du sel, s'en est réservé le monopole. Ce sera le développement de la contrebande et la multiplication des faux-sauniers qui, en cachette, à dos de mulet ou d'homme, acheminent le sel à travers le pays. Toutefois, cela varie selon les régions car chaque province a son statut particulier, allant de la franchise totale en Bretagne, dans le Nord et le Béarn à des impositions très lourdes dans le Bassin parisien, en Bourgogne, en Picardie, en Anjou et dans le Berry.

Avant la prise de conscience royale, cependant, le sel est tout de même sous le contrôle des seigneurs ou des abbayes qui se sont organisés et ont ouvert des puits. En général on l'extrait en le dissolvant dans de l'eau que l'on remonte ensuite à la surface dans de grandes outres pour la faire bouillir jusqu'à évaporation; cela pour le sel de sous-sol (sel gemme), le sel marin étant déjà exploité dans des marais salants. Faire du sel est donc un art compliqué, un art du feu aussi, par l'étape de l'évaporation.

Avec le développement des villes et du commerce, la diffusion du sel, notamment par les voies fluviales, va prendre une importance considérable. Il faut dire qu'à l'époque le sel est encore plus indispensable à la population puisqu'il permet de conserver les aliments et de faire des provisions en vue des famines et disettes cycliques. En particulier, lui seul permet de conserver le poisson, seule nourriture permise lors des si nombreux jours de jeûne imposés par l'Église. Et le poisson de mer, dans sa saumure, traverse le pays.

Les hommes du sel se sont vu appeler *Saulnier, Saunier, Lesaulnier*. Ils travaillaient rarement dans des mines, peu courantes, sauf sans doute celles du Jura. Si certains noms se rapportent à la mine, comme *Minier* ou l'alsacien *Gruber* (pour mineur), il s'agit plutôt de mines de fer comme on en trouve, peu profondes, en Champagne ou dans le Dauphiné, mines qui, comme les puits de sel, devaient alors être exploitées par les seigneurs laïcs ou religieux.

Terminons avec une petite curiosité. Avez-vous conscience de commettre un pléonasme en parlant de « saupoudrer de sel » ? Et pourtant, l'étymologie du verbe « saupoudrer » ne laisse aucun doute. « Sault poudrer » veut bien dire avant tout poudrer de sel.

HOLÀ TAVERNIER!
UNE CURIEUSE GÉNÉALOGIE

L'aubergiste est rare dans nos patronymes, pour la bonne et simple raison que les auberges sont rares à l'époque où les noms se sont dégagés. Les routes et les fleuves sont sillonnés de « rouliers », de pèlerins, de marchands, d'errants et de voyageurs en tout genre, mais alors, beaucoup trouvent la table et le coucher dans les abbayes comme aussi chez l'habitant. N'oublions pas que le devoir de charité est une des principales recommandations de l'Église. Point besoin donc de restauroutes ni d'auberges. Quelques-unes suffisent, qui se distinguent peu des tavernes et cabarets.

La généalogie de l'hôtelier-restaurateur d'aujourd'hui est en effet des plus difficiles à reconstituer, tant il procède de professions différentes.

D'un côté, travaillent les cuisiniers ou encore « queux » déjà rencontrés au chapitre de la table*, avec aussi les « maîtres-sauciers » qui usent et abusent souvent très largement des épices. Ces cuisiniers, à l'origine, sont dits « cuisiniers-oyers », car spécialisés dans la préparation des oies. Ils ne peuvent vendre que des viandes bouillies et rôties et sont de ce fait bientôt appelés « rôtisseurs ». Dans les grandes villes, ils se spécialisent dans la vente de plats préparés, qu'ils livrent à domicile recouverts d'une chope de fil blanc, d'où leur surnom de « queux-porte-chope » avant de se voir appeler « traiteurs ». Ils vendent ainsi volaille, pâtisserie et chair cuite (ils achètent cette dernière chez le « chaircuitier », c'est-à-dire le charcutier).

Parallèlement, on trouve surtout des « taverniers » et des « cabaretiers », à la démarcation assez incertaine. Disons, pour schématiser, que le premier serait l'ancêtre de notre cafetier et le second celui de notre restaurateur. Le tavernier, en effet, vend du vin « à pot ». Il sera ensuite autorisé à vendre de la viande, mais non à la préparer ou à la rôtir lui-même et se servira alors chez les rôtisseurs. Le cabaretier, au contraire, vend le vin « à assiette » et peut servir des mets sur une table recouverte d'une nappe. Il n'aura cependant jamais le droit de servir de la viande le vendredi, le samedi, ou pendant le Carême, comme on ne peut servir de vin le dimanche, durant la célébration du saint office.

Tous ces lieux, bien souvent, sont mal fréquentés. L'atmosphère, le vacarme, les jurons, les jeux et les bagarres, nuisent à la réputation de ces établissements qui, à Paris, sont aussi des lieux où l'on change la monnaie (certains cabaretiers frappent eux-mêmes des pièces tout à fait légalement). Le naïf y laisse donc souvent sa chemise. Tout un monde est là prêt à l'escroquer, à commencer par les faux pèlerins*, ces « coquillards » qui viennent y vendre des coquilles soi-disant rapportées de Saint-Jacques-de-Compostelle.

Peu à peu, avec le renouveau économique et le développement des échanges, les auberges vont voir le jour. On les imagine avec leur mobilier sommaire, les paillasses de leurs chambres, les longues tables d'hôtes en noyer sur lesquelles bourdonnent les mouches, la batterie de cuisine suspendue près de la large cheminée où l'on peut faire brûler un tronc d'arbre entier et la branche de pin ou le rameau de houx fixés symboliquement au-dessus de la porte d'entrée en signe d'accueil. « On y loge », selon la formule, « à pied et à cheval », c'est-à-dire que l'on sait pouvoir y faire nourrir sa monture et y garer sa charrette dans la cour. Longtemps, elles bordent les grandes routes, quitte, aux carrefours, à se trouver face à face et à faire enrager leurs tenanciers par la concurrence. Elles s'appelaient « Au lion d'or », « Au cheval blanc », « Aux trois couronnes », avant de devenir, progrès technique oblige, « Le Télégraphe », « Auberge du chemin de fer », « Hôtel Terminus » ou « de l'Europe », à partir du siècle dernier.

La généalogie, cependant, ne serait pas complète, si nous ne parlions pas du premier « café » et du premier « restaurant ».

Vers 1766, un certain M. Boulanger ouvrit une boutique à

178

Paris, rue des Poulies, où il vendait bouillons, compotes, chapons au gros sel et œufs frais sur de petites tables de marbre sans nappe. Comme slogan publicitaire, il choisit pour enseigne ce verset de la Bible traduit en français et légèrement modifié : « Venez à moi vous qui avez faim, et je vous restaurerai. » Et le mot « restaurer » évolua pour engendrer le « restaurant ».

Reste à voir le premier « café ». C'est à Marseille, en 1654, que l'on a pour la première fois servi du café en France, dans l'établissement tenu par un Arménien. Quelques années plus tard, à la suite de la réception par Louis XIV de l'ambassadeur turc, la « turcomanie » devint à la mode comme le prouve *le Bourgeois gentilhomme*, et la « liqueur d'Orient » fit courir les gens « branchés ». Notre Arménien marseillais monta donc à Paris avec un compatriote, engagea comme employé un Italien du nom de Procope qui immortalisera l'établissement.

Naturellement, il y a café et café. Au XIXe siècle et jusque dans les années 1930, la France rurale est véritablement constellée de cafés, plus ou moins aménagés. Bien souvent, le paysan adjoint cette activité à son métier principal et sa femme sert au passant un verre, un « canon », une « chopine » ou une « topette » sur la table de la pièce commune. Alors, en ville comme à la campagne, on parle cependant plutôt de « marchand de vin ».

Peu de patronymes se rattachent à ces professions, complexes mais en définitive assez récentes : les *Lhoste, Lhote, Lotte*... se rapportent en principe plutôt à l'essarteur appelé ainsi aux XIe-XIIe siècles, les *Lhopital* doivent leur nom au lieu habité où s'élevait une de ces maisons de charité, finalement pas si éloignées que cela de nos auberges anciennes. Restent les *Lhotellier*, les *Wirth* alsaciens et les *Tavernier*. Citons encore les *Lacueille, Cueille, Queuille*..., souvent corréziens, d'après le nom du lieu habité venu de l'ancienne enseigne d'une auberge « L'accueil ». Enfin, citons les *Cabaret*, qui ne doivent peut-être leur nom qu'à une « petite chambre » caractérisant la maison ancestrale.

MAÎTRE DU FEU, DE L'AIR ET DE L'EAU :
L'ARTISAN DE SATAN

Lefebvre, associé à sa variante *Lefevre*, est le second patronyme français du point de vue de sa fréquence. Si on lui ajoutait les *Lefebure* (avec le « v » transformé en « u » à la suite d'un classique accident de parcours), les *Lefeubre* et *Lefeuvre*, les *Fevre* et *Febvre*, il pulvériserait tous les records. Il faudrait y ajouter encore toute une nuée de patronymes et de variantes régionales : *Faivre* en Franche-Comté et Lorraine, *Favre* lyonnais et savoyards, *Faure* (très nombreux) en régions de langue d'oc, *Fare* en Roussillon, *Fabre* en Provence, *Fabri* et *Fabbri* de Corse, et enfin tous leurs dérivés et diminutifs : *Fevret, Fevrichaud, Favreu, Favreau, Favrel, Favret, Fravrot, Favrin, Faur, Faurel, Fauret, Faury*, jusqu'aux *Haur* et *Haure* de Gascogne..., sans oublier les *Aufaure* et *Dufaure* (fils au ou du faure), les bretons *Le Goff*, les alsaciens et lorrains *Schmid, Schmitt, Schmit, Schmidt*,... et même quelques *Fort* et *Lefort* qui ont bien pu souffrir de mauvaises orthographes.

Pourquoi donc tant de Fevre et de Lefevre ? et qui étaient donc ceux qui en sont à l'origine ?

Si l'âge du fer et des métaux est bien antérieur au Moyen Age, on peut cependant dire que celui-ci a véritablement redécouvert le travail du fer. Le forgeron revêt alors une importance considérable. Il sait fabriquer les armes, les lances, les pointes de flèche, les épées qu'emploient les seigneurs à la guerre et à la chasse, comme il sait forger les outils et les socs de charrue et d'araire qu'utilisent serfs et vilains pour cultiver leur terre. Le fer est rare et les outils en fer sont chers. La bêche n'a souvent que son tranchant en métal, le reste, comme la plupart des outils, étant en bois.

De ces articles, le forgeron peut faire commerce. Il peut se faire valoir envers son seigneur sur les terres duquel il a sa forge* en lui fournissant gratuitement ses armes (souvent la forge est d'ailleurs la propriété du seigneur). Il peut pour le reste faire quelque commerce et en retirer quelques monnaies, si rares à l'époque.

Mais il doit avant tout son prestige à sa pratique d'une technique rare et mystérieuse qui produit ces instruments de mort et de torture. Il a la maîtrise de l'eau, de l'air et du feu. Il se sent important et a la réputation d'être orgueilleux. Ne raconte-t-on pas d'ailleurs que saint Éloi, son patron, était lui-même si prétentieux que, pour le ramener à l'humilité, Jésus avait dû trancher devant lui la patte d'un cheval pour la ferrer plus à l'aise et la remettre ensuite en place!

Souvent, il est donc, sinon orfèvre, tout au moins ferron-nier. C'est ainsi qu'il est aussi l'ancêtre des *Ferrier, Ferron, Ferreux*°, *Ferret, Fert, Feronnier, Ferniot* et *Ferrari* du Midi et *Ferrer* du Roussilon (Ferrier, en basque, désigne d'ailleurs directement le forgeron). Il n'aura cependant pas la paternité des *Fergeot, Fergeux, Forgeot, Forgeat, Fargeau*, qui, avec les *Ferriol*, sont des déformations du prénom *Ferréol*, transmis comme nom de famille. De même, le nom du maréchal-ferrant était plus récent (XVIIᵉ siècle), il ne peut guère être l'ancêtre des *Ferrand* et *Ferrant* qui ont plutôt désigné un homme aux cheveux « gris de fer » (voir cheveux*). *Ferrandier* et *Ferran-don* semblent bien toutefois se rattacher au forgeron, tout comme d'autres surnoms qui lui ont été attribués : *Taillefer, Brulfert*,...

LE MARÉCHAL-FERRANT : DENTISTE ET VÉTÉRINAIRE?

Généralement assimilés à la famille du forgeron, de nombreux noms méritent un chapitre à part. Formés à partir de *Maréchal*, ils sont devenus *Mareschal, Maréchau(x), Marescal* ou *Manescal* dans le Midi, *Marécal* ou *Marical, Marichal* en Lorraine, *Marescaux, Manicot, Marichelle* en matronyme *, ou tout simplement *Marchal, Lemaréchal...*

L'origine étymologique est claire. Le mot vient de l'anglo-français ancien *marnskalk*, qui désignait le domestique chargé de soigner les chevaux. C'est là l'origine des « maréchaux des logis » dans la cavalerie. Parallèlement, au fur et à mesure que se met en place l'organisation administrative et militaire, on vit reprendre et élever au niveau national la plupart des charges et fonctions domestiques et privées. Le connétable (c'est-à-dire le comte de l'étable), régisseur des chevaux, et le maréchal, leur soigneur, deviennent des dignités militaires.

La distinction « maréchal » et « forgeron » est moins simple. Si le mot maréchal-ferrant n'apparaît qu'au XVII siècle, l'activité du forgeron était depuis longtemps constituée en partie par le ferrage des chevaux. Celui-ci, remédiant à l'usure rapide des sabots nus des animaux utilisés comme moyens de labour ou de déplacement, apparaît au cours du X siècle pour être quasi généralisé au siècle suivant, époque du dégagement des noms. C'est donc le forgeron qui ferre les chevaux, les mules et les bœufs, en même temps qu'il fabrique les instruments aratoires. On mesure davantage encore toute son importance en milieu rural.

Chacun conserve ces images du forgeron dans sa forge, près du « travail », bâti en bois et en fer, où il sangle les animaux à ferrer pour les immobiliser. Il faut pourtant savoir qu'à ces fonctions, il sut ajouter celles de guérisseur et de vétérinaire, grâce à son monopole auprès des animaux domestiques. Il n'a guère ici pour seul concurrent que « l'affranchisseur de bétail », encore appelé « châtreux » ou « châtroux » selon les régions, qui a lui pour spécialité de castrer les jeunes chevaux et les bovillons que l'on destine au labour, comme aussi les jeunes porcs afin de leur faire prendre du poids. Récemment, il existait encore dans nos campagnes sous le nom du « hongreur », mais son ancienne dénomination se retrouve dans quelques noms comme *Chatrian* et *Chatriot*.

Le prestige du maréchal-ferrant va cependant très loin puisque son marteau, comme celui du meunier, est réputé avoir le pouvoir de guérison. Le voici donc parfois dentiste alors que, d'autres fois, on le voit brandir symboliquement son marteau au-dessus d'un enfant couché sur son enclume pour le guérir du « carreau », maladie d'origine tuberculeuse alors très répandue. On est loin du palefrenier subordonné au petit connétable qui est, à lui seul, à l'origine des noms évoqués ici.

MEUNIER : UN MÉTIER BIEN « BANAL » ?

Comme le forgeron qui maîtrise le feu, le meunier, au Moyen Age, a quelque chose de magique. Plus encore que le boulanger, il participe à la transformation du « bled » en pain, base de l'alimentation de nos ancêtres que la famine guette à tout instant.

Comme le forgeron, les meuniers sont peu nombreux. Un par village ou par seigneurie et quand on parle de lui aucun autre surnom n'est nécessaire. Voilà l'explication de son succès dans les patronymes.

Meunier cependant varie beaucoup selon les régions, donnant *Munier* en Normandie, *Monnier* dans le Nord, *Mounier* dans le Midi, *Munoz* en Savoie, peut-être *Mourier* (= qui moud) en Normandie, mais encore *Meugnier, Meugnié, Mugnier, Maunier, Mounié, Mousnier, Mouniaud, Moulinier, Molinier, Molineux, Molinard* (péjoratif), *Maulnier, Meugnot* (en Bourgogne), mais aussi *Aumonnier, Aumeunier, Laumonnier* (= fils au), *Lemonnier, Lemeunier*.. sans oublier les *Muller* d'Alsace-Lorraine et les *Molenaer* et *Demolenaer* flamands. En cumulant toutes ces formes, il figure sans peine dans le peloton de tête des patronymes les plus fréquents.

Et encore, doit-on y ajouter les *Pilorgé* (= pile l'orge), les *Gruel* (nom de la farine d'avoine sans le son) et les *Ballu* (de « balluter », forme ancienne de bluter).

Pourtant, ce meunier n'est pas toujours très populaire. Les moulins à eau étaient encore presque inexistants au Xe siècle : à peine une centaine, sans doute, pour toute la France. C'est aux XIe et XIIe siècles – une fois encore notre époque d'enquête – qu'ils vont se généraliser et se construire sur le moindre ruisseau.

Cependant, bâtir un moulin demande un investissement considérable que seul le seigneur peut envisager. Il impose donc à ses paysans, pour le rentabiliser, et en vertu de son droit de ban (le pouvoir d'ordonner), de se servir exclusivement de son moulin « banal ». Voilà les fameuses banalités de nos livres d'Histoire (avec le four et le pressoir aussi appelé *Treuil* et à l'origine des familles de ce nom), ces banalités à la réflexion comparables à certains privilèges d'État qui existent dans notre société comme le monopole du tabac, de la distillation ou de la loterie nationale.

Ce monopole s'impose dans toute la « banlieue », c'est-à-dire une région ayant pour rayon la distance que pouvait parcourir un âne en une demi-journée, pour livrer le grain au meunier. Celui-ci se paie en nature, en prélevant son droit de mouture sur les sacs apportés, de force s'il le faut.

On comprend mieux la mauvaise réputation du meunier, aux mains souvent étrangement piquetées de bleu par le rhabillage au marteau de ses meules, et qui aurait été aussi, parfois, l'exécuteur des hautes œuvres de son seigneur. Il n'en reste pas moins que sa place est primordiale en ce temps-là et que les chapiteaux de nos églises se plaisent à le rappeler en le représentant souvent au travail.

Une petite parenthèse cependant. Toujours une incertitude. Cette fois-ci, il faut user avec prudence de la forme *Monnier*, *Aumonnier* et *Laumonnier* qui a pu servir à dénommer celui qui faisait l'aumône ou celui qui en vivait (le sens actuel du mot aumônier étant beaucoup plus tardif), et qui était aussi le nom du changeur de monnaie, ancêtre du banquier. Prudence aussi pour *Menier*° et *Mounier*°.

SARTRE, LE COUTURIER ET LA BRAGUETTE

Couturiers et tailleurs étaient des métiers fréquents dans le monde médiéval. Aussi les retrouve-t-on dans de nombreux noms propres. Le premier, qui faisait la « costure » et les « costes » de draps, est à l'origine de tous les *Couturier, Couturié, Lecouturier, Coudurier* dans l'Ouest, *Courdurier* dans le Midi, *Cousturier* ou *Cousturian*. Il n'a rien à voir cependant avec les *Lacouture* qui tirent quant à eux leur surnom d'un nom de lieu (la Couture, c'est-à-dire la « culture », désignait une bonne terre bien prometteuse).

Le tailleur, qui s'appelait le « sartre » dans le Midi (d'après le latin « sartor »), a donné les *Sartre, Satre, Sarthe, Sastre*, et les *Sarton, Sartou, Sartieaux* dans l'Ouest. En Alsace, il devient *Schneider*, d'où *Schreder* et *Schroeder*, en Bretagne il est *Quemeneur*. Le plus délicat à interpréter reste les *Tailleur, Letailleur, Taillard* (péjoratif), *Taillardat*, qui peuvent se rapporter au tailleur d'habit ou au tailleur de pierre, métier particulièrement répandu à l'époque où les noms se dégagent, qui est aussi celle de la construction des grandes cathédrales.

Mais que fabriquaient donc exactement tous ces couturiers, ces sartres et ces tailleurs ? Une chose est sûre, tout d'abord, la mode changeait peu. Elle ne changeait même jamais. On avait simplement modifié les appellations. Les braies des Gaulois étaient devenues des « chausses » et les saies (sorte de blouses) des « bliauts ou biaudes » selon les régions. Sur la tête, on met une sorte de chaperon. La femme, elle, portait une robe, sans doute moins longue que celle que portaient les dames. Les enfants, enfin, se contentaient de tuniques unisexes qui resteront en usage jusqu'au XVIIe siècle. Tout était en général tissé en rude toile de chanvre, chacun ayant souvent sa chenevière. Parfois, cependant, les tissus sont en laine, voire, pour les riches seulement, en lin. Les chausses pouvaient être en fourrure, de mouton ou de lapin. Il ne restait

185

aux *Parmentier* qu'à leur ajouter quelques parements, ou passementeries.

Tout cela se vérifie sur les enluminures et miniatures de l'époque. Nos ancêtres, d'extérieur, n'étaient guère élégants. Qu'en était-il des sous-vêtements ? Le caleçon n'apparaît, semble-t-il, qu'au XVIᵉ siècle. Chez les femmes d'abord, avec la mode des jupes et des vertugadins amples, lancée par les milieux raffinés qui les rendirent indispensables, ils devinrent les produits des « peaussiers » et des boursiers (d'où *Boursier, Bourcier*, et peut-être *Boursin, Bourson*), mais aussi des lingères pour les articles de toile et des « bonnetiers » pour ceux de tricot.

La braguette est également inconnue au Moyen Age. A ses débuts, elle était une sorte de poche, attachée au haut des chausses par des bretelles. Son nom veut dire « petite braie » et elle n'est ni plus ni moins qu'une poche ou plutôt un étui rajouté au vêtement. La mode ne s'en dégage qu'au début du XVIᵉ siècle. Rabelais est un des premiers à en parler et l'on raconte même que certains seigneurs avaient soin, pour se vanter, d'y introduire une grosse pomme !

CHAUDES PELISSES ET JOLIS PAREMENTS

Pelissons de bique et fourrures d'hermine sur le dos, huvet ou coiffe sur la tête, éventuellement agrémentés de quelques « tavels » (ou rubans), ainsi allaient nos ancêtres, bravant la bise qui mord, le froid qui pénètre et la pluie qui détrempe. Étaient-ils élégants ? Certainement pas. Seuls, chez les nantis, quelques-uns se faisaient remarquer. Certains avaient même abandonné la robe traditionnelle pour une tunique courte et souvent brodée qui est, dit-on, « la livrée du diable », surtout lorsque le tissu est fin au point de laisser deviner les « parties honteuses ». Leurs belles, de même, portent des vêtements raffinés par-dessus leur « chainse », sorte de chemise collante, de sous-vêtement avant le nom.

Mais c'est là l'exception. Le rustique, lui, porte des vêtements moins recherchés, dont les chausses et le bliaut. Lorsqu'il s'écarte de cette garde-robe type, il se fait remarquer et son excentricité lui vaut un surnom. C'est le cas aussi pour le port constant d'un même vêtement caractéristique, d'où de nombreux noms de famille. L'ancêtre des *Chausson*, *Chosson*, *Chaussard* devait avoir des chausses caractéristiques, celui des *Tavel*, *Taveau* (et peut-être des *Tauvin*?) des rubans à son vêtement, celui des *Gourlet* et *Gourlay* devait porter une « gorle », autrement dit une ceinture, celui des *Bretelle*, une lanière de cuir sur l'épaule, ancêtre de nos bretelles, celui des *Pochon*, *Pochet*, *Pochat*, *Pochon*, *Pochard*, *Pouchet*, *Pauchard* (d'où *Paucard*) devait avoir une de ces petites bourses appelée une poche (« pochard » ne prend son sens négatif qu'au milieu du XVIIIe siècle avec le sens de « poche de vin », sac à vin).

Sur la tête, il pourra se faire remarquer par une huve, comme devaient le faire les ancêtres des *Huvet*, ou une coiffe comme ceux des *Coiffard*. Ces coiffes étaient vendues par des *Coiffier* (alors que les *Escoffier* du Midi avaient un ancêtre ouvrier en cuirs). D'autres, plus simplement, portaient des chaperons ou un simple chapel (notre chapeau), d'où les *Chaperon* (devenant parfois *Capron*), les *Chapel* (qui peuvent souvent se confondre aux *Chapelle°*) et les *Chapeau*.

D'autres noms se réfèrent au vêtement en général. Le « tabar » était un manteau long porté par les aïeux des *Tabar(t)*, *Tabary*, *Tabet*. Les *Cottereau* portaient une cotte d'armes, les *Maillol* devaient être serrés dans leur vêtement comme un enfant dans son maillot. Les *Bureau* et *Burel* avaient des vêtements de bure, les *Doublet* des vêtements fourrés et les nombreux *Pelisse*, *Pelisson*, *Plisson*, *Plichon*, *Pesle*, *Pelle*, *Pellet*, des peaux (ou « pesle ») chaudes et épaisses, généralement de mouton, de lapin, de bique ou de loup, d'hermine, de martre ou de zibeline pour les plus riches. Rien ne les empêchait, cependant, de porter un simple manteau, d'où les actuels *Manteau* et *Mantel*.

Les fourrures étaient en effet courantes et beaucoup de nos noms se réfèrent aujourd'hui au nom de l'artisan qui les fabriquait : *Pelletier, Peltier, Lepelletier, Laupelletier, Pellier, Peslier, Pelard, Pelardy* (contracté en *Plard*), *Pelissier* et *Pellissier*.

Dans les villes, les tanneurs également s'organisaient en bordure des cours d'eau, sachant utiliser le tan de l'écorce du chêne, alors que d'autres, les « blanconniers », traitaient les peaux de mouton à la chaux pour que le cuir reste blanc. La tannerie se développe considérablement dès cette époque, avec le commerce des peaux favorisé par les grandes foires et le renouveau économique. Les *Tanneur* et *Letanneur* actuels témoignent de cette activité florissante qui le restera longtemps. Très tôt, elle s'est même spécialisée en plusieurs branches, comme les corroyeurs, les paussiers, les cordonniers, les selliers ou les bourreliers. C'est ainsi que l'on trouve des *Sellier* et *Scellier*, dont les ancêtres fabriquaient selles et harnachement des chevaux. Plus rares sont les *Cordonnier*, qui ont pourtant de nombreux cousins sans le savoir : les *Sueur, Lesueur, Aussueur, Sudour* au Sud, (et peut-être les *Lesieur*, par déformation) tenant à l'ancien nom de l'artisan : le « sueur ». Les nombreux *Courvoisier* franc-comtois ou *Corvisart* vosgiens ou lorrains, eux, trahissent bien l'origine de sa nouvelle appellation : notre « sueur » s'est en effet spécialisé dans le travail des riches cuirs que les marchands rapportent de Cordoue : ils sont des « cordouanniers ».

On doit en rapprocher les *Lequerré* bretons, les *Lederer* et *Lederman* alsaciens ou lorrains, mais les différencier des *Savatier°* et *Sabatier°* qui étaient, eux seuls, spécialisés en chaussures avec les savates. Les corroyeurs doivent avoir donné des *Baudrier* et *Baudrillard*. Tous, enfin, travaillaient souvent avec les *Parmentier*, excellant dans l'art des parements, et qui savaient, mieux que quiconque, donner quelque allure à votre mantel comme au harnais de votre cheval.

Comment nos ancêtres étaient-ils chaussés ? De sabots, pensez-vous ? Eh bien non, le mot sabot apparaît à peine à cette époque, probablement de la rencontre des savates et des bottes, et le mot « sabotier » n'apparaît que trois siècles plus tard. De fait, jamais les miniatures de l'époque ne nous montrent nos ancêtres sabots aux pieds. Lorsqu'ils ne vont pas pieds nus, ce qui est le cas le plus fréquent, ils portent de longs chaussons pointus qui semblent bien malcommodes. Où donc se les procuraient-ils ?

Laissons le cordonnier* dont l'histoire et la fonction sont très particulières. Il y avait bien quelques « çavetonniers de petits soliers », autrement dit de petits souliers de basane. Cependant, l'artisan principal est le savetier qui a donné les nombreux *Savatier, Savaton* et surtout dans le Midi, les *Sabatier, Sabbatier, Sabathier, Sabater, Sabathé*, et les *Sabaton* et *Sabatou* du Sud-Ouest (aucun n'a donc de lien avec le sabbat, contrairement à ce que l'on pourrait s'imaginer à première vue). Les Alsaciens et Lorrains ont leur *Schuman* et leur *Schumarer* et il faut se garder d'assimiler à tous ceux-ci les actuels *Soulier* et *Soulié*, noms du Massif central, de la vallée du Rhône et du Midi, qui se rapportent au lieu habité caractérisé par une maison à étage ou à plate-forme par l'ancien mot « sol », pris au sens de plancher.

Cependant, notre savetier fabriquait moins les chaussures qu'il ne les raccommodait. En gros, son travail correspondait tout à fait à celui du cordonnier d'aujourd'hui.

Un autre artisan que trahissent ici les noms est le bottier, que l'on retrouve avec les *Bouttier, Boutier, Bouthier*.

Quant aux *Chaussier, Chaussard* (péjoratif), *Chausson, Chaussin*, parfois *Chaussetier* ou dans le Midi *Chaussaire*, il ne faut pas y voir le chausseur, mais le fabricant de chausses, intermédiaires entre les braies et les pantalons.

Les sabotiers, apparaissant donc beaucoup plus tard, travailleront et vivront souvent dans les bois. Très solidaires, ils se disent « cousins », ils ont la solide réputation d'être de joyeux compères et de grands paresseux. Mais l'apprentissage du métier est long et se fait le plus souvent en famille, d'où de véritables dynasties. Le sabotier a ses outils bien à lui et ses habitudes. Il doit savoir choisir des bois durs et résistants et manier « herminette », « paroir », « rouanette » et autres ustensiles de précision. Il révère saint René, patron de l'Anjou et de sa profession, qui, lors de sa retraite en Italie au Ve siècle, aurait vécu dans la solitude et eut l'idée d'inventer le sabot.

Pour en revenir à notre question, si nos ancêtres ne se chaussaient ni chez le sabotier ni chez le cordonnier ni chez le savetier, et si le bottier était réservé aux riches, il semble bien que, comme le montrent les images de l'époque, ils allaient souvent les pieds nus.

LE BEURRE DANS LES ÉPINARDS : TISSERANDS ET FILEUSES

Marguerite, dans *Faust*, ne s'imagine pas sans rouet. Un metteur en scène d'avant-garde l'avait un jour montrée étendant son linge. Il n'a pas recommencé. Le rouet est à Marguerite ce que le fuseau est à la Belle au bois dormant : le symbole de la féminité. Les hommes tissaient. Les femmes filaient.

Dès que le commerce s'est développé, le drap a été à la base de bien des nouvelles fortunes. En ce temps-là, déjà, la campagne est équipée de moulins à foulons qui foulent la toile, d'où le nom des *Foulon,* et, en Anjou, des *Foulonneau.* Rouen devient vite un centre drapier important, rempli de foulons mais aussi de chaudières et de cuves autour desquelles les teinturiers s'affairent. Le nom de famille, *Teinturier*, a pu désigner ce spécialiste comme il a pu aussi désigner quelque farceur. Les fabliaux aiment, en effet, à nous montrer les amants surpris par les maris se retrouver rouges ou bleus en sortant de cuves de teinture où ils s'étaient précipités pour se cacher. Renverser un pot de couleur sur quelqu'un est sans doute une farce fréquente. Les teintures les plus courantes sont alors la guède, la garance et le vermillon.

Le commerce développe aussi d'autres activités, comme celle des ancêtres des *Lavandier*, tout simplement blanchisseurs, et blanchissant souvent « sur prés ».

De façon générale, le textile est une activité très courante. En dehors du pôle des Flandres où il atteint un échelon véritablement industriel, il est partout pratiqué au plan artisanal. A cette époque, textile et bâtiment sont vraiment les deux mamelles du secteur industriel.

Dans les campagnes, chaque famille, pour améliorer l'ordinaire et parce que tout est produit sur place, passe de nombreuses heures à filer et tisser. Le métier à tisser primitif et le rouet se répandront largement. Chez soi, chacun travaille le chanvre, la laine, le lin qui est objet de luxe et, plus rarement et plus tardivement, la soie et le coton.

La rude toile de chanvre est ainsi travaillée par les ancêtres des *Tellier, Letellier, Thelier* (toiliers, tisseurs de toile) alors que le « cadis » ou « cadisson » est une étoffe de laine cardée, filée, puis croisée et non pas tissée. Le « bazin » désigne une cotonnade qui a laissé son nom aux ancêtres des *Bazin* et le « mulquin » est une fine étoffe de batiste et de lin fabriquée par le mulquinier qui a pu donner son nom à la moleskine (bien qu'en principe d'origine anglaise). Viendront aussi la « serge », étoffe de laine fine, serrée et solide (d'où les *Serger* et *Sergier*), la « sayette », petite serge de laine apparaissant aux XVe-XVIe siècles) et les fameuses « sciamoises », tissées de laine et de lin avec une trame de coton et teintes à l'imitation des siamoises orientales que les grands voyageurs rapportent d'Asie.

Voilà donc l'origine de tous nos *Tisseran, Tisserand* qui deviennent *Teissier* ou *Teyssier* dans le Massif central, *Texier* dans l'Ouest, *Tissier* ou *Tixier* dans le Centre, *Teisseire*, *Teyssère* dans le Sud-Ouest, comme encore *Teyssèdre*, *Letessier* dans le Nord, *Tissot* en Franche-Comté, *Tissandier* dans le Midi, et encore *Teyssot*, *Teysonnier*, *Tisseyre*, et qui donnent aussi *Autissier*, *Lautissier*, sans oublier les *Veber* et *Weber* d'Alsace-Lorraine.

Ces activités expliquent encore des noms comme *Drapier*, *Laffineur* (nom de l'ouvrier qui affinait la laine), *Cordier* (qui faisait les cordes, c'est toujours la spécialité, aujourd'hui encore, d'un homme dans chaque village).

Je terminerai par un nom difficile à définir : *Trousseau*, et ses dérivés *Troussier*, *Trousselier*, *Trocelier*, *Tourcellier*... D'évidence, on a ici l'ancêtre fabricant de trousseau. Mais que représentait alors le trousseau ? Il ne prendra son sens actuel que plus tard. A l'époque, il devait désigner une trousse, c'est-à-dire une grande poche, d'où l'évolution postérieure du contenant au contenu.

CATHÉDRALES ET CHAUFFAGE CENTRAL :
L'ART DU MAÇON

Savez-vous qui a dit : « Quand le bâtiment va, tout va » ? Cette prodigieuse publicité pour la construction n'a pu venir que d'un maçon. Elle est due à Martin Nadaud, préfet de la Creuse en 1870, et à l'origine simple garçon maçon. Elle est de circonstance, à une époque où, à Paris, le baron Haussmann vient d'accomplir une œuvre immense, transformant la capitale.

Martin Nadaud était non seulement un maçon accompli, mais qui plus est un maçon creusois. C'est là une référence. Longtemps, en France, il n'y avait de bons maçons que Creusois ou Limousins, au point que, bien souvent, les gens du métier étaient appelés tout simplement « limousins ». Ils allaient par les chemins, pour travailler sur les grands chantiers, solidement organisés en réseaux fortement solidaires. Longtemps, cependant, ils furent, comme beaucoup de migrants, méprisés par les populations des bourgs traversés. Nadaud lui-même, dans ses Mémoires, raconte comme sur leur passage les gens criaient : « A l'oie! aux dindes », en les montrant du doigt. Le même accueil sera plus tard réservé aux maçons italiens arrivant en France...

Au Moyen Age, cependant, le maçon était un homme important par son savoir-faire tout d'abord, qui en faisait à la fois un architecte, un carrier et même souvent un charpentier. Les maçons seuls connaissaient des secrets et des techniques qu'ils se transmettaient avec prudence et rigueur, lors de l'apprentissage, puis sous ces abris de chantier où ils travaillaient à la taille des pierres et que l'on appelait des « loges ». Nous voilà ici de plain-pied avec l'origine de la franc-maçonnerie, à ses débuts simple initiation aux techniques professionnelles.

A l'époque des châteaux forts et des cathédrales, le maçon est un personnage capital. Il dirige les plâtriers, morteliers et carriers qui travaillent souvent dans des conditions insalubres. Il taille et assemble les pierres, laissant parfois sa signature sur certaines d'entre elles. Autour de lui travaillent aussi les maîtres-verriers dont l'activité essentielle est la production et l'assemblage de verres de couleur, employés dans les vitraux d'églises.

Nous avons, avec eux, les ancêtres des *Verrier, Leverrier* et *Veyrier*, établis dans des verrières dont les noms se sont eux aussi transmis à ceux qui y vivaient, même s'ils n'exerçaient pas la profession, d'où les *Verrière, Laverrière, Veyres, Veyrac, Vitrac, Vitry...*

Les actuels *Tufier* (d'après le mot « tuf ») et *Tuffery* du Midi, certains *Carrez* du Nord (qui peuvent être des *Carré°*) et les *Carrier°* (s'ils ne sont des déformations de *Charrier°*), ont eu des ancêtres ouvriers carriers ou exploitants de carrières. Ces dernières, en nom de lieu, ont baptisé les *Carrière, Carrère* et *Lacarrière*.

Quant au maçon, s'il est, à coup sûr, l'ancêtre des *Lemasson*, des *Bauman(n)* et des *Maurer* d'Alsace-Lorraine, rien ne prouve qu'il soit toujours celui des *Masson°*, en concurrence avec l'aphérèse fréquente et populaire de Thomas par Thomasson, et qui a alors valeur de prénom.

Un troisième ouvrier peut avoir engendré des noms de famille : le « torcheur », qui fabriquait le torchis dont on faisait les murs. De lui seraient issus les *Torcher, Torcheux, Torchin*. Mais il faut ici parler au conditionnel. Il semble en effet que le torchis n'apparaisse que plus tard dans les techniques de construction.

On a fait allusion au travail du maçon lors des constructions de châteaux et de cathédrales. Qu'en était-il alors de la maison de nos ancêtres ? Il semble que, très longtemps, héritage des habitudes gauloises, la maison de bois ait dominé. La maison à murs de pierre, généralisée chez les Romains, ne se répand que peu à peu et en premier lieu dans les pays méridionaux où la pierre l'emporte sur la forêt. De plus en plus, à l'époque où les noms se forment, on voit se construire, en ville, des maisons à cadres de bois appelés « colonnages », puis colombages, pendant que d'autres contrées, comme la Picardie, conservent des maisons de « bauche » (faites de terre argileuse, de foin et de bouse de vache). Dans les maisons traditionnelles, les ouvertures sont rares, et jamais transparentes. C'est par elles cependant que s'évacue la fumée du feu fait souvent à même le sol. La cheminée, timidement, fait alors seulement son apparition dans les châteaux. En hiver, à la campagne, le chauffage central était souvent assuré par deux bœufs et quelques chèvres : la chaleur animale.

LES OUVRIERS DE SAINT BLAISE : LE RÈGNE DU CHARPENTIER

Le Sud, pour les gens du Nord, commencerait avec la tuile romaine. Autrefois déjà, de même qu'on avait des maisons de bois ou de pierre selon les régions, les couvertures étaient différentes. C'était là le travail des ancêtres de nos actuels *Couvreur*, *Schindler* ou *Decker* alsaciens et lorrains. Parfois, on aura des *Tuilier*, *Thuillier*, *Tulliez*, *Teulier*, *Toulet*, *Thioller*, *Thiollet* (*Ziegler* en Alsace-Lorraine). Eux seuls donnent des noms spécifiques. Les couvertures végétales, les plus courantes, n'ont pas de désignation précise. Elles sont de roseau, de chaume, de genet aussi, surtout dans le Massif central, ou encore, comme en Morvan, de tuiles de bois de châtaignier que l'on appelle des « esseaulles ».

Mais tout cela repose sur le travail du charpentier, cet ancêtre des *Charpentier*, *Carpentier*, *Lecarpentier* ou *Zimmermann* et *Timmermann* alsaciens, qui est un des artisans du bois les plus importants à cette époque.

Il l'emporte sur tous les artisans spécialisés : fabricants de tonneaux ou de cuves (d'où les *Tonnelier*, *Letonnelier*, *Cuvellier*, *Cuvillier*...), fabricants de portes, alors appelées des « huis », d'où des *Huissier* (alors que les *Portier* avaient plutôt un ancêtre chargé de garder la porte d'une ville ou d'un château). Il l'emporte sur les charrons, qui jouissent cependant d'un certain prestige pour savoir allier le bois et le fer, dans la construction des chars et charrettes en tout genre. Charrons qui sont à l'origine de nos *Charon* et *Charron*, *Caron* et *Carron*, *Charreton*, *Charton*, *Chartier*, *Charrier*, *Cherrier*, comme des équivalents *Carton*, *Cartier*, *Quartier*, *Querier*, comme aussi des *Cartron*, *Quarteron*, *Carrelier*, *Carlier* (le carrelage n'a rien à voir ici), des *Carrette* et des *Wagner* alsaciens, voire de certains *Carrier* °.

Les charpentiers ont aussi le pas sur les fabricants de roues, eux aussi tout auréolés de leur savoir-faire (le cercle n'est pas maîtrisé facilement) et de leur profonde connaissance des essences forestières en fonction de la solidité qu'elles donnent aux roues. Ce sont les ancêtres des *Rodier*, *Roudier*, *Duroudier*, *Rouhier*, *Roier*, des *Rouillier*, *Rouiller*, *Rouillard*, *Rouer*, voire des *Royer* ° et des *Rouet* (le rouet de la fileuse n'apparaît qu'au XVIe siècle). Tous cousinent, au niveau de l'étymologie, avec les *Roulier* et *Rollier* qui deviendront les transporteurs d'autrefois appelés « voituriers » (d'où nos actuels *Voiturier*).

Sur tous ces métiers donc, sur tous les ouvriers du bois, le charpentier a la primauté. Il travaille presque scientifiquement, connaît la géométrie et sait choisir entre le chêne, le sapin et aussi le châtaignier qui a l'avantage de chasser les araignées. Il sait choisir un arbre d'un bon âge, dont le cœur n'est pas trop tendre. Lors des fêtes de saint Blaise, patron des ouvriers du bois, c'est lui qui reçoit les honneurs des autres métiers qui lui offrent une robe. Mais, déjà, le charpentier se spécialise. On distingue le charpentier de « grande cognée » ou de « haute futaie » de celui de « petite cognée ». Le premier effectue les gros ouvrages, le second les menus. Il deviendra le « menuisier ». On distingue aussi le charpentier « de place », ou « de maison », et celui « de navire », qui, dans les villes du littoral ou dans les gros bourgs bordant les rivières navigables, fabrique les coques et les mâts des bateaux. Tous ont besoin d'outils précis que fabriquent les ancêtres de nos *Taillandier* ou *Tallandier*. Ils sont très loin du modeste aïeul des *Trollier* ou *Trolliet* qui se contente, lui, de tailler des « trolles », c'est-à-dire des perches. Ils sont de véritables entrepreneurs en étroit rapport économique avec les bûcherons et scieurs de long, ancêtres de nos *Buchon*, *Bucher* d'Alsace-Lorraine, *Taillebois*, *Quignard* (maniant la cognée) ou de ceux des *Seignol* ou *Signol*, marquant d'un signe les arbres à abattre (surtout dans le Sud-Est et le Jura), souvent sous l'œil des gardes des forêts : *Forestier*, *Leforestier*, *Boissard*, *Boizard (Boizot?)*, ou *Fortier* (contraction de *Forestier)*.

Ces métiers du bois n'assuraient guère la grande fortune. Ils conféraient cependant un prestige certain et restaient bien souvent entre les mains de véritables dynasties durant des générations. Là encore, on se mariait entre soi, et l'on vivait de même au coin du feu... de bois.

LE MOBILIER DE NOS ANCÊTRES

Un métier semble absent des villages médiévaux : le menuisier. Et pourtant, comment nos ancêtres auraient-ils pu se passer de cet artisan ?

Il faut dire que le travail du bois se situait alors à deux niveaux. Dans le bâtiment, avec les portes, les rares encadrements de fenêtres, les charpentes et les poutres, réservées aux charpentiers. A côté de ces « grosseries », il y avait les « menues œuvres », c'est-à-dire les « menuiseries » qui devinrent la spécialité du « menuisier ». Or, le menuisier est un métier qui ne se répand que beaucoup plus tard, lorsque nos ancêtres auront vraiment des meubles. Au XVIIᵉ siècle, le mobilier des paysans est encore très limité. La salle commune, pièce unique de la maison, contient peu d'éléments. Des lits, généralement clos, avec souvent un coffre adjacent servant au rangement. La table, elle-même souvent équipée de tiroirs ou de compartiments munis de simples portes à glissières où l'on range quelques assiettes de bois ou de terre lorsque celles-ci ne sont pas remplacées par de rustiques cavités creusées à même le plateau de table et reliées par une petite rigole pour faciliter le nettoyage à l'eau. Les bancs sur lesquels on prend les repas sont souvent eux-mêmes des coffres. L'armoire, ou lingère, n'existe que chez les riches et ne pénètre chez le petit peuple qu'à partir du siècle suivant.

Le mobilier des intérieurs du Moyen Age était évidemment plus limité encore. Une paillasse tenait souvent lieu de lit, la table n'était qu'un simple plateau que l'on « dressait » lors des repas sur deux tréteaux, d'où notre expression « dresser la table ». Le seul véritable meuble était ce coffre, plus couramment appelé « huchel » ou « huche » et fabriqué par le *Huchier* qui s'est, rarement donc, transmis comme nom de famille.

Le menuisier, à son apparition, verra son activité constituée en partie par la fabrication des cercueils. Or, là encore, c'est une habitude récente que d'inhumer dans un cercueil. Au Moyen Age, on trouvait quelques « écriniers » fabriquant des « écrins » de bois, auxquels succédèrent les « layetiers », tirant leur nom des « layettes » qui étaient de petits coffres. Puis, ils fabriquèrent des bières en sapin qui devinrent des « sarceuils », d'après une déformation de sarcophage. Les plombiers, alors, fabriquaient des cercueils de plomb qui étaient ensuite aménagés par les selliers et destinés aux plus riches. Le petit peuple, lui, était le plus souvent enterré dans un simple linceul de toile. En ville, les premiers croque-morts furent appelés « faisneurs » ou « faisniers » avant de devenir des « corbeaux » qui eurent de solides réputations d'intempérance. Quant au corbillard, ne le cherchez pas, il ne naquit qu'au XVIIIᵉ siècle, lorsque le coche de Corbeil à Paris, dit le « corbeillard », fut utilisé pour évacuer les cadavres de la capitale lors d'une épidémie.

Peu de menuisiers donc parmi les noms de familles, hormis les *Huchier* et *Huchet* et aussi peut-être certains *Planchard* (alors que les *Laplanche* se réfèrent plutôt à des noms de lieux liés à des passerelles).

NOMS CHAMPÊTRES ET BUCOLIQUES

Nos ancêtres sont plus ruraux encore que la France du XIIᵉ siècle n'était rurale, en ce sens que les très rares citadins de ces époques ont souvent eu peu de descendance. Les épidémies, comme l'hygiène étaient encore plus désastreuses en ville. Dès qu'elles réussissaient à s'élever socialement, les familles urbaines, si elles ne savaient pas encore limiter les naissances (les « funestes secrets » sont peu répandus), pratiquaient souvent des politiques d'héritier unique en dirigeant notamment bon nombre de leurs rejetons sur les couvents et les cures.

On a vu que les noms de métiers sont surtout des noms urbains. Certains font état d'une spécialité. Le *Chevillard*

« chevillait », à prendre au sens de creuser, le *Clavier* était celui qui portait et gardait les clés (des portes de la ville), le *Lanternier* allumait les lanternes publiques, l'ancêtre des *Fourrier* vendait du fourrage, celui des *Lauer* alsaciens était guetteur, celui des *Manillier* et *Maniglier* fabriquait des « manilles », sortes de bracelets, celui des *Paraire* apprêtait les vêtements, celui des *Tamisier* fabriquait des tamis, alors que celui des *Chandelier* fabriquait les chandelles, et que ceux des *Bouteiller* et *Lebouteiller* faisaient des bouteilles (à moins qu'ils n'aient été échansons) alors qu'en Alsace-Lorraine et Flandres, les *Winkel* et *Winckler* étaient les boutiquiers, sans autre précision.

À la campagne, cependant, les métiers sont moins courants comme surnom. On a vu le succès des professions secondaires comme le tisserand. On peut en rapprocher le vannier qui, à ses heures, fabriquait paniers, vanneries et corbeilles d'où les *Vannier, Vanney, Vannet, Vannereau, Lecorbellier* (et jusqu'à *Le Corbusier*). Dans les bois, on trouvait près de leurs huttes les aïeux des *Charbonnier, Carbonnier, Charbonnel* et *Carbonnel,* comme d'autres, récoltant la tourbe, sont à l'origine des *Tourbier.*

Rarement, quelques patronymes font référence aux travaux des champs, révélateurs d'une compétence ou d'un savoir-faire particulier. On trouve ainsi des moissonneurs, sous les patronymes de *Meissonnier, Missonnier, Moissonnier, Moisset, Moisson, Métivier,* des faucheurs, avec *Faucheux, Faucheur, Lefaucheux, Lefaucheur, Faucher, Fauchet,* des batteurs en grange (au fléau, alors que batteuses à vapeur et moissonneuses-batteuses étaient évidemment inimaginables) comme ces *Balavoine.* Ceux qui liaient les gerbes en javelles sont à l'origine des *Gavel, Gaveau* et *Ligot.* Les *Laboureur* sont peu nombreux aujourd'hui à porter ce nom (parce que le métier était autrefois trop courant), par contre on a des *Pradier* (possesseur de prairie), des *Terrier, Leterrier* et *Terrien,* descendants du tenancier d'une terre, des *Manceron* (dont l'ancêtre a pu tenir un manse). On trouve aussi quelques rares *Paysan* ou *Paisant* et leurs équivalents alsaciens *Baur* et *Bauer*

(surnoms donnés à des urbains d'origine campagnarde?),
beaucoup de *Pagès* dans le Midi (qui sont souvent à prendre au
sens de « paysans riches »), des *Vilain°, Villain°, Levillain*, qui
portent le nom du paysan libre (par opposition au serf), comme
on trouve aussi des *Roturier* et *Rotureau*. Les *Métayer* et
Lemetayer sont à rapprocher des *Bordier* et *Bourdier* (tenancier
d'une ferme, dénommée une « borde »), et des *Granger* et
Grangier (dans certaines régions, comme le Charolais, la
« grange » désignait la métairie). D'autres, enfin, avaient un
statut social moindre, comme c'était le cas des ancêtres des
Manouvrier, des *Brasseur* et *Brassier* (travaillant de leurs
mains et de leurs bras), des *Delouvrier, Ouvrard, Euvrard* qui
œuvraient. Rares sont les spécialités agricoles liées à la culture
comme celle des aïeux des *Manissier* et *Menessier* qui mar-
naient les terres pour les bonifier.

C'est surtout en Alsace-Lorraine que les noms champêtres
et généraux sont les plus nombreux avec les *Feldman* (homme
des prés), *Ackerman* (homme des champs), *Landman* (paysan),
Meier (métayer), *Hoffman* (fermier), *Reuter* (défricheur),
Bergman (montagnard, comme nous avons, à l'intérieur du
pays, des *Montagné* et *Montagnon)*, *Schlumberger* (le montagnard sale), *Wassermann*, l'homme de l'eau et peut-être le
pêcheur, correspondant aux *Pecheur, Marin* et *Marinier* de
l'intérieur du pays.

Cette ronde des métiers serait sans fin. Citons-en encore
quelques-uns, courants parmi les noms de famille comme
Gardinier° (jardinier), *Chaufourrier* (qui travaille au four à
chaux), *Boisselier* (le fabricant de boisseaux, instruments de
mesure).

On retrouve cependant des noms de fabricants d'objets
pointus qui peuvent bien avoir été donnés, par analogie, à des
individus acides et médisants, ainsi *Larcher* et *Archer* (le
fabricant d'arcs ou l'archer lui-même), *Larsonnier* (le fabricant
d'arsons, petits arcs), *Astier,* dans le Midi (nom du fabricant de
piques)... On n'oubliera pas les pittoresques surnoms des
entremetteurs : *Maquerel, Macron*, et enfin l'amusant *Validire*
(pour « va lui dire »).

Les métiers d'appoint sont innombrables. Chacun se débrouille pour joindre les deux bouts. En témoignent des patronymes comme *Gagnepain,* surnom de l'homme courageux et de mérite.

UNE PISTE DE DÉCOLLAGE : LA « MARCHANDISE »

Au risque de l'étonner, M. Mercier de 1988 n'a pas grand rapport avec les actuels merciers. Si l'on remonte dans le temps, on voit le « mercier » se spécialiser dans des « camelotes » qui préfigurent ses articles actuels. Au XVe siècle, il vend ainsi des étoffes comme les « boucassins » (qui sont des toiles gommées), les « étamines » d'Auvergne et de Reims, les soies de Lucques et de Venise, des objets de toilette et d'ornement : gants, bourses, peignes de bois de Limoux, épingles, mors pour cheval, coutellerie et rasoirs, mais encore de la cire, des chandelles de cire, de suif ou de coton, des images peintes, etc. Le mercier de la fin du Moyen Age est l'ancêtre du colporteur, c'est l'épicier ambulant, qui appartient au monde presque marginal de ces petites gens sillonnant les routes.

Cependant, à l'époque où les noms se fixent, le mercier n'est pas encore cantonné dans ces petits articles. On ne sait trop si son nom vient de l'ancien français « merz » ou du latin *mercatus,* et qu'importe d'ailleurs puisque tous deux désignent la marchandise. Au XIIe siècle, en effet, le mercier est tout simplement le marchand.

L'essor urbain, le développement des foires, le renouveau économique les envoient par les routes de l'Italie aux Flandres. Les marchands vont, viennent, font circuler les épices, les draps, les vins, les fourrures, les cuirs, le sel et toutes les denrées que l'on ne peut toujours trouver sur place. Sur les routes de l'époque, ils courent souvent de grands dangers. Mais ils deviennent des gens riches et importants et bientôt apparaît la distinction entre le marchand (de « grand commerce ») et le mercier, travaillant à un échelon plus artisanal.

À l'époque où naissent les noms, les deux mots sont encore synonymes et vont, avec d'autres, désigner autant un statut social qu'une profession. On les retrouve dans les patronymes : *Mercier, Lemercier, Merceron, Marchand, Lemarchand, Marcand* et *Marquand, Macary* dans le Sud, *Kauf(f)man(n)* en Alsace-Lorraine, mais aussi *Marchadier, Mercadier, Marcadet...*

Longtemps encore, le mot marchand équivaudra donc à un statut social. Aux côtés des grands marchands citadins vont se développer les petits marchands ruraux, personnages importants des hiérarchies villageoises. Que vendent-ils ? Un peu de tout, sans doute, à commencer par les produits agricoles en tout genre (provenant des récoltes locales : noix, laine, huile, blé, peaux, qu'ils achètent aux paysans pour les revendre aux artisans des villes) mais surtout, semble-t-il, les animaux. Les marchands ruraux sont avant tout des maquignons.

Cependant, avec le curé, le marchand est le promoteur de l'ascension sociale et ces deux personnages vont souvent de pair. « L'oncle curé » inculque quelques rudiments à son neveu qui quitte la terre pour s'adonner au commerce. A l'origine de presque toutes les ascensions sociales sous l'Ancien Régime, on retrouve donc tôt ou tard ce marchand. Le métier est une véritable « piste de décollage », mais est aussi une profession à hauts risques. Le marchand, en effet, n'a généralement que des biens mobiliers. S'il vient à décéder jeune, sa femme et ses enfants n'ont plus de moyens d'existence. C'est ainsi que, bien souvent, on les retrouve alors simples domestiques chez les bourgeois des environs ou journaliers agricoles. Car si l'ascension est lente et difficile, la régression peut être rapide et soudaine.

Le marchand et le mercier n'ont donc bientôt plus guère de parenté. Le second se rapproche d'une autre profession, souvent également itinérante, qui est celle du chaudronnier et de l'étameur. Selon les régions, celui-ci est appelé *Kessler* (en Alsace), *Magnien* (en Bourgogne), *Magnan* ou *Maignan* dans la France méridionale, d'où tous les *Meignan, Meignien, Magnin, Magnan(t), Maignan(t), Lemaignan*... Certains auront des destins étonnants. Ainsi ce petit rétameur ambulant originaire d'Auvergne qui se fixera à la fin du XIXe siècle à Selongey en Côte-d'Or. Couchant dans sa roulotte, il allait de village en village, réparant seaux, baquets, arrosoirs, en les plongeant dans un bain d'étain pur. Marié à Selongey au hasard de ses périples, il y resta et y fonda une petite ferblanterie. Ses descendants l'agrandiront et plus d'un siècle après, en 1953, lanceront la cocotte-minute, que fabriquera à cadence d'enfer leur société désormais appelée SEB.

QUAND LES FACTEURS
ÉTAIENT DES GALOPINS

Au début du XVIIIe siècle, le « facteur de lettres » est celui qui « fait » l'acheminement des lettres, comme depuis longtemps déjà, le « facteur » fait du commerce pour le compte d'une autre personne. Comme le mot facteur, le mot « courrier », né du verbe courir, n'est que très récent et a d'abord désigné l'estafette courant en avant des convois. Au temps où les noms se sont formés, les « messages » sont l'affaire du *Messager*, souvent devenu nom de famille, qui, galopant sur son cheval, est à l'origine de beaucoup de *Galopin*. L'Alsace-Lorraine, seule, fournit quelques *Laufer* ayant désigné l'homme qui courait.

Le cheval, donc, est le mode de déplacement le plus rapide. Il est la voiture de nos ancêtres comme le bœuf est son tracteur. Mais le cheval est rare. Rare, tout d'abord parce que coûteux à l'achat et à l'entretien. Il coûte trois à quatre fois plus cher qu'un bœuf en nourriture et toute terre n'est pas bonne à produire son avoine. On les remarque souvent dans les dénominations, souvent transmises comme noms (*Lavoine,*

Davoine, Delavenne, et *Avenel,* le marchand d'avoine). Rare aussi, parce que de santé fragile. Seuls les seigneurs en possèdent, lorsqu'ils sont assez riches pour les armer et les monter pour partir en guerre, d'où l'origine de cette chevalerie qui a donné, peut-être avec une pointe de moquerie, tant de *Chevalier, Chevallier* et *Cavalier* dans le Midi (chevalier ou homme jouant à s'en donner les airs ou tout simplement, selon l'origine même du nom, le propriétaire ou l'éleveur d'un cheval ?).

Chez les paysans, le cheval est donc inconnu. Même là où les terres grasses et lourdes comme celles d'Ile-de-France ou de Lorraine le réclament pour tirer la charrue, on doit le plus souvent s'en passer, pour se contenter de bœufs, voire d'ânes dans le Midi. Il faudra attendre le XIXe et le XXe siècle pour que le cheval vienne bien temporairement les remplacer avant de subir lui-même la concurrence de son homonyme à vapeur.

Le cheval ne fait donc guère partie de la vie quotidienne de l'époque où apparaissent les noms. Il est cependant symbole de force et de vitesse, d'où sans doute nos *Cheval, Chevaux, Queval.* Par contre, son rejeton, sans doute par son image de vivacité, préside à beaucoup de patronymes *Poulin, Poulain, Poullain...*

Il y a cependant dès l'époque cheval et cheval. Ne pas confondre le « destrier », le « palefroi » et le « roncin ». Le premier est le cheval de bataille. Il n'apparaît pas dans l'éventail des noms. Le second est le cheval de promenade, de chasse ou de parade. Il donne les *Palfroy* et *Palfray* et le nom du « palefrenier ». Le troisième est le cheval de trait ou de charge, assez mal considéré, peut-être parce qu'il oblige nos ancêtres à marcher plus vite que lorsqu'ils suivent un bœuf. Son nom, donné comme nom de famille, est donc souvent teinté de péjoratif : *Ronsin, Roncin,* et surtout *Ronsard.* C'est aussi lui le père de notre « rosse » et de la « rossinante » de Don Quichotte si peu faite pour le champ de bataille.

On terminera par le « poquet », nom d'un petit cheval, qui s'est transmis aux *Pouquet* d'aujourd'hui, et par le cheval

« bai », qui a donné tant de *Bayet, Bayoux, Bayard(-t)*, *Bajard*, sans doute par analogie avec son pelage.

De son côté, parent pauvre mais fort répandu du cheval, le mulet est connu et largement utilisé pour le transport. Voici donc les *Mulet, Mulier, Mulliez* (désignant l'animal ou le muletier dans le Nord, sans oublier les *Bardot, Bardet* dont le nom lui était alors donné.

L'âne, évidemment, reste toujours avant tout symbole de bêtise, et les patronymes qui s'y rapportent doivent en avoir été largement influencés : *Lasne, Lane, La(s)nier* (le propriétaire d'ânes). Il recevait cependant d'autres appellations, toutes devenues synonymes de niais : *Boury, Bourdin, Bardou* et même *Fauvel* en Normandie ainsi qu'il sera nommé dans une pièce de littérature populaire. Curieux, par contre, sont les *Tulâne* et *Tulasne* (= tue l'âne), mauvais chasseurs ou maîtres violents et sans pitié à l'égard des animaux ?

Pour terminer, citons ceux qui se passaient d'animaux avec deux noms d'Alsace-Lorraine désignant porteur et portefaix : *Bringer* et *Berman(n)*.

DU FAUCON AU BACON

Un cavalier avance au pas en rase campagne. Sur sa main gauche, gantée, est perché un oiseau à la tête curieusement encapuchonnée de tissu rouge. Curieux équipage... Pourtant, c'est là un spectacle courant au Moyen Age. Cet homme est un chasseur qui pratique ce que l'on appelle la « chasse au vol ». L'oiseau est en général un « faucon » (aux ailes recourbées comme une faux), que l'on appelle encore un « autour », ou un « sacre », d'après le nom arabe de l'épervier. En vue du gibier, son maître le libère et lui, incontinent, fonce sur la proie. C'est là une forme noble et sportive de la chasse qui disparaîtra complètement, mais dont les nobles étaient très friands. Il en reste des surnoms comme *Fauconnier, Falconnier, Fauconnet, Fauconneau*, qui ont désigné l'homme chargé d'élever et de dresser ces volatiles.

L'oiseau lui-même se retrouve dans de nombreux patronymes : *Faucon, Fauque, Falc, Falque*, l'alsacien *Falk*, le corse *Falco(ni)*, le savoyard *Falcoz*, le méridional *Falcou*... Il faut voir ici une analogie entre l'ancêtre et l'oiseau, le premier étant sans doute « rapace » et prompt à fondre sur l'adversaire.

La chasse est réservée, on le sait depuis l'école primaire, aux seigneurs et à eux seuls. Des terres étaient exclusivement destinées à cet effet : les *Deffens*, les *Garenne* et *Varenne*, d'où autant de noms de lieux devenus noms de famille. Les paysans devront souvent lutter pour obtenir le droit de tuer eux-mêmes lièvres et « conils » (lapins) qui ravagent sans cesse leurs récoltes.

Privilège seigneurial, la chasse se pratique souvent à courre, offrant ainsi un parfait substitut à la guerre, permettant aussi de traquer le gibier et le mettre à mort dans les formes. Ce privilège explique sans doute que l'on trouve peu ou pas de chasseurs dans nos patronymes, hormis les *Jaeger* d'Alsace-Lorraine.

Par contre, le gibier poursuivi a donné quelques surnoms, soit à celui qui avait réussi un beau tableau de chasse, soit plutôt sans doute à celui qui présentait une analogie avec l'animal en question. On trouve ainsi quelques *Sanglier* et *Sanglé*, quelques *Biche* et *Labiche* et plus couramment des *Bichon, Bichet* et *Bichat* (qui ont généralement été des surnoms donnés à des hommes efféminés). On trouve des *Chevreul, Chevreuil, Chevreux*, des *Quevreux* et *Quevrel* dans le Sud, voire des *Chevrolet* et *Chevrolat*, des *Cabirol* et des *Chabrol*° qui ont pu rappeler la vivacité et la légèreté du chevreuil, des *Dain, Ledain, Dam, Damet*, qui évoquent de même l'homme leste comme un daim. Quant au renard, au loup et au cerf qui servaient eux aussi de gibier à nos chasseurs, ils sont vus à d'autres propos (voir *Leleu*°, *Renard*°, *Cocu*°).

Mais nos ancêtres ne chassaient-ils vraiment pas ? S'ils ne

le faisaient ni au vol, ni à courre, ne pouvaient-ils, malgré l'interdiction, le faire en cachette ? Et voilà le *Braconnier*. A l'origine, c'était le veneur, celui qui soignait les chiens de chasse alors appelés des « braques ». S'il ne prit le sens que nous lui connaissons qu'après la formation des patronymes, il n'en a pas du moins existé dans les campagnes médiévales. Il n'a en tout cas rien à voir avec le *Baconnier*, qui était autrefois le vendeur de lard (d'où tous les *Bacot, Baconet...*). Eh oui, messieurs les Anglais, votre cher « bacon » est un mot d'origine tout à fait française!

QUELQUES GOUTTES DE « SANG DE DRAGON » ET DES PRIÈRES À SAINT SÉBASTIEN

Tous n'en meurent pas mais beaucoup sont frappés. Les autres ont peur. Chaque époque a son SIDA. Avant le cancer, ce fut la tuberculose, la variole, la peste... Nos ancêtres du XIIe siècle connaissent donc plusieurs fléaux.

En ces temps-là, une trilogie funeste les guette à chaque instant : les guerres, privées ou royales, avec les rapines de leurs soldats-mercenaires vivant sur le terrain et allant pillant, tuant, violant, incendiant; la disette ou la famine, provoquée à tout instant par les caprices de la météorologie; la maladie, résultant justement des déséquilibres alimentaires, et entretenue par de nombreuses épidémies. La précarité de l'hygiène, évidemment, n'est pas faite pour endiguer ces malheurs. Les bons moines, réputés si propres et astreints à une hygiène corporelle draconienne, s'ils se lavent mains et visage chaque jour, ne se lavent les pieds que le samedi et ne prennent que deux bains annuels, à l'approche de Noël et de Pâques. Comment s'étonner, dès lors, que les pires maladies se répandent comme des traînées de poudre? A côté de la dysenterie, il en est trois principales : la lèpre, la bosse et l'ergotisme.

La lèpre est entourée de nombreuses superstitions. Les lépreux sont réputés des enfants du péché, conçus lorsque leur mère se voyait interdire les rapports sexuels, notamment en période menstruelle. Pour éviter la contagion, on les rassemble, à l'écart des villes, dans des « léproseries » ou des « maladreries ». Ils doivent signaler leur approche par une crécelle, ce qui permet aux uns de les éviter, et aux autres, en les assistant, d'assurer leur salut éternel. Car les lépreux, aux yeux des médiévaux, sont finalement un mal nécessaire en ce qu'ils permettent aux individus sains de pratiquer la charité. Ils sont appelés les « ladres », du nom de saint Ladre, devenu saint Lazare, le pauvre homme couvert d'ulcères ressuscité par le Christ. Dans le Midi, ils sont des « misels », d'après le vieux mot « masel » signifiant dégoûtant, carnage, d'où vient aussi le « mazelier » ancien nom du boucher*.

Mais deux maux surtout répandent la terreur : le premier est la peste bubonique ou encore « la bosse ». Une tumeur naît et se développe pour bientôt entraîner le malade dans la tombe. Pendant la guerre de Cent Ans, elle sera cause de millions de morts lors de l'épidémie de 1348. Le second est plus spectaculaire encore. On l'appelle « l'ergotisme », ou encore le « mal des ardents » ou « le feu Saint-Antoine ». Il est provoqué par l'ergot de seigle et se traduit par une horrible gangrène sèche. Les membres du malade s'engourdissent, un froid glacial l'envahit, mains et jambes noircissent, deviennent cassantes au niveau des articulations et, sans saigner, nos ancêtres peuvent ainsi perdre une main ou un pied, un bras ou une jambe.

Comment se soigner ? La médecine balbutie. Seuls quelques « mires » prétendent en faire profession. La pharmacie n'existe pas. Le mot (« farmacie ») nous vient d'un remède purgatif du XVIe siècle. L'apothicaire n'apparaîtra lui-même guère avant le XVe siècle, et uniquement dans les villes. Pour l'instant, il se confond avec l'épicier. La chirurgie, quant à elle, est inconnue. Elle se développera peu à peu, se réservant la médecine externe, les saignées, les fractures ; mais, longtemps, elle ne peut assurer à celui qui l'exerce les moyens de subsister. Alors, il se fait souvent barbier, alliant le rasoir et la lancette, d'où une distinction entre les « barbiers-barbants » et les « barbiers-chirurgiens ».

Sur qui donc peut-on compter ? Sur la sage-femme, ou « matrone », aux gestes brutaux et aux connaissances plus que sommaires ? Sur les sorciers, devins, rebouteux en tout genre qui vous malaxent souris et vipères dans de curieux onguents ? Sur les médecins, ces mires, qui prescrivent des plantes avant d'ordonner, plus tard, en liaison avec les apothicaires, des poudres et mixtures au goût étrange et comme venu d'ailleurs : extrait de Saturne (vinaigre allié à de l'oxyde de plomb), sang de dragon (poudre de salpêtre), ou quelque savante composition végétale ?

La meilleure adresse, bien connue et bien pratiquée, reste en ce temps-là l'église. Partout, dans la moindre chapelle, un saint bienveillant peut par ses dons et ses pouvoirs, mais aussi selon vos mérites et votre foi, vous guérir définitivement, sans douleurs, et gratuitement. Ils sont des centaines, que chacun connaît bien et implore régulièrement, comme saint Sébastien pour la peste et les maladies contagieuses, sainte Claire pour les maladies des yeux (sainte Odile aussi, qui avait été aveugle), sainte Apolline pour les maux de dents depuis qu'on lui avait arraché les siennes... Cent vingt-six garantissent ainsi contre les fièvres, cinquante contre les maladies infantiles, cinquante-cinq contre la peste, quarante-trois contre les maux de tête, trente-cinq lors des accouchements... Reconnaissables par leurs attributs, comme la tenaille de sainte Apolline, ils attendent le patient au fond de chaque sanctuaire. Et s'ils se révèlent inefficaces ou sourds aux prières, on a toujours la ressource de s'adresser à leurs supérieurs : la Vierge Marie, Jésus ou Dieu lui-même.

De tout ce monde viennent de nombreux noms de famille : les *Barbier*, les *Bader* (Alsace-Lorraine). Les *Rahier* et *Rayer* (sur le vieux mot « raïer » = raser) peuvent avoir désigné des gens rasés, la mode de la barbe courte ne faisant que commencer. On trouve aussi les *Mire*, *Lemire*, *Miroux*, *Lemière* (« mire » = médecin), et les *Rabillon*, *Rabillou*..., qui « rhabillaient » (c'est-à-dire redressaient, remettaient en place :

ce sont les rebouteux). On a encore les *Devin*, les *Profit* (d'après le mot prophète) ou aussi les *Peuteuil* (mauvais œil : surnom du sorcier). Certains ancêtres des *Merlin*, aussi, peuvent avoir fait allusion à quelque ancêtre magicien. Seul le sorcier, finalement, ne transmet pas son nom.

LES CURÉS ÉTAIENT MARIÉS

« Nul prêtre ou chapelain ne doit garder dans sa maison aucune femme si ce n'est sa mère ou sa sœur », rappelle Eudes de Sully à l'époque où nos noms se dégagent. « Il est formellement interdit aux prêtres, dit-il encore, d'avoir avec eux un rejeton en raison du scandale. » Comme il leur est interdit « d'avoir chez eux échecs, dés ou jeux de hasard ».

La vieille image du curé grossier et paillard que véhicule avec tant de saveur le *Décaméron* de Boccace repris par Pasolini, ce curé inculte et rustre a-t-il été une réalité ?

L'Église, en ce temps-là, est entièrement intégrée au monde féodal. L'autorité de la lointaine Rome a longtemps été aussi théorique que celle du roi. A la fin du XIe siècle, Grégoire VII commence seulement à réagir. La tâche sera difficile.

Les évêques se conduisent en propriétaires terriens comme les seigneurs laïcs. Certains se passionnent beaucoup plus pour la chasse ou les orgies que pour leur ministère. Les moines, attirés essentiellement par la richesse des monastères qui garantissent contre la famine, peuvent se montrer violents, sanguinaires et cupides. Dans les paroisses, le curé leur ressemble souvent. Il n'est encore appelé que prêtre ou chapelain, car desservant une chapelle (les églises commencent seulement à s'élever dans nos campagnes). Le mot curé apparaîtra au XIIIe siècle. C'est celui qui a la « cura animarum », le soin des âmes.

Et tout ce monde de ne pas toujours vivre dans la chasteté. L'évêque du Mans, Sifroi, loge une « évêchesse » dans son palais et d'autres l'imitent. La « femme au prestre » devient un des personnages à succès des fabliaux de l'époque, ancêtres de nos romans et de nos films. Beaucoup de prêtres ont des compagnes, on en trouve même un, vers 1200, qui ne se cache pas d'être marié et d'avoir des enfants, dont deux fils prêtres également. Il en allait bien sûr de même dans de nombreux monastères. Sans dire que la situation était généralisée, disons qu'elle était courante, et relativement acceptée.

Si des noms comme *Alevêque*, ou *Lauprêtre* ont sans doute été donnés à des enfants (naturels ou non) d'ecclésiastiques, on ne peut pas en dire autant des nombreux *Lévêque*, *Labbé*, *Chapelain* ou *Curé*. Il faut là encore avoir recours au symbole. Pour *Lepape*, cela s'impose. On ne peut pas avoir affaire qu'à des enfants de pape, mais plutôt à des ancêtres « sérieux comme des papes ».

Larchevêque, et surtout *Lévêque* et *Lévesque* (et ses variantes alsacienne *Bischof(f)*, bretonne *Lescop* et méridionale *Besque*) ont du être le surnom d'un individu orgueilleux, de celui qui aime les honneurs. Les *Cardinal*, *Cardinaux*, *Cardinet*, devaient, comme les conseillers du pape, aimer donner leurs avis. Les *Doyen* et *Ledoyen* (venus du latin *decanus*, d'où aussi des *Degas*, *Degan*) et les *Chanoine* (devenant *Canone* dans le Midi) rappellent certains membres des chapitres des cathédrales.

Les chapelains, desservant des paroisses, pouvaient incarner différents défauts. Les fabliaux les montrent gourmands, curieux en confession, exigeants. Voici donc les *Chapelain*, *Capelain*, *Caplain*, *Caplin*, *Lecaplain*, *Capelan*...

Les prêtres, dont le nom vient du grec *presbuteros*, se retrouvent dans les *Prestre*, *Leprestre*, *Prouvaire*, *Prette*, *Prouveze*... On remarque à leurs côtés quelques Vicaire.

Enfin, les rares *Curé*, dont le nom est né avant qu'il ne désigne vraiment le desservant de la paroisse, ont pu, d'après l'origine du mot, s'appliquer à celui qui « avait cure », c'est-à-dire un tuteur ou un gouverneur.

Terminons par les noms de lieu, devenus noms de famille qui n'impliquent en rien un étroit rapport ou une analogie avec la vie des ecclésiastiques. De nombreux *Abadie* ou *Dabadie*, souvent béarnais, tirent leur nom d'une abbaye voisine, les *Chapelle°* et formes voisines, comme les *Leglise, Deleglise* (ou encore *Glais, Glaize* ou *Gleize*, par le latin *ecclesia*), et l'alsacien *Kirch*, doivent leur nom à un même voisinage. Il en va de même pour les *Moutier, Moustier* ou *Dumoutier*, qui font allusion à l'ancien nom de monastère et qui deviennent parfois *Dumontier, Montier* ou *Monestier*.

LE NOM FAIT-IL LE MOINE?

« Gras comme un moine » : cet individu gourmand, rougeaud, paillard, déjà rencontré à l'article précédent, servira, sans doute par analogie, de référence à bien des dénominations. Mais là encore, on ne doit pas systématiser. Avec le rayonnement de Cluny, le moine soudard, entouré de concubines (d'où *Lamoine*, matronyme transmis par une « femme au moine ») et vivant dans la luxure, tend à se faire moins répandu. Il reste seulement la nature humaine qui bien souvent veut reprendre le dessus et le fait de devoir y être soustrait attire déjà les rires de nos lointains ancêtres. Chacun sait, par exemple, que le moine, au lit, doit garder sa chemise afin de ne pas être tenté par de mauvaises pensées (alors que l'usage général est de dormir nu). Chacun sait que, la nuit, les dortoirs des monastères sont surveillés par des rondes. De tout cela on plaisante, et l'on trouve donc mille raisons de surnommer son voisin *Moine* ou *Lemoine* et *Lemoyne*. Dans le Sud-Ouest et le Massif central, on dira *Monge*, mais les *Monge°* bourguignons, eux, tirent leur nom de Dominique. Ces surnoms, avec diminutifs, peuvent donner *Moinet, Moinard* (péjoratif) d'où *Moinarot, Moinot* et *Moinaud* (attention, ce dernier peut venir du moineau), *Monget, Mongeot*. En Alsace, il devient *Munch*, en Occitanie *Mourgue(s)*. *Moign(e)*, par contre, n'a rien à voir avec eux en désignant le moignon, c'est-à-dire le manchot.

Mais beaucoup d'autres surnoms s'expliquent par le monastère. Les plus grands, dirigés par un abbé, sont des abbayes. Voici donc des *Labbé*, *Labbez*, *Labat* (alors que les *Labesse*° ont une tout autre origine). L'abbé a dû symboliser la richesse.

Les plus petits monastères ont à leur tête un prieur, qui, lui, a dû symboliser la prière par assimilation du nom, d'où des surnoms de dévots (peut-être un peu tartuffes) : *Prieur*, *Leprieur*, *Priou(x)*, *Priol* et *Prioul*, *Priolet* et *Prioulet*, *Prior*...

Autour du prieur et de l'abbé officiaient plusieurs personnages aux fonctions déterminées. Le chambrier était chargé de distribuer les vêtements aux moines, d'entretenir la literie et de veiller aux luminaires. Il était en quelque sorte l'intendant. Ne se retrouve-t-il pas dans les *Chambrier*, *Chambret*, *Chambrin* (à moins, ici, que ce ne soit « champ brun ») ?

Le *Grenetier*°, qui veillait à la moisson et à la cuisson des pains et des pâtisseries, présidait aussi au blanchissage, sans doute à cause de la blancheur de la farine. Autant d'analogies qu'ont pu présenter les aïeux des actuels *Grenetier*.

Le *Cellerier* eut plus de succès encore. Il était chargé du service des vivres. Il régnait donc sur le « cellier », c'est-à-dire la chambre à provisions. Il a donc été l'ancêtre des *Celerier*, *Celarier*, *Celarie*, de l'alsacien *Keller*, de même que de tous les *Cellier* et *Ducellier*, qui peuvent cependant se confondre avec les *Sellier*. Avec tous ces noms, on peut cependant avoir affaire aussi bien, par ironie, à des hommes au garde-manger bien rempli qu'à des laïcs ayant exercé cet office, ou à des individus simplement gros et gras, car nul doute que c'était là l'image populaire du cellerier, comme d'ailleurs du moine.

Enfin, remarquons que nous restons misogynes : les couvents de religieuses n'ont pas encore fait leur apparition. Les noms parlant des sœurs n'ont donc rien à voir avec les religieuses. Les *Aufrere* et les *Frere*, en revanche, peuvent aussi rappeler les mœurs des moines.

Je l'ai enfin gardé pour la fin : *Renoncat* est le nom de celui qui, comme un moine, avait « renoncé » à la vie terrestre, du moins en principe.

MESSES EN LATIN
ET « DISCRÈTES PERSONNES »

Agnus, Omnes, Gloria, Pax, Vobis, Semper, Quoniam, ces curieux noms viennent tout droit du latin, et pourtant, nos ancêtres ne le parlaient pas. Au Xe siècle, on est étonné de voir Hugues Capet lui-même ne savoir parler que la « langue vulgaire », bien qu'il ait pu recevoir une éducation assez soignée. Le latin reste la langue des savants. Elle renaît au calme des monastères, mais ceux qui la pratiquent sont une petite élite. Ce sont de discrètes personnes, du latin *discretus*, qui veut dire « capable de discerner ». On les nomme les clercs.

Et voici une des plus grandes confusions en matière d'origine des noms : celle qui, suite à l'inexistence de l'orthographe, risque d'avoir mêlé ceux à la peau claire, ceux qui se prénommaient Clair (masculin de Claire qui donne son nom en France à une vingtaine de communes) et enfin les descendants de nos clercs. Autre confusion : tous les clercs étaient-ils hommes d'Église ? Le mot vient du latin *clericus*, qui l'affirme. Tonsuré, instruit, le clerc vivait dans l'orbite de l'Église. Mais on se rend vite compte que tout lettré, même laïc, est alors appelé ainsi ; c'est là l'origine de notre clerc de notaire.

L'homme lettré avait forcément une importance et une influence considérables dans ce monde d'illettrés. Compte tenu de cela, on aura tendance à privilégier comme explication du nom l'analogie avec l'homme instruit (qui peut permettre de se moquer d'un prétentieux ou de sa calvitie rappelant la tonsure). Cependant, comment savoir la vérité ? L'orthographe n'étant pas fiable, le nom gardera toujours une part de mystère (seul l'alsacien *Schreiber* est limpide, en désignant l'écrivain public).

La liste est longue, ici, avec les *Cler, Clerc, Clair, Clercq, Leclerc, Leclerq, Ducler, Auclair, Auclerc, Leclair, Clergue* dans le Midi, *Cloarec* et *Lecloarec* en Bretagne... A quoi s'ajoutent des précisions : *Mauclerc, Mauclair* (mauvais clerc), *Beauclair, Joliclerc*... et des diminutifs : *Cléret, Clergel, Clergeot, Clergeon*, ont désigné le petit clerc, voire l'enfant de chœur, alors que *Clergé* et *Clerget* ont pu aussi désigner directement le prêtre.

Restent nos noms latins. Qui ont-ils désigné ?

Agnus et les autres sont des surnoms très particuliers, donnés autrefois à des chantres d'Église. Ne connaissant pas le latin, mais connaissant par cœur les chants de la liturgie, ils recevaient souvent un surnom en rapport avec les façons bien personnelles qu'ils avaient d'entonner certains chants ou certains passages. *Homo* était celui qui accentuait l'*Ecce Homo*, *Doremus*, l'*Adoremus Dominum*, *Déon*, le *Deum* prononcé « déom », *Ozanne, Ozenne* et *Osanne* l'*Hosanna*... Ce sont là les plus courants, Jacques Cellard, dans son *Trésor des noms de famille*, en a recensé plus de vingt, dont *Vobiscum, Pater, Mater, Domini*...

Il faut en rapprocher les *Psautier* et *Sautier*, ainsi que tous les *Chantreau, Chantereau, Chantrel, Chanteur°, Lechanteur°, Cantrel, Chantrier* et l'Alsacien *Singer°*, qui ont pu désigner un chantre d'Église comme un homme aimant chanter, tous deux ayant été longtemps désignés par un même mot.

43 % D'INTÉRÊT : QUI DIT MIEUX ?
JUIFS ET LOMBARDS, BANQUIERS AVANT LE NOM

Dans un grand élan de foi et d'enthousiasme, le monde médiéval part pour la croisade contre l'infidèle musulman.

Mais « pourquoi devons-nous chercher les ennemis du Christ en Orient, écrit alors le moine Pierre de Cluny, lorsque les juifs blasphémateurs, qui sont bien pires que les Sarrasins, vivent au milieu de nous et outragent impunément le Christ et les sanctuaires de l'Église ? Je ne demande pas qu'ils soient livrés à la mort, car il est écrit : " Tu ne tueras pas ", mais qu'ils soient réduits à la servitude, misérables, opprimés, craintifs, et qu'ils le restent jusqu'à ce qu'ils se tournent vers la voie du salut ».

Le juif de l'époque a un statut juridique inférieur. Cela ne suffit pas ; il est le plus grand ennemi de Dieu car nul ne doute qu'en famille son plus grand plaisir soit de faire rôtir des crucifix. Le juif est en plus cultivé. Souvent, il sait parler plusieurs langues étrangères, ce qui n'est guère commun dans la société de l'époque ; il est un scandale.

Depuis que les légions de Titus ont chassé les juifs de Judée après les pires violences au Ier siècle de notre ère, ils errent de par le monde, à travers les communautés de la diaspora, de plus en plus nombreuses en Europe occidentale. Aux époques que nous fréquentons dans ce livre, l'orage s'abat littéralement sur eux. Certains, rares, se convertissent contre une rente spéciale versée sous forme de mesures de blé ; les autres, au gré des régimes et des rois, et surtout de la volonté de ces rois de s'affirmer comme les défenseurs du christianisme. Sous Louis VIII et Blanche de Castille, le IVe concile de Latran va leur imposer des signes distinctifs : un chapeau jaune et pointu et un morceau d'étoffe en forme de roue appelé la « rouelle ». Sous Saint Louis, les baillis, sorte de sous-préfets locaux, auront le droit d'accorder des dispenses de rouelle, moyennant finances, évidemment.

Car les juifs sont riches. Prédisposés au commerce par l'appartenance à un vaste réseau de relations internes, ils peuvent commercer avec l'Orient et les autres pays d'Europe. A vrai dire, ils ont surtout profité d'une brèche juridique. Auparavant, les monastères avaient été les banquiers de l'Occident, mais dorénavant l'Église interdit aux chrétiens de faire le commerce de l'argent. Les juifs ont alors saisi l'occasion. Cela leur vaut bien sûr beaucoup de jalousies et de rancœurs et, de la part du pouvoir royal, beaucoup de tentatives de contrôle ou de spoliations, allant, selon les époques, de la tolérance (avec taxes spécifiques, évidemment), à la résidence obligatoire en ville voire dans certains quartiers des villes, ou à la persécution ou au dépouillement, quand ce n'est pas à l'expulsion pure et simple. Plusieurs fois, sous Louis VII (en 1144), sous Philippe Auguste (1181), puis sous Philippe le Bel (1288), ils doivent quitter le territoire royal pour trouver refuge en terres d'Empire comme la Franche-Comté et l'Alsace (cette dernière en accueille beaucoup), ou, au sud, dans les États du pape qui leur sont plus cléments.

Avec le renouveau économique et la circulation monétaire, on a cependant besoin d'hommes spécialisés dans le commerce de l'argent. Les foires se multiplient, les vilains * veulent racheter aux seigneurs leur liberté, d'autres veulent se procurer un âne, un cheval, du bétail, sans parler des paysans qui se sont laissé berner par les merciers * ou itinérants qui leur ont vendu moult objets de pacotille qu'ils transportent dans des hottes ou des ballots. A tout instant, on a besoin d'emprunter.

La banque, née du commerce, aurait tendance à être un de ses accessoires et à être une activité complémentaire des marchands et négociants. Les bouchers, les taverniers, les marchands ont l'occasion de prêter. A la campagne, le seigneur, dont les revenus diminuent, est prêt à faire de même, sans compter tel ou tel voisin complaisant. Mais l'Église veille et peu de gens se risquent à transgresser ses lois. Les juifs, nombreux, bien répartis dans le pays, ont donc la voie libre pour le change et le prêt, disons même l'usure, puisqu'ils pratiquent des taux d'intérêt allant jusqu'à 43 %. Ils sont redoutés dans les villages et les villes médiévales et plus encore détestés.

Philippe le Bel n'a donc guère de mal à décider de les chasser. Pour lui, financièrement, l'opération est tout aussi juteuse que celle qu'il va bientôt mener contre les tout aussi riches templiers.

Le pays ne peut cependant se passer de banquiers. Ce sont alors les Lombards, ces spécialistes de l'argent venus d'Italie du Nord un siècle plus tôt, qui auront le monopole en la matière. Saint Louis avait voulu contraindre les juifs à travailler de leurs mains et, de fait, ceux qui restent dans le pays se sont souvent transformés en artisans.

Beaucoup de persécutions les attendent encore : même si, au XVIIe siècle, Louis XIV fera appel à certains d'entre eux pour aider financièrement le royaume, ils devront attendre, souvent réfugiés à Bordeaux, à Bayonne, en Alsace, en Lorraine ou dans le comtat Venaissin, la Révolution et l'Empire pour accéder, en France, à l'émancipation libératrice.

Des noms de famille comme *Juif, Lombard, Pretot, Pretet, Pretat* ont pu désigner des prêteurs de village comme de simples hommes enrichis. *Lombard*, cependant, à cette époque est aussi synonyme de couard. On dit ainsi « peureux comme un Lombard », d'où peut-être un surnom analogique. Les *Rouelle, Derouelle* ont pu désigner des juifs ou aussi, par analogie, des usuriers ou des mécréants. *Convers* est souvent le nom donné à la famille du juif converti. Enfin, si la monnaie restait peu courante, on trouve cependant des patronymes s'y rapportant : *Sixdenier, Maillard*, la maille étant une menue monnaie (dans l'expression : qui ne vaut ni sou ni maille)...

MAIS OÙ DONC SE CACHE LE PERCEPTEUR ?

Le meunier, le boulanger, le tailleur, le boucher, tous sont en situation de quasi-monopole dans le monde médiéval. Tous sont suspectés – et souvent sans doute à juste raison – de tricher lors des pesages, comme ils essaient souvent de soutirer quelque taxe supplémentaire en dessous-de-table. Un métier unique au village, une pratique professionnelle contestée, et voici des patronymes qui naissent, nombreux. Leur fréquence semble indexée sur la rareté et l'impopularité de la profession. On ne peut alors s'empêcher de se demander pourquoi l'on ne trouve pas de percepteur. La réponse est simple, mais surprenante : tout simplement parce qu'il n'y en avait pas! Gardez-vous bien cependant d'envier nos ancêtres, car dans leur majorité, ils auraient nettement préféré qu'il y en eût.

Pour les comprendre, il faut tout d'abord connaître la position du paysan par rapport à sa terre.

Dans chaque seigneurie, en dehors des terres réservées au seigneur (le jardin seigneurial, les terres d'accès défendu, que l'on nomme « deffens », d'où nos *Deffant, Dudefant*), des eaux, des pâturages et des bois mis à la disposition de tous par le seigneur, chaque paysan reçoit quelques parcelles de terre arable, quelques sillons de champ, une unité d'exploitation à l'échelle d'une famille, que l'on appelle le « manse ». Ce manse est à l'origine des « meix » de langue d'oil, d'où les *Dumeix, Dumay, Dumey* (parfois des *May*), et dans le Sud, des « mas » de langue d'oc, d'où les *Dumas, Delmas, Mas, Lamas, Daumas*, et, à l'échelle plus réduite, des *Mazet, Mazaud°, Mazeau°, Mazod, Mazot* (« petit mas »). Ses habitants sont des *Mazeran, Mazier, Dumazaud*... Il faut seulement se méfier ici des *Mazel°* qui peuvent se rattacher au boucher.

Ces manses sont de simples tenures, c'est-à-dire des terres concédées contre des redevances à la fois en argent (quelques sous ou deniers par an), en nature (essentiellement des volailles : chapons et gélines), et en services avec les corvées en tout genre (fauchage, fenaison, charroi, abattage de bois pour le compte du seigneur, entretien des fossés du château, tour de guet et « corvée de nuits », cette dernière retenant plusieurs jours à la garde du château...).

C'est là le régime général. Peu de terres échappent à la hiérarchie et au système féodal, sauf quelques très rares exceptions, les « alleux » qui peuvent être à l'origine de quelques *Laleuf* et *Laleu°* (s'ils ne viennent pas du loup*). Par contre, ce régime va connaître rapidement des évolutions, dans un sens particulièrement favorable au tenancier.

Le seigneur, lui, se retrouve souvent contraint à se contenter d'une redevance fixe qui, avec l'érosion monétaire, aura tôt fait de le ruiner et de l'obliger à se dessaisir d'une partie de ses terres que les « vilains* » enrichis et surtout les gens des villes, commerçants et bourgeois, se hâteront de racheter.

On voit donc se généraliser de nouveaux types de « tenures » : comme les « censives » et les « champart », qui fixent une somme annuelle qui perdra bientôt tout ou partie de sa valeur. Beaucoup de nos ancêtres, donc, voient leur condition s'améliorer. En témoignent les actuels *Mazuy, Masuy, Mazuyer, Masurier, Mazoyer*, qui étaient ces tenanciers tenus de payer un cens.

Voilà pour ce qu'il en est, schématiquement parlant, des redevances seigneuriales, autrement dit des impôts locaux.

Au niveau supérieur, l'impôt direct existait déjà avec la « taille » ou le « fouage », deux institutions qui se rejoindront au XVe siècle. La première doit tenir son nom d'une taille en bois qui, comme autrefois chez le boulanger, permet de matérialiser par une encoche la consommation de pain et donc ici l'acquittement de l'impôt. Le second tient son nom du « feu », au sens de « foyer d'imposition ».

La taille est au début un impôt d'exception; en cas de nécessité, elle est décidée par les états généraux. Au XVe siècle, elle devient un impôt permanent, levé sur la seule volonté du roi. Des prud'hommes, élus par les contribuables, sont chargés de la répartir; enfin, un ou plusieurs hommes, désignés par l'assemblée paroissiale, ou à défaut par l'administration, sont chargés de sa perception. Inutile de dire que ceux-ci sont bien à plaindre. Non seulement ils sont mal reçus lorsqu'ils passent de maison en maison ou de ferme en ferme (il n'est pas rare, lorsque l'on retrouve leurs archives, de les voir maculées de boue, suite sans doute aux brutalités des contribuables), mais encore ils sont personnellement responsables de la collecte. La plupart de nos ancêtres auraient donc donné jusqu'à leur chemise pour éviter cette corvée dangereuse. Pas de percepteur donc, et, comme fort heureusement la corvée changeait chaque année de victime, peu d'occasion d'en faire une dénomination. On trouve cependant, forgés sur la forme ancienne de cette opération de collecte, appelée la « queste » (la quête), des familles du nom de *Questel, Quétel, Questiaux, Quetard, Quétat...*, dont l'ancêtre dut avoir, bien malgré lui, à jouer ce rôle de percepteur de village.

UNE JUSTICE OÙ L'ON PAYAIT CHER

A tout instant, la moindre contestation de bornage, le moindre vol d'une géline ou d'une grappe de raisin conduisent nos ancêtres en justice.

Quand on parle de la justice au Moyen Age, on pense déjà, non sans trembler, à ces fourches que l'on appellera « patibulaires » et que l'on imagine dressées sur des landes désertes. On songe aussi aux « jugements de Dieu », à ces terribles ordalies, qui, par l'arbitrage du feu ou de l'eau, décidaient d'un litige, choisissaient entre deux suspects en coûtant souvent la vie à un innocent. On songe au bourreau, qui cependant n'apparaît guère avant le XIIIᵉ siècle, pour exécuter les condamnés. A l'époque où nos familles reçoivent leur nom, il n'existe pas encore. Il n'est pas encore ce « tourmenteur » qui met à la disposition d'une ville ou d'un prince tout un enfer en réduction avec ses instruments de torture, mais qui, en contrepartie, est unanimement rejeté. Condamné à résider « hors les murs », le bourreau est à ce point banni de la société qu'il ne peut espérer épouser que la fille d'un confrère, d'où quelques dynasties de ces « parias » qui, au plan national, se partagent ces postes d'une ville à l'autre comme les Jouënne ou les Sanson.

La justice des XIᵉ et XIIᵉ siècles, celle qui s'exerce sur les « petits et les sans-grade », est sans doute moins redoutable, et cela pour une simple raison. Le seigneur foncier, responsable de la bonne administration générale de ses terres, détient, à ce titre, le droit de juger. Sauf pour les affaires criminelles (« la justice du sang »), tout se passe donc alors à l'intérieur de la seigneurie. Tout homme qui y vit ou seulement y séjourne y est soumis (dès qu'il est « couchant et levant » sur les terres du seigneur). Le seigneur encaissant lui-même les amendes que le jugement prononce, il les préfère donc à toute peine corporelle comme l'emprisonnement. Le paysan saura toujours, dans son bas de laine ou auprès de quelque usurier (dit aussi *Pretat°*, *Pretot°*), trouver les pièces nécessaires au rachat de sa liberté. Le droit de justice est donc capital à l'époque, tant pour l'importance qu'il donne à son titulaire que pour les sacs de monnaie qu'il lui rapporte.

Souvent, cependant, le seigneur se fait représenter par quelque subalterne. Son juge est appelé le prévôt, le bailli ou encore le viguier. Et les noms d'arriver : *Bailli, Bailly°, Lebailly, Aubailly* (= fils au Bailly), *Vogt* en Alsace-Lorraine, parfois *Bally*. Dans le Sud, il devient *Bayle, Beyle*, voire *Bail* ou *Lebail*, bien que « bail » soit plutôt le tuteur nommé en justice, d'où les *Bail, Lebail, Baillet, Baillon, Baillot*... (difficiles parfois à distinguer des noms formés sur le mot « bai », par analogie avec le cheval-bai). Une fois son office terminé, son pupille sera « émancipé », d'où le nom des *Massip*.

Les prévôts donnent des noms plus nombreux encore avec les *Prévost°, Provost, Pruvost, Prouvost, Leprevot*..., et de nombreuses formes contractées, comme *Proust°* et *Prost°*, ou encore d'autres déformations comme *Prébost, Préboist*.

Les viguiers donneront les *Vigier, Viguier, Viguié*. On peut en rapprocher les *Voyer* qui seront surtout chargés des voies, c'est-à-dire de la police des chemins. Pour les *Bedel*, cependant, on hésitera entre le surnom d'un garde champêtre ou celui d'un bedeau.

On trouve évidemment des familles *Juge*, comme quelques *Juget*, mais celui qui préside la cour de justice est surtout appelé *Courtier* ou *Cortier*. Autour de lui se rencontrent des scribes, qui sont à l'origine des *Lecrivain* ou des *Graffard* (plus péjoratif). L'huissier est alors appelé « sergent ». C'est lui qui assigne à comparaître, d'où les actuels *Sergent*. L'huissier, quant à lui, ancêtre de nos *Lhuissier*, est uniquement affecté à « l'huis », qui est la porte ; il n'est donc que portier. Plus rarement, on trouvera des familles *Lavocat* ou *Ladvocat*. Le métier n'apparaît encore que timidement. Viendront ensuite les procureurs, sorte d'avoués, rapidement très nombreux dans nos campagnes, tant nos ancêtres aimaient à plaider.

Terminons par quelques noms se rattachant aussi à la justice. Les curieux *Lobjois* et *Lobligeois* n'auraient-ils pas eu un ancêtre « obligé », c'est-à-dire condamné ? Quant aux ancêtres des *Lajugie* et des *Jugie*, ils habitaient autrefois au lieu même où l'on rendait la justice. Les *Bonhomme*, enfin, semblent bien anonymes. Ils étaient, en réalité, ceux qui assistaient le juge dans son jugement, les membres du jury.

LES DRÔLES DE GUERRES DE NOS ANCÊTRES

La guerre compte au nombre de ces fléaux qui, régulièrement, s'abattent sur nos aïeux du Moyen Age. Elle est d'ailleurs presque toujours accompagnée d'autres calamités : épidémies (dont la peste), famine, violences aussi, puisque les soldats alors mercenaires n'ont d'autres ressources, entre deux batailles, que de vivre sur le terrain. Les chroniqueurs de l'époque ne cessent de relater leurs crimes en tout genre qui sèment panique et désolation dans le pays. Selon les cas, ce sont des écorcheurs, des routiers, de ces gens sans foi ni loi que l'on appelle des « ribauds » (d'où des *Ribaud°*).

De plus, avant le XIIIᵉ siècle, les guerres n'ont pratiquement pas de portée nationale. Elles se cantonnent à des conflits entre le roi et ses vassaux ou entre les vassaux entre eux, dans le seul but de contrôler des pays et des terres, essentiellement par la prise de châteaux forts ou de villes. Cela, en dehors des guerres saintes, des croisades, conçues comme des sortes de super-pèlerinages. L'accomplissement du « vœu de la croix » devient en effet indispensable à tout chevalier qui se respecte, et le peuple lui-même mêle à la cavalerie des hordes de piétons qui, bien souvent, ralentissent et paralysent l'expédition.

Sur les champs de bataille métropolitains, l'image est semblable : d'un côté, la cavalerie, de l'autre, l'infanterie. La première est composée de ces fameux chevaliers caparaçonnés jusqu'aux dents dans leur armure de métal, souvent lourde au point d'obliger à l'emploi de tout un arsenal de poulies et de potences pour hisser le guerrier sur sa monture. Chacun se le représente avec son heaume, son haubert en mailles de fer, son bouclier, sa masse d'armes ou sa hache à la main. Dans ces guerres, les chevaliers sont nombreux car la solidarité lignagère regroupe des familles tentaculaires et font de ces conflits de véritables vendettas familiales. Autour d'eux évoluent encore les « servens » ou sergents (qui servent les chevaliers dans leur action). En face, la piétaille, armée d'arbalètes, s'oppose au mouvement des chevaux, et tente dans la mesure du possible de lancer flèches, brandons enflammés et pierres ou cailloux.

Beaucoup de noms de famille peuvent se rattacher à ces décors, à commencer par les *Chevalier, Cavalier* et leurs proches parents, les *Larcher,* mais aussi les *Flèche, Lance, Martel, Point* et *Pointeau* (la pointe de la lance) ou les *Pavard* (qui était le nom du bouclier des arbalétriers), noms que l'on a pu aussi expliquer souvent d'autres façons (voir noms d'objets), sans oublier les *Croizat, Crozat*..., qui se réfèrent à un ancêtre croisé. Inutile de dire qu'avoir participé à une croisade devait vous camper un homme autant qu'avoir fait Verdun pendant la Grande Guerre.

Tranchant et *Tranchard* peuvent avoir été des surnoms de soldats, comme *Lereste* (= vaincu), ou *Rétif* et *Restif* (également au sens primitif de vaincu). En Normandie, les *Bidaud°* étaient des soldats armés de deux dards. Les *Vaxelaire* (souvent vosgiens) ont pour ancêtre un porte-drapeau.

Mais qui dit guerre, au Moyen Age, dit avant tout château. Bâti sur une butte (pardon, une « motte »), au-dessus d'une nappe d'eau souterraine assurant l'eau du puits, le

224

château fort, lieu de défense et d'abri pour la population, est une des valeurs historiques sans doute les plus connues, plus encore autrefois du fait que de nombreux enfants jouaient fréquemment avec ses modèles réduits (toujours avec pont-levis) que Goldorak, Musclor et les soucoupes volantes ont complètement détrônés.

Au XIᵉ siècle encore, il n'était guère de châteaux forts qu'en bois; aux XIIᵉ et XIIIᵉ, comme les cathédrales, ils se construisent en pierre. Autour de ces châteaux, ce sont alors les scènes de sièges si souvent décrites. Les forgerons mettent les bouchées doubles pour fabriquer des pointes de flèche, les maçons élèvent des créneaux, les assaillants dressent des palissades de pieux aiguisés et creusent des fossés. Aux flèches répond l'huile bouillante, jusqu'à ce que le lourd bélier, actionné par plusieurs dizaines d'hommes, vienne à bout de la porte de la forteresse.

Et, ici aussi, ce sont d'autres surnoms. Hormis *Bélier°*, déjà rencontré à propos des animaux, voici toutes les formes du château, transmises à des noms de lieu, puis de famille. Et quand on sait comme la France d'alors était hérissée de forteresses, on ne peut s'étonner de trouver tant de ces patronymes. Ce sont *Château, Chastel, Chatel, Duchâteau, Duchatel, Castel, Castellan* dans le Midi, *Castella* dans le Sud-Est, *Castelli, Castello*, ou encore *Castex* dans le Sud-Ouest, *Cayla* en Languedoc-Roussillon, *Chatillon°* et *Catillon, Chatelier* et *Lechatellier*, sans compter les surnoms de ses habitants (peut-être à valeur ironique) avec *Châtelain* et *Catelain*. On n'oubliera pas, enfin, tout un contingent de noms de lieux transmis comme patronymes et se référant à la porte d'une ville ou d'une forteresse dont ils doivent occuper la place, d'où nos *Laporte, Delaporte, Delporte* du Midi, *Desportes, Porte*, et aussi les *Portail* et *Portal* du Sud.

LES VISITEURS DU SOIR :
NOMS CHANTANTS ET BAVARDS

Troubadours, jongleurs, chanteurs et autres artistes immortalisés par les images d'Épinal des livres d'Histoire scolaires restent souvent cantonnés dans les châteaux. Ils ne participent guère à la vie quotidienne des villageois. Nos ancêtres, cependant, n'en aimaient pas moins chanter et danser. Là encore, les noms de famille en témoignent.

Accompagnant, voire en général précédant les noces, un musicien de village fait marcher le cortège au son de son instrument. On le nomme le ménétrier (d'après le vieux mot « ménestrel ») et il doit être l'ancêtre des actuels *Ménétrel*, *Ménétret* et *Ménétrier*, *Ménestrier*. D'autres noms sont spécialisés : les *Herpin* et *Le Herpeur* doivent descendre d'un harpiste, les *Geiger* alsaciens d'un violoniste, les *Pfeiffer* et *Peiffer* (toujours alsaciens) d'un joueur de fifre, les *Tabur* et *Taburet* d'un joueur de tambour alors que les *Trompette* se passent de commentaire.

On trouve aussi *Turlure*, qui était le nom de la cornemuse, *Tutin*, venant de « tuter » (= jouer d'un instrument), *Chalumeau*, nom de la flûte en roseau et *Buffard* et *Buffet*, noms anciens du soufflet, qui peuvent donc avoir désigné le joueur d'un instrument à soufflet (le buffet-meuble n'apparaît que plus tard).

Nos ancêtres qui chantaient à l'église ont souvent reçu des surnoms de chantre comme *Agnus°*, *Dominus°*... (voir chantres*). Mais l'église, et surtout la cathédrale, en ville, est aussi un lieu de spectacle. Sur son parvis sont représentés les fameux mystères racontant la vie des saints ou les textes sacrés. Nos ancêtres d'alors sont incollables sur les biographies de tous les hôtes du Paradis, d'autant plus que les chapiteaux et les tympans sculptés – et peints dans les couleurs les plus vives! –, sont là pour leur permettre de les mémoriser.

Privés de télévision, nos ancêtres n'en ont pas moins leurs médias. Les mystères, les chansons de geste et les fabliaux valaient bien, par leur succès et leur popularité, les plus célèbres de nos séries télévisées. Beaucoup de noms s'en seront inspirés. Les *Perceval* peuvent avoir eu un ancêtre racontant les hauts faits du célèbre chevalier initié au mystère du Saint-Graal dans le château du roi pêcheur. Les *Roland* peuvent avoir un lien avec le célèbre neveu de Charlemagne, immortalisé par « la Chanson de Roland ». Les *Gauvin* et *Gauvain* peuvent descendre d'un homme présentant une analogie avec le fidèle chevalier du roi Arthur qui a voué son âme à la belle reine Guenièvre dans le cycle de la Table ronde, comme les *Lancelot* peuvent devoir leur paternité au récit de Chrétien de Troyes. A se demander, d'ailleurs, si certains noms-prénoms n'ont pu être donnés à des interprètes de ces mystères religieux que tous les jongleurs et autres artistes diffusaient de ville en village.

Les noms voyageurs

EN ROUTE POUR LA VOIE LACTÉE

Dans le ciel du Moyen Age, la Voie lactée s'appelle le « Chemin de Saint-Jacques ». C'est elle, en effet, que suivent, en direction du couchant, des milliers de fidèles sur les routes de France. Leur long manteau sans manches leur sert de couverture la nuit. Ils tiennent en main leur bâton ou « bourdon ». A leur ceinture pendent la besace et la gourde, et les plus riches ont un chapeau à larges bords qui les préserve du soleil. Ces « pérégrinations » les ont fait appeler « pérégrins » ou pèlegrins. Ils sont les ancêtres de nos *Pelegrin, Pelegri, Pelegry, Pellegrin, Pellegri, Pellerin, Pèlerin*, et des *Pellegreni* corses ou italiens.

Anxieux de leur salut, ils ont accepté avec ferveur cette forme d'ascèse que l'Église leur propose. Et les voici partant de compagnie par les routes pour prier devant le tombeau du Christ reconquis à Jérusalem, celui de saint Pierre à Rome, ou celui de saint Jacques à Compostelle.

Ils sont bien sûr peu nombreux à aller jusqu'à la ville sainte où avait vécu Jésus. Et moins nombreux encore à en revenir. En ce cas, ils en rapportent toujours des palmes, ce qui leur vaut le surnom de *Paulmier°* ou *Paumier°*. D'autres, plus nombreux, se sont contentés d'un voyage aller et retour à Rome, et se voient, à leur retour, dénommer *Rome, Romme,*

Romé, Romée, Romier, Romet, Romieu, Romeuf, Romary,
surnoms déformés parfois en *Roume, Roumier, Roumieu,*
Roumy, Roumand, Romand, enfin *Romer* et *Roehmer* en
Alsace-Lorraine. Mais les plus nombreux s'en vont à Saint-
Jacques, en Galicie, où est inhumé saint Jacques-le-Majeur,
l'évangélisateur de l'Espagne. Quatre routes y conduisent.
L'une part d'Aix-la-Chapelle par Paris et Bordeaux, une
autre, de Bourgogne, par Vézelay, Limoges et Bozas, une
troisième, d'Auvergne, par Clermont, Moissac et Roncevaux et
une dernière, dans le Midi, par Arles, Saint-Gilles, Toulouse et
le Somport. Routes aménagées pour ces pèlerins qui les suivent
parfois même guide en main, où sont indiqués les ponts et gués
et leurs tarifs de péage, les fontaines potables où se désaltérer,
les églises enfin, non pour leur architecture mais pour les
reliques qu'elles renferment dans de splendides reliquaires. A
toutes ces étapes, on entend raconter de merveilleux miracles,
comme à Sainte-Foy de Conques ou à Saint-Nectaire, et un
soir, finalement, on arrive à Santiago de Compostela.

A son retour, le pèlerin coud à sa robe une coquille de
Saint-Jacques, signe de son long voyage. Il est ainsi reconnu là
où il demande l'hospitalité que l'on ne s'avise guère de lui
refuser tant on raconte d'histoires. Telle femme qui avait refusé
l'hospitalité avait vu son pain se transformer en pierre, comme
à Poitiers, toute la rue Saint-Porchaire, la plus commerçante de
la ville, avait été détruite par un incendie après qu'un habitant
eut refusé de recevoir un de ces *Bourdon* (d'après le nom de
leur bâton) ou de ces *Coquille*, autres surnoms devenus
patronymes.

Il faut cependant se méfier des brebis galeuses, des
vagabonds se mêlant aux pèlerins pour les détrousser ou voler
ceux qui leur ouvriraient leur porte. Et voici les *Coquillard,* au
suffixe lourdement péjoratif. On les appelle aussi *Coquin* (d'où
l'origine de notre adjectif). A force de se multiplier, ils
compromettront au XV° siècle la réputation des pèlerins qui ne
sont plus alors ces voyageurs respectés qui permettent à chacun
de faire quelque bonne action en les aidant sur leur chemin.
Tous deviennent suspects. A partir de 1450, une véritable

mafia de Coquillards s'organise d'ailleurs avec à sa tête un « roi de la Coquille ». Il faudra un grand procès à Dijon (en 1455) pour la démanteler, condamnant dix de ses membres à la pendaison et quatre à être bouillis vifs.

Les *Coquin* et *Coquillard*, mauvais pèlerins, n'ont cependant rien à voir avec les *Coquard* (surnom du mari trompé) et les *Coquardeau* (jeune sot et prétentieux). Par contre, ce si populaire pèlerinage à Saint-Jacques peut être à l'origine d'une partie des patronymes *Jacquet*°.

‹ *ESTRANGERS* › *ET AUTOROUTES*

L'estranger était-il vraiment un exclu ? Je ne le pense pas, et cela pour plusieurs raisons. Nous sommes au XIIᵉ siècle et nos ancêtres sont eux-mêmes le résultat de multiples migrations qui ont eu lieu cinq à six siècles plus tôt et sont en principe oubliées. D'ailleurs, la notion de nation, de pays ou de patrie n'existe pas. Les gens connaissent leur seigneur et leur curé, éventuellement l'évêque et quelque prince laïc. La patrie, qu'ils n'ont jamais à défendre, leur est inconnue. Le royaume de France lui-même n'est qu'une vue de l'esprit que les Capétiens s'efforcent de reconstruire ou plutôt de construire depuis Paris, qui n'a rien alors d'une capitale.

On peut aussi se demander quels sont les critères et la définition de l'étranger. Est-ce la langue qui varie de par le pays, le type physique, ou encore la culture et la mentalité ? De ce point de vue, on devient vite un étranger dès que l'on a fait quelques kilomètres.

Cependant, le commerce reprenant, les routes étant fréquentées par marchands, pèlerins et autres voyageurs à qui l'on offre volontiers l'hospitalité, on a vaguement connaissance de certaines régions et de certains peuples différents des nôtres. Les fabliaux en parlent eux aussi, mais bien souvent on se les représente de façon quelque peu caricaturale.

Notre nouveau venu, qui tombe en société fermée, va donc plus ou moins rapidement s'intégrer.

Retracer l'histoire des migrations serait un immense travail. Tout ce que l'on peut dire est qu'une fraction de la population est en mouvement permanent, que des régions comme le Bassin parisien ou l'Entre-deux-Mers attirent alors beaucoup, que d'autres, comme le Massif central ou la Bretagne, perdent déjà des hommes. Tous vont par les routes à la recherche de jours meilleurs ou de chantiers pour leur métier, comme le font les maçons du Centre. Mais ils voyagent surtout sur l'eau, les rivières et fleuves navigables étant véritablement les autoroutes de l'époque, qui comportent elles aussi déjà leurs péages sous des formes diverses.

Finalement, notre voyageur se fixe dans un village où chacun, bien installé, a déjà sa dénomination en fonction de ses cheveux, de ses tendances à la boisson, du comportement de sa femme, de sa profession ou de son caractère. Notre migrant, lui, qui dans son village natal avait reçu un surnom comparable, ne va pas forcément l'imposer (le nom n'a en rien ce caractère obligatoire et inaltérable). On peut même imaginer des cas où notre homme a tout à gagner à profiter de cette occasion pour changer un surnom trop chargé de souvenirs ou de sens.

Dans le meilleur des cas, s'il vit discrètement sans trop s'intégrer à la société, il restera *Nouveau*, *Nouvel*, ou *Nouvet*, *Neuman* ou *Neu* et *Ney* (= nouveau) en Alsace-Lorraine. D'autres fois, il est à l'origine des *Larrivé*, *Lavenu*, *Ladvenu* ou *Lavanan(t)*.

Le voyageur peut être l'ancêtre des *Routier* (noms de ceux qui allaient par les routes) ou des *Painvin* (qui s'arrêtaient çà et là pour demander du pain et du vin). En Bretagne, pain se dit « bara » et vin « gwin ». Ce sont là les seuls mots que les errants savent souvent prononcer. Ils « baragouinaient ».

Enfin, il y a l'exilé qui est rentré au pays. Il est passé à la postérité avec le surnom de *Revenu*.

UN HOMME ÉTRANGE, VENU D'AILLEURS

Il y avait étranger et étranger. Plus l'homme venait de loin, moins le nom était précis et moins le symbolisme entrait en ligne de compte.

Laissons les *Sarazin*° et les *Maure*° à un autre chapitre et les juifs ou *Jude* sur lesquels nous reviendrons et partons pour un petit tour du monde connu, c'est-à-dire de l'Europe occidentale.

L'Allemand fraîchement débarqué sera *Lallemand(-t)*, *Allement, Allemand, Allamand, Deutsch* en Alsace-Lorraine, alors que *Dallemagne* pourra désigner celui qui habite au XIIᵉ siècle un lieu appelé l'Allemagne, où une colonie d'Alamans s'était établie cinq ou six siècles plus tôt, lors des grandes invasions. Les *Schwab* alsaciens venaient, eux, de Souabe.

La Grande-Bretagne fournit les *Lescot, Decosse, Deschodt* (les Écossais), les *Gallois, Gallais* et *Legallais* (du pays de Galles) et bien sûr tous les *Langlais, Langlet, Langlois, Lenglard* (péjoratif), *Lenglin, Lenglet*. Il ne faut pas oublier cependant que les Anglais ont longtemps tenu une partie de la France, même si cela fut postérieur à la formation des noms. Il en resta dans notre langue et dans nos noms beaucoup d'héritages. L'Anglais pourra, plus tard, devenir aussi le synonyme du soldat qui pillait la campagne et incendiait les places fortes. Enfin, comme les *Dallemagne*, les *Desangles* portent le nom d'un lieu où des Angles (des Anglais) s'étaient fixés bien avant. Certaines familles, cependant, ne s'installent que plus tard en France, pendant la guerre de Cent Ans, comme les *Talbot (Talabot)* et *Hennessy* et conservent alors leur nom anglais.

L'Espagne était alors divisée en régions. Cela nous vaut des *Gallice*, des *Castille*, des *Aragon* et *Arago*. De façon plus générale, on avait aussi des *Lepagneux* (notre épagneul vient de là-bas), des *Lepagnot, Lepagnol*, d'où tous les *Pagneux, Pagnoux, Pagnot, Pagnard* (péjoratif) et *Pagnol*, comme les *Espagne, Espagnet, Espagnol, Espagnou*...

L'Italie est la moins bien représentée avec quelques *Romain*, qui peuvent être des pèlerins* ou des porteurs du prénom Romain, et des *Lombard°* *(Lombardi* au Sud) qui peuvent aussi avoir eu pour ancêtre un usurier.

La Hongrie a donné quelques *Hongre* et sans doute les *Ogre* et *Logre* (ogre étant alors le nom du Hongrois, l'ogre de la fable n'apparaissant qu'un siècle plus tard).

La Pologne a donné des *Pollac* et *Polack* et le Danemark des *Ledanois*.

Plus proches, la Belgique et la Hollande font déjà moins figures de terres étrangères. Nous leur devons les *Brabant, Brebant, Brabanchon, Barbanchon* venus du Brabant, et les *Hainaut, Hannoyer* et *Hennuyer* et *Ennuyer*, venus du Hainaut, et encore les *Wallon*, du pays de Liège.

Le pays de Genève a envoyé ses *Genevoix* ou *Genevois*, et l'on trouve aussi des *Suisse*, sans rapport cependant avec les gardes d'Église qui n'apparaîtront qu'au XVIIe siècle.

Mais, en Alsace, on trouve encore des dénominations moins précises, comme Oster (celui venu de l'Est), *Nordman* (venu du Nord), et *Welsch* et *Wahl* qui désignent le Français (de l'intérieur).

C'est de beaucoup plus loin qu'étaient venus les ancêtres des *Legret* (le Grec), des *Turc, Turcan, Turquin, Turquet* (qui ont pu quant à eux être ramenés comme domestiques par des croisés). Plus lointains encore étaient les *Barbarin*, eux aussi venus sans doute à la suite de quelque riche voyageur.

Avec eux prend fin notre tour du monde. Il est temps de regagner ce qui sera le « très chier royaulme de France ».

DES EXPLICATIONS DE NORMAND

Dans l'Hexagone, toutes les régions sont représentées. Voici la liste des noms les plus courants.

Angevin, Langevin, Danjou(x) pour l'Anjou. *Dauvergne, Lauvergnat, Lauvergne, Lauvergnier* pour l'Auvergne. *Basc(que), Basquet, Basquin, Bascou, Vasq* pour les Basques (en se méfiant de l'étymologie venant des Vascons, qui est la même que celle des Gascons [v = g]). Quelques *Béarn* ou *Biarnais* représentent le Béarn. Le Berry a donné des *Berry, Berryer, Berrier, Berruyer, Berriat, Berrichon*. Le Boulonnais, dans le Nord, est la région d'origine des *Boulnois*. La Bigorre, celle des *Bigourdan, Bigouret* (dans le Berry), *Bigourie* (Limousin, d'après le lieu habité par des gens de la Bigorre). La Brie donne les *Briard, Debrie, Debry* et aussi des *Sautereau* (surnom fréquent des Briards). La Bresse a des *Bressan*. La Bourgogne donne les *Bourguignon, Bergougnou(x), Bourgouin, Bourgoy, Bourgois* (sauf si ces derniers sont une altération de *Bourgeois*°), alors que les *Bourgogne* habitaient un lieu-dit appelé La Bourgogne, qui avait vu autrefois s'établir une petite colonie de Burgondes au temps des grandes invasions. La Bretagne nous envoie des *Breton, Bretonneau, Lebreton, Lebret, Bretagne* et donnait elle-même les noms de *Legall, Legallo, Gall* et *Gallo*, les Français venus « de l'intérieur » (c'est-à-dire les « Gaulois »). Le pays de Caux est la patrie d'origine des *Decaux, Cauchois* et *Cauchy*, comme c'est de Cerdagne que venaient les *Cerdan*, et de Catalogne les *Catala* ou *Catalan*.

La Champagne a laissé ses *Champenois*, mais non les *Champagne* qui tirent leur nom d'un lieu appelé « La Champagne », c'est-à-dire la campagne au sens ancien de « la plaine ». Les Flandres sont la région d'origine des *Flamand, Flament, Vlaminck* (avec « g » aussi), *Flandin, Flandrin, Deflandre*... Les *Comtois* et *Comté* sont venus de Franche-Comté alors que les *Comtat* venaient du comtat Venaissin. La Gascogne a donné des *Gasc, Legasc, Gascoin, Gasquet, Gasquier, Gascard* (péjoratif) alors que l'étymologie de *Gacogne* et *Vacogne* est, comme pour Bourgogne, une colonie de Vascons. Les *Manceaux, Mancel* et *Mansois* viennent en principe du Mans. Les *Limousin*°, *Limosin* et *Lemousy* de la région qui porte leur nom. Les *Lorrain* (et les *Laurin*?) de Lorraine, les

Dalsace, d'Alsace. Les *Morvan* portent un prénom breton sans rapport avec le massif de ce nom. Les *Normand*, *Normant* et *Lenormand* ont dû avoir un ancêtre normand. Les *Lardenois* viendraient des Ardennes, et les *Piquart*, *Picart*, *Picard*, *Lepicard* de Picardie. Restent des *Navarre* et *Navarro* évidents, comme les *Percheron* venus du Perche, avec ou sans cheval, les *Poitevin*, *Poidevin*, *Petavin*, *Pitavy* qui sont arrivés du Poitou, les *Savoie* ou *Savoye* de Savoie, les *Vaugeois* des Vosges, les *Touraine*, *Tournois*, et *Tourangeau*, de Touraine, les *Quercy* et les *Roussillon* des régions dont ils ont repris le nom, les *Ponthieu* et *Pethieu* du Ponthieu, les *Vallois*, *Duvallois* et *Levallois* du vieux pays de Valois au nord de Paris, les *Ternois* de la Thérouanne, petite région artésienne, enfin les *Dauphin* du Dauphiné, puisque nous avons dit que l'origine du dauphin royal ne pouvait être retenue ici.

L'histoire, cependant, ne s'arrête pas là. J'ai annoncé des réponses de Normand : les voici. Il faut en effet se demander si certains de ces surnoms n'ont pas été donnés en fonction d'un trait de caractère réputé commun entre un voisin de village qui n'a jamais voyagé et les habitants d'une région éloignée.

Si les vins de Bourgogne ne sont pas encore assez célèbres pour que « Bourguignon » ait été synonyme de « buveur » il est possible que le Normand ait déjà eu cette réputation d'indécis. Comme le Poitevin avait celle d'être accueillant, le Gascon d'avoir un rude langage, le Navarrais d'être batailleur et coléreux. Il est aussi possible que ces noms aient été synonymes de certains métiers, quasi-monopole de fait de certaines populations. Un maçon était alors souvent appelé un « lymosin », comme au XIXᵉ siècle, l'Auvergnat deviendra à Paris l'homme du bois et du charbon d'où son surnom de « bougnat » (charbougnat). Le Picard, enfin, n'a-t-il pas pu être celui qui lançait des traits piquants ?

Restent des noms de villes, en principe plus clairs : *Beauvais*, *Barrois* (de Bar), *Danger* d'Angers (ou fils d'Auger, déformé ?), *Bordeaux*, *Besançon* ou *Bezançon*, *Bourges*, *Chalon*, *Delille* et *Delisle* (de la ville ou d'une île ?), *Lion*, *Lyon*, *Lyonnet*, *Lyonnais*, *Marseille*, *Meaux*, *Metz*, *Derenne(s)*,

Reims et *Rheims*, *Rouen*, *Derouen*, *Rouannet* (les deux premiers pouvant présenter une analogie avec le cheval rouan, au pelage de plusieurs couleurs), *Soisson(s)*, *Toulon* et *Toulouse* (parfois aussi avec un « z »).

On trouve aussi des villes étrangères, avec les *Pavy* et *Pavie* du sud de la France, et les *Vienne*, *Viennet*, *Viennot* et *Viennois* (qui doivent plutôt se référer à la Vienne autrichienne qu'à notre Vienne sur le Rhône).

Rappelons enfin la règle générale pour tous les autres noms de lieux habités. Plus la ville ou le village sont importants, plus l'homme qui en a reçu le nom est allé loin. Celui qui a reçu le simple nom de son hameau n'a pas été plus loin que l'église de sa paroisse. C'était au contraire le sédentaire.

LES NOMS ISRAÉLITES

Ce chapitre est un des plus délicats à traiter.

D'une part, du fait qu'en raison de leurs migrations incessantes – on l'a vu, à propos des banquiers* et usuriers, tantôt tolérés tantôt expulsés –, les juifs, non intégrés à la société médiévale, n'ont pas été concernés par l'attribution générale de surnoms devenant héréditaires. Leur nom, en principe, se décomposait bien en un prénom et un vague nom de famille, mais ce dernier n'était pas fixe. Sans cesse, on voit, à toutes les époques, des frères, ou des fils et des pères porter des noms différents comme ce chantre allemand nommé Blotz qui aura six fils : trois nommés Blotz comme lui, un Meyer et deux Cahen.

Tout laisse à penser que, contrairement aux patronymes classiques, ces noms n'étaient pas donnés par les tiers, mais ont pu être choisis par les intéressés (sauf cas de fixation légale et unilatérale de la part des autorités). De ce point de vue-là, déjà, on sent comme il est malaisé de proposer, sur les patronymes juifs, la même étude que sur les autres.

D'autre part, il est très délicat, et l'on peut même dire impossible, de présenter une liste de patronymes exclusivement juifs. Il n'existe pas de patronymes juifs. Un Meyer actuel peut descendre d'israélites réfugiés en Alsace, mais aussi être une déformation de l'alsacien Meier (= métayer), et cela, seule une véritable recherche généalogique pourra le révéler. Même des noms plus banals encore peuvent avoir été choisis par des juifs. C'est quelquefois le cas de patronymes du genre de Bonnamy, Bonfils ou, plus curieusement encore, de certaines familles Dupont, Durand ou Duranton, qui volontairement ou non, ont abandonné tout judaïsme patronymique sous des noms fleurant bon la France hexagonale, sans compter tous les David, Jacob ou Salomon, qui ont été autrefois des noms de baptêmes courants chez les chrétiens.

Dresser une liste de noms dits isréalites risque donc de conduire à des résultats très dangereux, il faut aussi ajouter que les étymologies de ces noms sont souvent encore plus complexes à définir que pour les noms classiques, et que bon nombre de familles juives ont fait légalement modifier le leur, radicalement ou non. Cela a commencé par les Deutsch en 1870 et en 1914, suivis par de nombreux Dreyfus au moment où la fameuse affaire divisa cruellement les Français et par une foule d'autres évidemment, à l'issue de la Seconde Guerre mondiale.

Par ailleurs, près de 50 p. 100 des noms israélites français sont de consonance germanique, en partie à cause de la forte implantation juive en Alsace et en Lorraine. Il est donc toujours très difficile de faire la part entre les Alsaciens de souche et les juifs alsaciens. Il en va de même pour les innombrables noms de ville, devenus aussi souvent des patronymes classiques conférés à ceux qui en étaient originaires, et que les israélites affectionnaient particulièrement.

Les noms juifs, qu'ils soient d'origine biblique, grecque ou latine, romane, allemande, slave, magyare ou nord-africaine, peuvent être, comme les noms classiques, des prénoms comme

David, Isaac, Israël, Jacob, Samuel..., des noms d'origine (pays comme Hess, Schwab, Dalsace..., ville ou village comme Milhaud, Crémieux, Lunel, Lattès, Volterra...), des noms de profession (Schreiber = le scribe, Halphen = le changeur...), des noms de végétaux, d'animaux, voire des sobriquets ou même des matronymes. Mais, comme les noms classiques, ils ont pu subir de nombreuses transformations et déformations. Un spécialiste de la question, Paul Lévy, a ainsi trouvé des Jonas devenus par assonance Jeunesse ou La Jeunesse, comme Lévy donne Lovy ou par anagramme Weil, comme Dreifus, Treifous, ou Tréfousse sont trois variantes de Dreyfus.

En France, il faut savoir que ce n'est que sous la Révolution que les juifs deviennent les égaux de leurs voisins et des citoyens à part entière. Dès lors, toute loi civile s'appliquera à eux, mais, pour fixer leur nom définitivement et pour mieux contrôler cette population nombreuse (notamment au niveau de la conscription militaire), un décret napoléonien du 20 juillet 1808 leur intime l'ordre, sous trois mois, de choisir un état civil fixe : prénom et nom de famille, et d'en faire déclaration devant un officier d'état civil. Ce qui n'empêchera pas bon nombre d'entre eux d'opter délibérément pour un de leurs noms préférés comme Cahen ou Lévy et de provoquer ainsi une étonnante inflation de quelques patronymes. Cela même si, de 1803 à nos jours, près de trois mille changements de noms israélites ont été légalement autorisés en France.

Afin d'expliquer la signification de certains noms courants, je suis amené à présenter ici une liste de quelques patronymes, qui ne peut être considérée et reçue qu'en liaison étroite avec les remarques qui ont précédé, notamment au niveau de l'inexistence de patronymes exclusivement israélites.

Tout d'abord, les noms-prénoms : noms individuels au départ chez les juifs souvent, en référence à l'Ancien Testament, ils peuvent très bien avoir été de la même façon des noms chrétiens : *Alexandre* (et ses dérivés : *Sander, Sender*..., nom d'origine grecque), *Anselme* (pour les juifs, d'après l'hébreu Ascher), *Aron, David, Elias, Isaac, Israël, Jacob* (d'où *Koppel*), *Jonas, Joseph, Manuel, Moïse* et *Mossé, Moch*...

Parmi les autres, noms de métier, de lieu, ou autres, citons :

Aboulker : sobriquet arabe signifiant « homme heureux ou homme de bien ».

Adad, Hadad : en arabe, le forgeron.

Alphandéry : en arabe, le percepteur.

Alvarez : en espagnol, fils d'Alva = le blanc.

Amar, Benamou(r)... : en arabe, l'architecte.

Angel, Engel : nom de lieu.

Astruc : en Provence : né sous une bonne étoile.

Aszbenazy, Eskenazi... : d'après le nom de l'ancêtre mythique des Allemands (Askenaz, petit-fils de Japhet).

Ayach(e) : qui signifie « très vivant ».

Azoulay, Assouline : nom de lieu d'Oranie.

Bacri, Bacry... : en arabe, le vacher.

Baroukh : en hébreu, béni.

Bernheim : nom de lieu germanique.

Bernstein : nom de lieu de Prusse.

Berr, Baer... : plusieurs étymologies, dont le nom de l'ours.

Bloch : nom de l'étranger d'origine romane.

Blum : la fleurette, en allemand.

Braunschweig : nom de lieu germanique.

Cahen, Cain, Kahn et parfois *Caen* : de l'hébreu, « kohen » = prêtre.

Cerf, Lecerf, Serf... : traduction en français de l'alsacien ou de l'allemand Hirsch.

Chouchan : la rose ou le lis, en arabe comme en hébreu.

Cohen, Cohn, Kogan... : voir Cahen.

Crémieux : nom de lieu français.

Deutsch, Deutch... : l'Allemand.

Dian, Dajan... : en hébreu, le juge.

Dreyfus : nom de lieu (plusieurs villes possibles : Trèves, Troyes, Trévoux...).

Einstein : nom de lieu germanique.

Epstein : nom de lieu (Hesse).

Falk : nom de maison.

Fould, Foult : nom de lieu (Hesse).

Gens-, Gentz-, Gintz-, ...-bourg, -burg,-berg... : noms de lieu.

Gold, Gould : l'or, en allemand, d'où de très nombreuses variantes : *Goldfeld, Goldstein, Goldstern* (noms de lieu), *Goldschmidt* (l'orfèvre)...

Gottlieb : en allemand, qui aime Dieu.

Grumbach : nom de lieu germanique.

Guerchon : en hébreu, « guerson » = l'étranger.

Gugenheim : nom de lieu germanique.

Habib : en arabe, cher.

Hayem, Benhaim... en hébreu, « haïm » = vie.

Hess(e) : nom de pays d'origine.

Hirsch, Hersch,... : d'après l'allemand, la biche, le cerf.

Kremer, Kramer : l'épicier, le mercier.

Lattès : nom de lieu français.

Lévy, Lévi, Lévitan... : en hébreu, le maître.

Lion, Léo, Lyon, Loeb : référence à Juda qui est comparé à un lion.

Mann et ses dérivés : souvent d'après *Manuel.*

Meyer, Mayer : en hébreu, savant, lumineux.

Nathan : en hébreu, don de dieu.

Oppenheim : nom de lieu germanique.

Pollac, Pollack : le Polonais.

Reims, Rheims : nom de lieu (plusieurs possibles).

Rosen-, Rozen-, et tous ses dérivés : noms de fantaisie ou de voisinage (*Rosenblum, Rosenfeld, Rosenmeyer...*

Rothschild : nom de l'enseigne d'une maison de Francfort (= à l'écu rouge).

Silber-, Silver-, Zilber-, : signifie l'argent, entre comme gold (l'or) en composition de noms de métiers ou de fantaisie (avec *-baum, -berg, -stein...*)

Solal : en hébreu, qui est élevé.

Stern : l'étoile en allemand, donc « né sous une bonne étoile », comme le français Astruc).

Ulmann : nom de lieu ou de personne.

Weil, Weill, Veil... : anagramme de Lewi ou nom de lieu germanique, selon les cas.

Worms : nom de lieu.

LES NOMS ARMÉNIENS

Certains voient dans les Arméniens une population d'origine balkanique, d'autres les estiment caucasiens, comme d'autres les considèrent comme de lointaine ascendance juive puisqu'ils seraient issus de Haïk, arrière-petit-fils de Noé.

Comme les Polonais, les Arméniens n'ont pratiquement jamais eu de pays à eux. L'Arménie, en effet, ne fut indépendante qu'il y a bien longtemps, aux Xᵉ et XIᵉ siècles. Ensuite, cette terre, située sur le haut plateau montagneux entre la mer Caspienne et la mer Noire, ne cessera d'être l'objet de rivalités entre Byzantins et Turcs tout d'abord, puis entre Turcs et Russes. Il s'ensuivra, comme à l'exemple des juifs, de nombreuses migrations en direction de certains pays et une diaspora arménienne répartie dans les différents États d'Europe occidentale puis d'Amérique.

Dès la fin du XIᵉ siècle, une première vague d'exil va conduire les Arméniens, chrétiens depuis le IIIᵉ siècle et détenteurs d'une culture assez raffinée, jusque dans nos contrées. C'est l'époque de la formation des noms de famille. On les baptisera donc fréquemment *Desarménien(s)*, *Armeni*, *Ermin*, *Ermenieux*, comme, en langue d'oïl, *Lhermin*, *Larminat*, *Lermenat*, et en langue d'oc *Lermenier*.

Ceux qui sont restés au pays vivront cependant longtemps en bonne intelligence avec les Turcs, jusqu'à ce que les tsars de Russie décident, par solidarité religieuse, de prendre leur défense. Les Arméniens, pour leur malheur, l'acceptent et se révoltent contre l'Empire ottoman. En 1914, citoyens turcs, ils prirent encore parti pour l'ennemi russe. La Turquie décida alors de transférer les populations arméniennes loin des zones de combat. Ils sont massivement déportés, quand ils ne sont pas purement exterminés. Certains parviendront à s'enfuir et à gagner les communautés de la diaspora. En 1920, ils sont pleins d'espoir quant aux clauses du traité de Sèvres qui démantèle l'Empire ottoman. Mais si celui-ci rend leur pays aux Roumains, aux Grecs, aux Bulgares, il oublie cruellement les Arméniens.

C'est donc de cette époque que date l'arrivée massive de réfugiés arméniens en France. Leurs descendants, aujourd'hui de nationalité française, en ont souvent conservé les noms. On les imagine toujours se terminant systématiquement en « -ian », ce qui est inexact. D'autres noms, très français, ont la même terminaison. Par contre, « -tsi », comme dans Vanetsi (venant de la ville arménienne de Van), est plus courant, comme les suffixes « -iantz », « -iants », ou « -entz ». Mais beaucoup de patronymes arméniens ont été tronqués comme Aznavour pour Aznavourian, Sarkis pour Der Sarkissian, Gul pour Gulbenkian, ou modifiés comme Lazareff pour Lazarian. Sinon, les principes qui ont présidé à l'élaboration des noms sont pratiquement les mêmes : noms de lieu et d'origine, prénoms..., comme il en va dans la plupart des pays étrangers que je n'ai pas de raison d'analyser de façon détaillée dans ce livre.

AUTRE MONDE, AUTRES MŒURS : LES TSIGANES

« Pierre de Monsel, Égyptien de nation, et Marie de La Roze, du mesme pays, comme aussi Jean de la Croix et Françoise de La Roze, aussi des Égiptiens et coureurs de la bonne aventure, ont été mariés à Douvre, en présence de Charles de La Chesnée, leur capitaine et Jean Baptiste de l'Esmine, leur parent... »

Cet acte de mariage établi par le curé de Douvres le 18 février 1631 semble concerner de bien curieux personnages. Comment des Égyptiens pouvaient-ils porter de tels noms et que faisaient-ils là à cette époque ?

En réalité, le nom « d'égyptien » était autrefois donné, avec celui de « bohémien », à ceux que l'on appelle aujourd'hui souvent romanichels ou camps-volants, c'est-à-dire aux tsiganes, quel que soit leur groupe d'appartenance. Car le monde tsigane est en quelque sorte composé de quatre nations différentes : les « Manouches », fixés surtout sur l'Alsace avant 1871, les « Gitans », venus d'Espagne et surtout répandus dans le Midi de la France, les « Sinté » piémontais spécialisés dans le spectacle forain, et les « Rom » (d'où le mot Romanichel), immigrés des pays d'Europe centrale et orientale et eux-mêmes divisés en tribus marquées par des noms de métier comme les « Kalderach » (chaudronniers), les « Lovara » (maquignons) ou les « Ursari » (montreurs d'ours).

Ces familles ont évidemment leurs coutumes et leurs lois, variables selon les groupes d'appartenance comme, chez les Rom, cette institution du « prix de la mariée » qui oblige le père du marié à remettre une somme à celui de la mariée en dédommagement des services qu'elle ne pourra désormais plus lui rendre. Comptée en « galbi » (c'est-à-dire en « jaunes », donc en monnaie d'or), elle fait l'objet d'une discussion serrée, conclue par la remise symbolique d'une bouteille d'eau-de-vie très décorée. Les tsiganes ont aussi un encadrement, un chef, qui, selon les cas, se fait appeler « duc », « comte » ou « capitaine » et qui a pour mission de guider la troupe par les chemins et de prendre contact avec les autorités des pays traversés ou choisis comme lieu de séjour.

Comme toute population, enfin, les tsiganes ont leur système de dénomination propre. Il a été étudié par plusieurs spécialistes, dont l'historien François de Vaux de Foletier. Selon celui-ci, les tsiganes, bien qu'ils n'aient jamais cherché à s'assimiler aux populations des pays traversés, leur ont toutefois emprunté leurs noms de baptême et le système des noms de famille. De ce fait, ils portent beaucoup de noms-prénoms comme Bastien, Charles...; beaucoup de noms de lieu, assortis d'une belle particule donnant un vague air de noblesse : *de La Barrière, de La Branche, de La Chesnée, de La Chaussée*...; des noms forgés souvent sur des noms de villes ou de localités assidûment fréquentées, comme *Bacqueville, Bazolles, Montmirail, Vendôme*...; beaucoup de surnoms voisins de ceux des soldats d'Ancien Régime, comme *La Jeunesse, La Roze, La Fleur,* ce dernier fréquent chez les Manouches.

L'inconvénient du système patronymique tsigane est cependant une grande instabilité, surtout du fait de la multiplicité des surnoms pour un même personnage. M. de Vaux de Foletier cite ainsi un capitaine tsigane du XVIIIe siècle, nommé Joanne Engelbert Andries alias Jean-Pierre alias Bertels, alias Hendrick Vetonan, alias Jean-Pierre Lodrigos et ses deux frères : Engelbert alias Majo alias Lieveman et Jean Angelbert, alias La Rue.

Mais, en réalité, ce n'est là que la dénomination à l'usage de l'extérieur. En effet, remarque un tsiganologue, « les tsiganes considèrent que le nom de l'état civil ne signifie rien de bon : c'est celui que contrôlent les gendarmes, celui qui vous désigne pour les mauvais coups. » Alors, entre eux, ils se donnent d'autres noms plus usuels, avec lesquels on retrouve une fois encore l'universel processus de fabrication des surnoms : d'après la couleur « Parni » = blanc ou « Kali » = noir; le physique : « Burkia » = ventru, « Muto » = muet; la puissance : « Rupi » = riche; des analogies : « Piri » = marmite, « Bero » = ours, « Matcho » = poisson, « Louloudji » = fleur, « Tchirilko » = ciseau...

Les noms immobiles

« QUE D'EAU! QUE D'EAU! »

Ce jour-là, le maréchal de Mac-Mahon fut bien mal inspiré. Ces paroles, prononcées lors d'une visite solennelle aux sinistrés d'une inondation, n'ont pas échappé à ses ennemis et quelque cent ans plus tard, on les cite aujourd'hui encore en souriant.

En matière d'étymologie des noms, on peut s'exclamer comme lui. Car l'eau est présente, de façon plus ou moins limpide, dans de très nombreux noms de famille. Pas de mer : les *Lamère* doivent venir d'un matronyme (la mère) ou d'une déformation des *Lamare* (la mare), pas de fleuves, mais des *Rivière, Larivière, Ribier* et *Ribière*. Sur leurs rives habitaient autrefois les ancêtres de nos *Ribes, Ribère, Ribeyrolle, Ribeyras*.

Cependant, ces noms de lieux aqueux, devenus noms de famille par transmission à leurs habitants, ont surtout retenu les petits cours d'eau, plus intégrés aux terroirs et permettant de désigner des lieux précis. On trouve ainsi les *Ruisseau, Duruisseau, Rival, Rivalin, Rivalain, Rivalan, Rivoire, Rivolet, Rivollier, Rivault, Durivault, Rivard, Rivaut, Rivat, Riveron, Rivet*, comme les *Rigolet, Rigoulet, Rigoulot, Rigot* (le mot « rigole », lui, n'apparaît qu'au XIXe siècle et le verbe « rigoler » (= se divertir), d'où « rigolo », qu'au XVIIIe siècle). En Alsace, il donne encore les *Bach*. A l'échelle en dessous, le « ru », bien connu des amateurs de mots croisés, a donné beaucoup de noms : par sa forme « rif » (Bourbonnais, Alpes), il donne les *Rif(f)*, *Dury*, *Durix*, par l'occitan « rieu », il donne les *Durieu(x)*, *Delrieu*, *Darrieux*, *Larrieu(x)*, *Rieutort* (ruisseau tordu, à méandres), en Bourgogne et dans le Centre, il devient « riau », d'où *Duriaux*, *Duriot*, *Riol*, *Rio*, *Riollet* et *Riolloz* (en Savoie), *Riot* (et *Riotte ?*), *Rioux*, comme aussi, ailleurs (Ouest et Centre), « rai », d'où *Ray*, *Leray* (qui peuvent venir aussi de confusions avec *Rey* ° pour roi), et peut-être *Dray*, comme on trouve encore *Duru*, *Duruis*... sans oublier les *Torrent* et *Torrens* du Midi et les *Revol* dauphinois (= tourbillon d'eau).

On arrive enfin à remonter à la source avec diverses dénominations : *Urbach* en Alsace-Lorraine, les « gouttes » bourguignonnes d'où les *Lagoutte*, *Delagoutte*, mais surtout, par le latin « fons », les fonts et les fontaines, deux mots qui alors ne désignent autre chose que la source, d'où tous les *Font*, *Laffont*, *Laffond*, *Delafont*, *Fontana*,... surtout courants dans les régions du Sud, et tous les *Fontaine*, *Fontan*, *Fontanel*, *Fonteneau* plus répandus dans les régions du Nord. Quelquefois, l'eau est précisée d'un qualificatif : *Bonnefond(t)*, *Fontbonne*..., alors que les lieux où l'on trouve plusieurs sources sont des *Fontenoy* ou *Fontenay*. Quant à l'eau, « l'aigue » en langue d'oc (qui donne par exemple Chaudes-Aigues = eaux chaudes), elle se retrouve à l'état pur dans le patronyme *Leygues*.

« Que d'eau! que d'eau! » comme disait ce bon maréchal de Mac-Mahon. Rien d'étonnant cependant à ce qu'elle soit si présente dans nos patronymes, puisque, depuis toujours, elle a déterminé tant de choses au niveau de l'organisation humaine. C'est en effet la richesse en eau d'un sol qui détermine souvent à elle seule un type d'habitat. Hyperdispersé dans des régions montagneuses comme le Massif central ou hyper-groupé sur les plaines et plateaux arides comme en Lorraine ou en Bourgogne du Nord.

L'eau, alliée de nos ancêtres, était utilisée par eux à tous les niveaux de la vie économique et quotidienne. Les étendues d'eau, naturelles ou non, étaient des lieux de pêche pour ces hommes qui consommaient tant de poisson, on l'a vu, surtout pendant les longues semaines du Carême. Lacs et étangs sont à l'origine des actuels *Dulac, Delétang, Létang, Lestang, Delestang, Détang*. Les mares, qui servaient entre autres d'abreuvoirs naturels, donnent les noms des *Lamarre* et *Delamare,* les canaux d'irrigation donnent les *Canal* et *Chenal* ainsi que *Goulet* et *Goulay,* les réservoirs seigneuriaux, interdits aux paysans, ont donné les *Vivier* et *Duvivier* (à l'époque tout château qui se respecte a le sien, où l'on élève des poissons à chair fine comme le brochet ou la truite). Les biefs sont à l'origine des *Béal* auvergnats, les écluses des *Delécluse* et les puits des *Perthuis, Perthus,* des *Vandeputte* flamands, mais... pas des *Dupuis* ° que l'on trouvera ailleurs.

L'eau, cependant, n'apparaît pas toujours comme une alliée. Elle envahit certains lieux, inonde les champs, et bien souvent stagne en des endroits marécageux. N'écoutant que leur courage, réunissant leurs efforts, nos ancêtres de l'époque, comme pour les friches et les forêts, n'hésitent pas à s'attaquer aux marais et à les assécher, quitte parfois à protéger les terres nouvellement conquises par la construction d'une petite digue. En Flandre déjà, dont le nombre d'habitants croît très vite, on crée des polders. Les nombreux *Vandamme* (= de la digue) en témoignent. La liste des patronymes faisant référence à un de ces lieux gagnés sur les marécages est elle aussi longue.

Voici d'abord les *Marais, Marest, Marret, Desmarais, Dumarest, Desmarest, Demarest, Marois,* et les *Vermer(s)ch* et *Vandermersch* flamands. Dans le Nord, en Normandie, ils donnent les *Marchais, Marcheix, Marcais,* ou des « bouilles », d'où *Bouille, Bouillan, Bouilland*. Dans le Sud, ils se nomment des « paluds » (on retrouve la racine de notre « paludisme », désignant une fièvre des marais), ce qui donne en Bordelais, Languedoc, Lyonnais, des *Palud, Palu, Lapalus, Lapalud, Palluel*. Dans le Centre, on les appelle souvent des « vesvres », d'où les *Vesures, Lavesvre, Delavesvre*. Le mot occitan « sagne » : terre marécageuse, donne à son tour les *Lassagne, Lassaigne, Sagne*... Dans l'Ouest, on parle plutôt de « noues », d'où les *Noue, Lanoue, Lan(h)ou* (qui peuvent aussi provenir de confusions avec *Noël* ° et *Noé* °). En Bourgogne, on a plutôt les « mouille », d'où les *Mouillard, Moulet, Moulard*, Molet, qui, dans la Nièvre, donnent les « paute » (endroits boueux) d'où *Pàutrat*. En Savoie et en Saintonge, ce sont des « bauches », d'où aussi le patronyme *Bauche*. Parfois, on les appelle aussi des « *rosières* », du fait qu'y poussent les roseaux, d'où certains de nos *Rosière(s)*. Ils expliquent enfin le patronyme de *Frèche*, se référant au lieu habité par les ancêtres, qui doit son nom à la fraîcheur de son sol.

SOUS ET SUR LES PONTS : DE PARIS, D'AVIGNON OU D'AILLEURS

Arriverait-il que l'Histoire se trompât ? Sans aller jusqu'à cette accusation, on peut dire que bien souvent elle fait des victimes. D'Émile Ollivier, « l'homme au cœur léger » de 1870 à M. de La Palice, la liste est longue, et l'injustice souvent criante. Le brave maréchal de La Palice s'était au contraire battu en héros durant la bataille de Pavie qui lui avait coûté la vie. Pour célébrer et immortaliser ses prouesses, on écrivit une comptine dont les deux derniers vers étaient : « Et s'il n'était pas mort, Il ferait encore envie ». Et voilà qu'un copiste se trompa en écrivant : « Il serait encore en vie ». Et la postérité de tourner en ridicule le pauvre soldat en en faisant un radoteur, cité à toutes les sauces. Jusqu'à sa propre ville de Lapalisse, dont les habitants l'avaient autrefois tant craint et respecté, qui se dit aujourd'hui, en guise de slogan publicitaire, « le pays des vérités ».

Autre erreur. Vous êtes de ceux qui croient que l'on a autrefois dansé « tous en rond » sur le pont d'Avignon. Eh bien, vous vous trompez. On ne dansait pas « sur », mais « sous » le pont d'Avignon. Autre erreur de copiste, sans doute, à qui la situation sembla plus logique. Mais l'Histoire n'est pas toujours logique..., moins souvent encore, peut-être, que l'étymologie des noms de famille.

Ce chapitre est celui de notre cher Dupont. Nous avons déjà dit que le nom n'est pas aussi répandu qu'on le croit, puisque distancé par une trentaine de noms au palmarès des patronymes. L'on a cependant voulu qu'il incarne le Français, moyen ou non, c'est comme cela, voyons plutôt d'où il tire ses origines et son succès.

Oserais-je parler à mon tour de « lapalissade » : Dupont désigne le descendant de celui habitant autrefois près d'un pont. Reste à voir ce que peut être ce pont...

Deux choses caractérisent le pont médiéval. D'une part, il est rare, d'autre part, il est presque toujours en bois.

La technique romaine de la construction des ponts s'est mal transmise. On a du mal à réaliser des travaux importants en maçonnerie. Il faut pouvoir dévier temporairement la rivière pour travailler au sec ou épuiser par des barrages une partie de son lit. On a soin encore d'additionner le mortier des piles de grandes quantités de vinaigre pour lui permettre de mieux résister à l'eau. Peu de personnes ayant l'expérience et les connaissances nécessaires, l'Église, là aussi, prend les choses en main avec une confrérie quasi spécialisée, celle des « frères pontifs ». Quelques grands ponts voient donc le jour comme le pont Valentré, à Cahors, le Pont-Saint-Esprit ou encore notre fameux pont d'Avignon. Tous ont leur histoire. Celui d'Avignon aurait été construit par un petit pâtre de douze ans, Bénézet, envoyé dans ce but par un ange. L'ouvrage aurait ensuite souffert de la guerre des Albigeois en 1226, de celle qui éclata entre le pape et Charles VI en 1395, et une partie aurait été emportée par des crues au début du XVIIe siècle. C'est alors qu'on l'aurait emprunté pour aller danser sur l'île de la Bertherasse, où s'enfoncent les piles de ses dernières arches, lesquelles abritaient des guinguettes au bord de l'eau. On dansait donc bel et bien « sous » et non pas « sur » le pont.

Chaque pont, donc, a son histoire. Chaque pont de pierre du moins, petit ou grand, qui représentait un tel travail pour l'homme que la légende se mêlait toujours à l'Histoire pour prétendre qu'un maçon avait dû, pour l'élever, conclure un pacte avec le diable, en lui promettant son âme comme à Chalençon dans l'Ardèche, ou sa fille comme à Toulon-sur-Arroux, en Saône-et-Loire.

Ces ponts sont de telles œuvres de maçonnerie qu'ils sont souvent pourvus d'une chapelle en leur milieu, ou tout au moins d'une croix, pour que le voyageur puisse remercier le Ciel de cette réussite humaine. Souvent aussi, ils sont fortifiés, pour mieux défendre et protéger la ville qu'ils commandent. Parfois, cependant, ce sont des rues entières qu'ils supportent.

A Blois, à Orléans, à Paris surtout, beaucoup de ponts portent des maisons d'habitation et de commerce, hautes parfois de plusieurs étages, qui reposent sur sa voûte en totalité, ou en partie seulement lorsqu'elles sont construites en encorbellement au-dessus de l'eau. A Paris, tous les anciens ponts reliant les îles aux rives de la Seine étaient ainsi de simples rues grouillantes de vie et d'activités en tout genre, sauf évidemment... le pont Neuf, construit plus tardivement, sous Henri IV.

Les ponts du Moyen Age sont donc non seulement rares (on n'en compta longtemps que deux sur le Rhône entre Lyon et la mer : à Vienne et à Arles), mais souvent en bois, tant ceux en pierre exigent de travail (pour celui de Pont-Saint-Esprit, les « pontifes » avaient dû plusieurs fois requérir l'aide des pèlerins de passage qui s'arrêtaient quelques jours pour participer au chantier). En dehors des nombreux gués et bacs, on trouvait donc surtout des ponts de bois, communément appelé des « planches », et cela même dans les villes, puisque Paris ne perdit son dernier, le pont de Grenelle, qu'en 1874. Ils avaient par ailleurs l'avantage de revenir moins cher aux usagers puisque tous ceux « en dur » étaient soumis à des droits de passage et à des péages, comme on en trouve aujourd'hui pour nos autoroutes.

Compte tenu de l'importance et de la rareté des ponts, on ne peut donc s'étonner de la fréquence des patronymes qui en

procèdent. *Dupont* et *Dupond* tout d'abord, sans différence
aucune (pas même de moustache, n'en déplaise à Hergé!);
Pontet (petit pont), *Marchon* (nom local du pont), *Planche,
Planque, Laplanche, Desplanches, Desplanques, Delaplan-
che...*, tous noms de lieux transmis comme nom de famille,
comme encore *Pontroy* (pour « pont du roi »). *Pontier* et
Pontonnier ont pu être les surnoms des collecteurs de péages,
alors que les plus rustiques *Passard* devaient être les passeurs
travaillant sur les bacs.

L'ARBRE QUI CACHE LA FORÊT

C'est une véritable pépinière qui rassemble les patronymes
provenant des noms d'arbres. Tous, en réalité, sont des noms de
lieu transmis aux familles qui les ont habités. Les arbres
auxquels ils se réfèrent sont nombreux et variés, et souvent bien
difficiles à reconnaître.

Il y a tout d'abord les arbres fruitiers, arbres sauvages des
forêts que nos lointains ancêtres ont appris à greffer. Ils
donnent les *Pommier, Pomier, Poumier, Paumier* (voire par
déformation *Paulmier* °, et la démarcation est difficile avec les
surnoms de pèlerins *), les *Pommereau, Pommeret, Pomery*, les
Apelbaum alsaciens. En plantation, ils se retrouvent dans les
Pommeray(e), Pomarède...

La famille des *Poirier* et *Poiret* est assez développée, mais
risque souvent d'offrir des confusions avec certains dérivés du
poireau, légume (*Pourier* °...). On trouve encore des *Prunier* et
Prunet, des *Mourier* (mûrier), des *Dunoyer, Desnoyer* qui, dans
le Midi, deviennent *Noguier* et, en plantation, donnent *Noguès*.
Le tilleul, de son côté, donne les *Dutilleul, Tillier, Tillet, Tilly*
et, par sa variante de langue d'oc, le « teil », les *Teil, Theil,
Duteil, Dutheil* et *Delteil* et *Deltheil*.

Arrivent ensuite tous les autres arbres, isolés ou groupés, dans un premier peloton où ils sont faciles à identifier.

L'aune est utilisé par le menuisier et surtout par les teinturiers pour la belle couleur noire qu'il peut donner aux vêtements et aux chapeaux. Fréquent dans les lieux marécageux, près des rivières et des ruisseaux, il donne les *Delaune*. Quand il forme une aulnaie, il est à l'origine des *Delaunay, Delaunoy, Delauney, Launay, Launey, Launois, Lannoy* et *Delannoy*.

Le bouleau, à la sève abondante et sucrée dont on tire un sirop réputé, a désigné les lieux habités par les aïeux des actuels *Bouleau*. En « boulaie », il donne les *Boulay, Bouley, Bouloy, Bollet, Bolley*...

Le châtaignier, souvent centenaire, est un bois précieux utilisé pour les charpentes, les treillages, les échalas et les poteaux. Il donne quelques *Chataignier*, mais surtout, en langue d'oc, de nombreux *Castagnet, Castan, Castaing, Castin, Chastaing, Chastang, Chassaing, Chassin*...

Le chêne, depuis longtemps, est l'arbre sacré. Les prêtres antiques interprétaient le bruit du vent dans ses feuilles, les druides contribuèrent à sa réputation que Saint Louis, à Vincennes, achèvera de confirmer dans l'imagerie populaire. Il est vrai que cet arbre fournit un bois excellent, tant pour le charbon de bois, la menuiserie et le bâtiment que pour le chauffage, pour les tanneurs, sans oublier la nourriture qu'il assure aux porcs avec ses glands. Il se retrouve dans les *Beauche(s)ne, Duche(s)ne*, comme dans les *Chagon, Chaignon, Chenot, Chesneau, Chesnier*. Sous une autre forme, il est aussi à l'origine des *Quesne, Duquesne, Lequesne, Quesnot, Quene, Queneau, Quenault, Quenet, Quenot*... En plantation, on a des « chênayes », reconnaissables dans les *Chesnay, Quesnay, Quesnel, Quesnoy, Duquesnoy*...

L'orme, qui orne les bords des manoirs et à l'ombre desquels on rend souvent la justice, offre un bois très recherché des charrons. Il se retrouve dans les *Delorme* et *Delormeau*, comme dans les *Humeau* et *Delumeau* de l'Ouest.

Le peuplier est plutôt connu sous le nom de « tremble », du fait de l'action du vent dans ses ramures. On le retrouve donc dans les *Dutremble*, et, en plantation, dans les *Tremblay* et *Trémouille*.

Le saule, enfin, qui croît en terrain humide, est très prisé pour la flexibilité du bois de ses jeunes pousses, qui n'est autre que l'osier, si cher aux vanniers, tonneliers et vignerons. Il se retrouve dans les *Saux, Dussaux, Saule, Sauly, Sauleau, Saulin, Delsaux, Delsaut, Saucé, Dessauce*, sans doute également dans les *Saussard, Saussier, Saussereau*, et, en groupe, dans les *Sauzay, Sauzeau, Sauzet, Sauzier, Saussaie* qui, dans le Sud-Ouest, sont appelées des « aubarèdes ».

La liste, cependant, ne doit pas s'arrêter ici. En réalité, ces arbres sont à l'origine de bien d'autres patronymes. Toutefois, ils s'y cachent souvent sous une appellation ancienne et disparue ou régionale, qu'il n'est pas toujours aisé de percevoir.

La forme latine du chêne, *cassanus*, est à l'origine, surtout dans les contrées du Sud, des *Cassan, Cassin, Cassé, Delcassé, Ducasse*. Les chênaies deviennent alors des « cassaigne », d'où les nombreux *Cassagne, Cassaigne, Lacassagne, Delcassagne*...

Sous une autre forme, par le bas-latin *robur*, il est appelé le « rouvre », d'où les *Rouvre, Durouvre, Roure, Delroure, Rouvier*. La chênaie est alors une « rouvraie », d'où les *Rouvray, Durouvray, Rouvroy, Rouvrais, Rouvière, Rouveyre* (d'où *Rouveyrol, Rouberyol, Rouberotte*...). On a même parfois des *Royère*, bien proches des *Royer°*, au sens en principe différent.

En Languedoc, le chêne donne encore les *Garric, Garrigue(s), Lagarrigue, La jarrige* et *Jarrige*, alors que le petit chêne est à l'origine du nom des *Tauzin*.

Le bouleau, par sa forme latine *betullus* conservée dans le Sud, se retrouve, bien caché, dans les *Besse, Bès, Beyssac, Bessière, Beyssère* et *Bessey* ou *Besset*.

L'aune est beaucoup plus courant sous sa dénomination gauloise de « verne ». Voici les *Verne, Vernhes, Duverne*,... et, plus au sud, les *Vergne, Lavergne* si courants dans le Sud-Ouest et le Limousin. En groupe, il donne les « vernaies », d'où

Verney, Vernon, Vernoux, Verneau, Vergneau, Vergniault, Duverneau, Vergniolles, Vernée, Lavernée, Duvernay, Duvernoy, Verneuil, Verny, Vernusse (alors que *Vernier*° peut prêter à confusion avec un prénom).

Le hêtre n'apparaît que sous sa forme ancienne, d'après le latin « fagus », qui en fait tantôt un « foyard », un « fou »... Voici donc les *Faux, Delfaux, Fau, Fay, Dufay, Fayard, Foyard, Fayel, Fayon, Foux, Lefoux* (qui sont donc très différents des *Lefol(e)*° souvent bretons, désignant bien l'homme curieux ou atteint de folie). Aussi curieusement, le hêtre se déforme encore en *Fouet*, alors que les hêtraies sont à l'origine des *Faye, Lafaye, Lafay, Laffay, Lafaille, Fayet*, des *Fayol* et *Fayolle* en Lyonnais et Beaujolais ou *Fagès* dans le Sud.

Le frêne, lui aussi, est généralement bien caché sous les formes dérivées du latin « fraxinus » : *Fresse, Fraisse, Fraysse, Dufraisse*. Sa frênaie donne donc des *Fressange(s)* et des *Frayssine(s)*, d'où *Frayssinet* et *Freyssinet*.

Autres arbres bien masqués : le « gauge » qui n'est autre que le nom occitan du noyer, d'où *Gaugain* et *Gauguin* ; le « sahuc », nom occitan du sureau, d'où les *Sahuc, Sahut* et *Sahuguet*. Enfin, qui reconnaîtrait dans « l'avelaine » notre noisette ? Elle se retrouve pourtant dans les *Avelaine, Aveline* comme dans les *Aulagne* du Massif central, d'où le nom du noisetier dans *Aulagnier*, parfois altéré en *Olagnier* ou *Olanier*. Plus anciennement encore, la noisette était appelée une « vaisse », d'où les « vaissades » que l'on retrouve dans *Vaissade, Vaissat, Vayssade, Vassade, Vaysset, Vayssière, Veissière, Vaissière, Lavaissière, Vessieras*...

LA FORÊT VAINCUE : LES ESSARTEURS

La forêt, à ces époques lointaines, est à la fois l'amie et l'ennemie de nos ancêtres. Amie, elle leur fournit le bois de construction, le charbon de bois, de quoi fabriquer des outils et tanner des peaux, sans oublier, bien sûr, des bêtes et des gens, ces derniers y récoltant des baies, du miel (et de la cire) et lui empruntant des arbres fruitiers sauvages qu'ils vont ensuite greffer. Enfin, en périodes troublées, elle est un refuge contre les « ribauds » et « pillards ». Ennemie, elle réserve parfois de mauvaises rencontres, humaines ou animales (les loups*, par exemple, qui sont encore une réalité). Elle est aussi, il ne faut pas l'oublier, le lieu d'élection de toute une cohorte de divinités malfaisantes, de lutins et de sorciers qui effraient perpétuellement nos aïeux.

Cette forêt, pourtant, ils sauront la vaincre. Autrefois, l'habitat se cantonnait essentiellement aux abords des routes et des fleuves, près des gués et des châteaux forts. Désormais, conséquence du bouleversement démographique, il devient nécessaire de cultiver davantage de terre et de construire de nouvelles maisons pour abriter les nouveaux venus. A l'exemple de ce que les moines ont déjà réalisé à partir de quelques grands monastères, nos ancêtres des XIe, XIIe et XIIIe siècles se lancent dans d'énormes entreprises de défrichage. Les politiques de grands travaux portaient déjà leurs fruits.

Au début, il s'agit d'initiatives privées et souvent d'ailleurs irrégulières. Le paysan, sans en parler au seigneur dont il tient la terre, déborde chaque année davantage, lors du labour, sur la friche, le taillis ou la forêt qui jouxte son champ. Mais, bientôt, le rôle se renverse et ce sont les châtelains qui prennent l'initiative. Ils attirent, par l'octroi de garanties et de libertés, des hommes à qui ils vont confier des terres à défricher. Ce sont des migrants, des aventuriers, des hommes généralement courageux et décidés qui, sans cesse, du matin au soir, vont manier le sarcloir, la houe et la hache. Selon les cas, on obtient des terres nouvelles, soit entièrement défrichées (les « sartages »), soit destinées à être cultivées sur brûlis, afin de profiter de l'apport de la cendre qui favorisera ensuite leur culture. Alors, la forêt qui occupait auparavant l'immense majorité du sol (plus encore que les mers et les océans occupent la surface de la planète), qui coupait souvent toute communication d'un village à l'autre et faisait figure de véritable frontière naturelle, la forêt recule. Les friches disparaissent. Pendant ce temps, l'homme s'attaque à l'eau et, de la même façon, reprend des terres sur les marécages* et les étangs, quitte à les garantir par la construction de digues.

Et voici beaucoup de noms. Des noms de famille, comme *Eyssartier*, *Lessart*, *Saclier* (qui sarclait) ou *Lhoste*, *Loste*, *Lhote*, *Lote*, *Loth*..., qui, avant d'avoir pu désigner l'ancêtre de l'aubergiste (l'hostelier), désigna, au temps des défrichements, ces colons, ces « hôtes », venant souvent de loin, auxquels on va concéder un statut privilégié.

Mais ce sont surtout les noms de lieu qui abondent ici et qui, bien souvent, se transmettront aux familles qui y sont fixées, sans que cela veuille dire que leur ancêtre ait participé à l'opération de défrichage.

Ces terres essartées sont donc à l'origine des *Dessertenne*, *Dusart*, *Delsart*, *Desessart*. Les terres en friches donnent les *Savart* et *Savard*, les *Riez* et *Duriez* du Nord, les Artigues dans le Sud-Ouest, d'où *Lartigues*, *Dartigues*, *Artigues* et les *Bouygue(s)* en Auvergne et Limousin, alors que les terres restées incultes sont les « gast », d'où *Dugast*, *Dugas*, *Gast*. Les souches restées sur place donnent des *Souquet*, *Suquet*, *Chouquet*, *Souche*, *Souchon*, *Souchet*, *Souchard*, *Ressouche*, *Tronc*, *Tronchet*, *Chouquet* et encore *Buc*, *Dubuc(q)* ... Avant les grands bois, les taillis donnent selon les lieux des « taillades », d'où *Taillade* et *Lataillade*, des « breuils », d'où *Breuil*, *Dubreuil*, *Bruel* dans le Sud, ou encore des « brosses », d'où *Desbrosses*, *Brosses*, *Labrosse*, *Labrousse*, *Brossard*, *Brosset*... Les buissons, que l'on a souvent laissés volontairement pour séparer les champs, sont appelés des « rodes » en langue d'oc, d'où les *Rhode(s)*, *Rode*; dans l'Ouest, on les nomme des « touches », d'où les *Touche*, *Touchet*, *Latouche*, *Destouches*. L'alsacien-lorrain *Strauss* désigne le bouquet d'arbres, comme les *Buisson*, *Bouissou*, *Buissou*, *Buissin*, *Busson*, *Dubuisson*, *Bouyssou*, *Boisson*, *Bisson*, *Bissonnet*, *Bosquet*, *Bousquet*, *Boschet*, *Bochet*, *Busquet*, *Buquet*, et aussi tous les *Bouquet°*, *Boquet°*, *Bocquet°*, *Boquillon°*, qui peuvent, quant à eux, s'être référés au bouc.

Restent les bois et les forêts que l'on retrouve dans d'autres patronymes : *Forest, Forêt, Laforêt, Laforest...*, mais aussi *Sault* et *Dussault* (du latin « saltus » = bois, dans le Centre et le Sud-Est), et surtout les innombrables *Bois, Dubois, Desbois, Dubus* artésiens, *Bosc, Bos, Delbosq*, et *Dubosc* du Sud, *Boissy, Boissière, Boisserie*, et les *Holtz* d'Alsace-Lorraine. Les *Joux, Dejoux, Lajoux* se réfèrent à une montagne boisée. La forêt est vaincue, mais les noms la perpétuent.

PAR OÙ PASSAIENT LES ESSARTEURS

Les essarteurs étaient un peu comme les soldats d'Attila. La végétation qu'ils avaient trouvée à leur arrivée ne risquait pas de repousser après leur passage. De n'importe quelle friche ou de n'importe quelle « vernoy » ou « saulaie », il ne subsistait plus rien, sauf parfois un arbre isolé qui servait à dénommer le lieu nouvellement rendu à la culture. On trouve ainsi une quantité de noms de lieux transmis comme patronymes : des *Delarbre*, des *Pin, Py, Dupin, Delpy, Pinay* et dans le Midi *Pinhas*, comme encore, à titre de noms de famille, la longue liste des noms d'arbres*. Elle s'allonge encore du souvenir de la végétation ancienne qui permet souvent de baptiser le lieu, par les arbres que l'on y trouvait ou par la végétation qui en a disparu. Les buissons de houx sont ainsi à l'origine des *Lagriffoul* (les feuilles « aigres », qui piquaient) et des bretons *Quelin* °, *Quelen, Quelennec*. Les ronces donnent les *Espinasse, Lespinasse, Épinat*, et les *Roncier, Roncière, Rancier, Ronceray, Duronceray, Roussier* et *Rossier*, sans oublier les *Lépine*. Le buis, souvent dû, dans les pays au nord de la Loire, à une importation romaine, se retrouve dans les *Bouix*. Les fougères percent dans des noms comme *Fougerol(les)*, *Fougère, Faugère, Faugeras, Faugeron*, les genêts dans les *Genet, Genest, Genestier*, comme on le retrouve dans les *Plantagenet* d'Angleterre.

La bruyère enfin donne les *Brière, Brugier, Brugère, Brugière, Bruet*...

D'autres terres sont désignées par la production qu'on leur assigne. Les unes, produisant des olives, sont à l'origine des *Camboulive* et *Chamboulive* (champ d'olives). Les autres, plantées de vignes, donnent les *Laplante, Lavigne, Delavigne, Desvignes, Latreille*. Les terres affectées aux réserves de chasse donnent les *Garenne* et *Varenne*. Les enclos donnent les *Clos, Duclos* °, *Desclos* °, *Desclaux*, comme les *Parc, Duparc*, et *Parquet* (= petit parc). Les pâturages sont nettement plus rares que les champs, du fait que les bêtes paissent essentiellement sur les chaumes après la moisson, sur les friches et les landes et dans les bois. Ils se retrouvent dans les *Després, Dupré*, et, dans le Midi, les *Prat, Duprat, Delprat, Pradel, Pradelle(s), Pradal, Pradines*, comme dans les *Préval* et *Prévau* (prairie dans la vallée), *Préau* (pré à eau ou pré haut ?). Ils donnent aussi les *Pâtis, Pâty, Pâquier, Pasquier, Dupâquier* et *Dupasquier, Patureau, Paquereau* et *Pacreau* (et peut-être des *Pasquet* ° et *Paquet* qui peuvent se confondre avec les formes tirées du prénom Pascal). Dans le sud du Massif central, les prés situés sur des hauteurs sont des *Couderc*.

Pour le reste, beaucoup de ces noms de lieux devenus patronymes font référence à la nature du sol. Les *Grève* se réfèrent à un sol sablonneux, et les témoignages de sols pierreux sont nombreux, comme ceux qui signalent une pierre, sans doute particulièrement grosse. Ce sont les *Caillot, Cayot, Cailloux, d'où Chaillot, (Chaillet ?)* et *Chailloux*. Dans le Midi, les « ranc » sont les rochers, d'où les *Ranquet* et *Rancon* (petit rocher) ; en Alsace, on a les *Stein*, et *Steiner*... ; dans le Massif central, les « caire », d'où *Cayrol*, les *Le Men* bretons, et ailleurs tous les *Lapierre, Lapeyre, Lapéronnie, Laroche, Rocher, Rochet, Rochette, Rouquet, Roque(s), Rouquette, Rouquier, Lar(r)oque, Roquain, Roquais* et même *Rouquin* (l'adjectif désignant l'homme aux cheveux roux n'apparaît qu'au XIXe siècle).

Le relief sert aussi à dénommer les nouvelles terres : les plateaux donnent des *Plagne* dans le Midi ; les ravins des

Lavabre, toujours dans le Midi ; les plateaux dénudés sont des *Calm*, *Calmette(s)* en langue d'oc, comme ils donnent aussi *Lascaux*: Les endroits plats donnent des *Laplane*, *Terrade*, *Terrasse*, *Terrail*, *Terreau*, *Terracol*, *Terrasson*, mais aussi des *Campane* et *Champagne* ° (initialement nom des régions plates).

Citons encore les grandes étendues sauvages qui sont à l'origine de *Deslandes*, *Delalande*, *Lalande*, *Landes*, *Landais*, *Landier*, *Landel*, *Landois*, *Lelandais*, comme les *Lane* et *Lanes* gascons (car ici le mot est la variante de lande, alors qu'ailleurs ce nom est plutôt donné en référence à l'animal). Citons les *Tanière* (repaires de blaireau), synonymes des *Taine* et *Taisne* des Ardennes (d'après le « tesson », ancien nom du blaireau). Citons les *Salin*, dont les ancêtres habitaient une terre de salines. Sans oublier tous les champs et leurs cultures, mais ici, c'est une tout autre affaire, celle des blés, si importants dans le monde d'autrefois qu'ils méritent bien leur chapitre.

BONNES TERRES ET BON BLED

Qui ne se souvient de M. Bled, l'auteur d'un petit livre bleu, sur lequel des générations d'écoliers français ont appris la grammaire ? A première vue, son nom rappelle au néophyte le mot maghrébin *bled*, signifiant terrain et qui a pris le sens de lieu pauvre, isolé et éloigné. Eh bien, là encore, on se trompe lourdement : le nom de M. Bled signifie tout le contraire.

« Bled », au Moyen Age est en effet le nom de la bonne terre, de la « terre à bled », c'est-à-dire à blé. Sous ce nom, on désigne alors toutes les céréales panifiables. Avec le pain et la bouillie (la « bouille »), elles fournissent la base de l'alimentation.

Le froment, qui donne le pain blanc, est assez rare. C'est lui qui constitue ces redevances en nature avec lesquelles on ensemence directement les terres du seigneur lors des corvées. C'est dire que nos ancêtres ne le connaissent guère. Ils se contentent donc de pain noir, voire parfois de pain gris, à base de méteil, mélange de froment et de seigle, ou de mil. Selon les vieux et sacro-saints principes de l'assolement, souvent biennal dans la France du Nord, et triennal dans celle du Sud et jusqu'au Poitou, ils alternent leurs cultures avec des plantes fourragères comme les « vesces », les pois et les fèves dont ils font également une grande consommation, et bien sûr avec la traditionnelle jachère laissant le sol au repos.

En septembre, ils sèment les blés d'hiver : froment, seigle, épeautre ; en mars, ceux de printemps, essentiellement avoine et orge, qui tous peuvent être utilisés à faire du pain et, de ce fait, reçoivent indifféremment le nom de blés. Avec eux, ils ensemencent leurs champs, sarclés, labourés, rarement enrichis de fumier, c'est-à-dire de bouses récoltées dans les pâtures voisines et transportées dans des hottes, à dos d'hommes. Avec la charrue, ils tracent de longs sillons, peu nombreux, car leurs champs sont généralement tout en longueur, sans qu'aucune clôture ne les sépare. Chacun connaît le nombre de sillons qu'il peut creuser.

La moisson venue, on utilise surtout une faucille, qui coupera moins bas que la faux, de manière à maintenir sur les lieux le chaume qui appartiendra à tous, bêtes et gens car le tenancier du champ n'exerce son droit que pour la période allant du labour à la récolte. En dehors de ce temps-là, le lieu est à tout le monde. Dans certaines régions, cependant, comme en Normandie, dans le Maine et le Perche, en Poitou, au Pays basque, en Bugey..., les champs sont délimités par des haies et forment des bocages. Cela ne retire en rien, toutefois, l'usage commun sur les chaumes dès que le moissonneur est passé.

Ici encore des noms de lieux se transmettent souvent à leurs habitants en tant que patronymes : *Bled, Dubled, Dublé, Segal, Segalen, Segalas, Segala, Segalat, Seguela* (sur le seigle), *Touzery* (qui vient du « touzel », nom d'une variété de froment sans barbe), et *Bélorgey* (marchand de bel orge, nom d'une variété d'orge commune autrefois en Bourgogne).

On trouve aussi des *Balavoine* (qui battait l'avoine, au fléau), des *Sol, Delsol, Solard* et *Solas*, venant du « sol » qui était le nom de l'aire à battre le blé.

Après les *Dechaume, Chaume, Chaumet, Chaumette, Dechaux*, et leurs équivalents méridionaux *Restoul, Restoux, Restout, Rastoul*..., on a beaucoup de patronymes se référant aux terrains clos. Les uns sont clos de haies végétales. Ils donnent les *Hay, Hayat, Haye, Hayot, Delahaye, Delhaye, Lahaye, Deshayes, Delage, Delée, Delay, Delaye*, tous synonymes. D'autres se rapportent à la clôture en planches et donnent les *Plaix, Pleix, Duplaix, Dupleix, Plessis, Duplessis* (on a ici l'origine de notre « palissade »).

Les *Gorce, Lagorce* et *Delagorce* se réfèrent à un vieux mot gaulois désignant la haie d'épines.

Les *Claisse, Cluzeau, Clos*... désignent les lieux clos, mais aussi souvent les jardins, – le mot est à peine né – où une clôture préserve les cultures des ingérences des voisins et surtout des animaux sauvages ou domestiques qui compromettent en permanence les récoltes.

Quant à la qualité des terres, elle explique les *Chambon, Malterre, Malaterre* (= mauvaise terre), et les *Gastine* et *Gastal* (terre gâtée), alors que l'on a aussi, plus descriptifs, des *Longchamp(t), Beauchamp* et *Beaucamp, Champeaux* (= petit champ), *Deschamps* et *Descamps*.

Le monde féodal s'organise peu à peu et nos noms témoignent encore des terres qu'il nous ont léguées.

DES « VILLES » À LA CAMPAGNE

Je connais quelque part le long d'une nationale un minuscule hameau du nom de « Grande Ville » qui fait sourire tous les touristes qui le traversent. Et pourtant, pour qui connaît l'histoire du peuplement français, il n'y a pas lieu de rire. Au contraire, cette « grande ville » est un fidèle témoignage de la campagne médiévale.

En latin, la « villa » est la maison à la campagne, le domaine rural. Lorsque les Romains s'établissent en Gaule, ils fondent donc de nombreuses « villae » qui ne sont finalement que de grosses fermes. Au fur et à mesure de l'évolution de l'habitat, la « ville » désigne cependant un habitat allant grossissant. De la ferme, elle dénomme le noyau d'habitations qui l'entoure, puis toute agglomération. C'est ainsi qu'au XIIᵉ siècle, lorsque nos noms se créent, elle entre en composition de noms de lieux déjà anciens, avec sa valeur première, et de noms de lieux nouveaux, avec ces noyaux de peuplement dus aux défrichements.

La plupart de ces créations sont appelées en effet des « villes neuves », mais aussi des « sauvetés » dans le Sud-Ouest (en raison des franchises que l'on donnait aux serfs qui s'y étaient réfugiés), lesquelles « sauvetés », au XIIᵉ siècle, prendront souvent le nom de « bastides ». Mais d'autres termes ont encore cours : les « bourgs neufs » et les « abergements » (où l'on « hébergeait » ces « hostes » qui venaient défricher).

Toutes ces dénominations de lieux habités donnent de longues listes de noms de famille par transmission. Les « villes », d'abord en tant que domaine rural (lieu qu'habite d'ailleurs le « vilain* », c'est-à-dire le paysan libre, sans aucun sens péjoratif), puis en tant que nom des nouveaux centres de peuplement, se retrouvent dans les *Deville, Laville, Villeneuve* et *Neuville, Villedieu, Belleville, Vieville* (= vieille ville), *Villette* et *Lavillette* (= petite ville), *Villefranche* (ville ayant reçu des franchises), *Maleville* (= mauvaise ville), *Longueville*, comme aussi dans les *Viala* des Cévennes, *Vialle* °, *Lavialle* ° et *Viallatte* du Massif central et du Limousin et encore tous les *Villiers, Villers, Villard, Duvillard, Devillard, Villaret, Viallard...*

Certains domaines affranchis de redevances sont appelés « condamines », d'où les *Condemine, Condamine* et *Contamine* (Rhône-Alpes, Savoie, Midi, Provence, Jura).

Les autres formes se retrouvent dans les patronymes

Bastid et *Bastide, Bourg, Lebourg, Dubourg* et *Bourguet* (ce dernier, dans le Midi).

Les hameaux peuvent donner des *Hamel* et *Hamelin* (ils peuvent aussi venir du prénom *Amel* qui donne déjà *Amelot*).

Une métairie, et plus généralement une ferme, est souvent appelée, en ancien français, une « borde », d'où tous les *Borde, Bordes, Bordas, Bordeau* (voire *Bordeaux*°), *Bourdeau, Debourdeau, Laborde, Delaborde, Desbordes, Borderie, Bordenave* (au sens de borde neuve), *Bordesoule* (borde seule, isolée) et, comme dénomination de ses habitants : *Bordier, Bourdier, Bourdillat...* La ferme isolée, surtout dans le Limousin, le Lot, le Périgord est une « borie », d'où les *Borie, Bory, Bories, Laborie, Laborit.*

A côté de ces appellations, d'autres se rapportent à des habitats plus primitifs : la « loge » des *Laloge* et des *Logeais* est un simple abri de feuillage, la « ramade » des *Ramadier* du Rouergue est une cabane ornée de verdure (ou peut-être couverte de plaques de gazon), comme on a aussi les *Buron*, d'après le « buron » auvergnat, les *Cabane, Cabanel, Cabanes, Cabanis, Chabane, Chabanel* et *Chabanis* assez explicites.

D'autres constructions offrent des points de repère d'où naissent noms de lieux et de famille comme *Pailler* et *Pailhès* (sur le nom du grenier à paille), *Touraille* (qui est l'étuve dans laquelle le brasseur fait sécher le grain), *Plouvier* (la gouttière), *Lescure* (l'écurie), *Métaie* (la métairie), *Soulier* ° (la maison à étage), *Delâtre, Delattre, Delaître, Delestre* (la maison avec un âtre en carrelage), *Salle(s), Delesalle* dans le Nord, *Lasalle* (la maison équipée d'une salle), *Pignon, Pignol* (maison au pignon remarquable ?), *Mazière, Demazière, Demaizière, Desmaizières, Mazille, Masure* (la maison en ruine), qu'habitaient les *Masurel*, les *Grange* et *Lagrange, Delagrange* (en référence à une grange), *Dufour, Duffour, Fourneau, Fournet, Fournial, Fourny* (en référence au four banal), *Chauffour* (le four à chaux), *Tapie, Latapie, Latapye* (le mur de pierres), *Soubiran, Soubyran, Soubeyran* (la maison « supérieure », c'est-à-dire sur une hauteur). Plus simplement, on a des *Maison, Demaison*,

Lamaison, Bonnemaison, Maisonneuve à quoi équivalent les *Mesnil, Dumesnil* et *Mény*. Les *Oustal, Oustau, Loustau*, dans le Sud, désignent la maison bourgeoise, en belles pierres, pierres que l'on retrouve dans les *Meurgey, Murger, Dumurger*..., qui se rapportent aux murets de pierres sèches.

Le vieux mot latin « casa », qui signifie « maison », se retrouve dans de nombreux noms de la France de langue d'oïl, comme *Chèze, Chaize, Chaise, Lachaise, Chazal, Chazette, Chazotte*, et de la France du Sud, comme *Cazaux, Cazal(s), Cazin, Cases, Cazes, Cazenave* et *Cazenove* (maison neuve), et encore tous les *Casabianca* (maison blanche), *Casalonga* (maison longue), *Casanova* (maison neuve), ou *Casagrande* (maison grande) de Corse ou d'Italie. On trouve encore des noms désignant la maison dans la ville : *Capdeville, Capdevielle* et *Chédeville* (pour tête de ville, c'est-à-dire en tête de rue), *Plasse, Place, Delaplasse, Laplace*..., *Delarue, Delrue, Deruelle, Larue, Laruelle*, ou *Barry, Dubarry* (à l'origine, le rempart et par extension le faubourg). Quant aux *Decourt, Lacour, Lacourt, Delacourt, Delcour(t), Descours, Beaucourt*, ils se réfèrent à une maison pourvue d'une cour, comme les *Courtel* à la basse-cour, les *Courty* à la cour fermée (aussi les *Curty* et les *Courtial*).

LES MOULINS ET LA CONCURRENCE

Les moulins, peu nombreux, donnent souvent leur nom au lieu où ils sont implantés. Ces noms se transmettront à leurs habitants qui n'étaient pas forcément meuniers. Voici donc une longue liste : *Moulin, Moulins, Molin, Dumoulin, Desmoulins, Dumolin, Molinet, Mouly, Moulis, Moulier, Molines*, et le flamand *Vermeulen*, comme on avait encore d'autres noms plus poétiques qui ne donnèrent pas de patronymes, tels « Écoute-s'il-pleut ». C'est ce que disait le meunier à sa meunière pour aller mettre en marche la grande roue à aube.

Mais le moulin devient vite un lieu de développement industriel. Depuis longtemps déjà, notamment en Picardie, il y avait des moulins à bière. Rapidement, le moulin à grain (à eau ou à vent, ce dernier apparaît aussi dès cette époque) se voit adjoindre d'autres machines et d'autres meules : meule à huile, par exemple, pour moudre les olives dans la France du Sud (d'où *Ollier, Lollier*) et les noix dans celle du Nord ; battoirs et foulons qui vont battre les étoffes, plus tard même parfois, ces moulins à fers que l'on nomme « martinets ». Le meunier, même s'il n'a pas élargi ses activités à tous ces domaines, devient de plus en plus riche et puissant, bien qu'issu du petit peuple. On l'appelle « Maître » et « Messire ». D'où, peut-être, certains surnoms tels que *Maîtrejean*, ou *Maîtrepierre* (comme dans la chanson).

Mais tout cela, décidément, ne vaut pas pour sa popularité. Il s'inscrit trop souvent en concurrent. Le seigneur, lorsqu'il avait autrefois édifié le moulin, n'avait souvent pas hésité à faire détruire des moulins préexistants, parfois tenus par l'Église. Il avait aussi interdit aux paysans de continuer à pratiquer la « mouture à bras », si fatigante mais si économique pour eux. Certains continuaient, cependant, comme ces *Meulier* ou ces *Meulemans* et *Meulenaer* flamands. Ou avait souvent mis en faillite les fabricants d'huile privés, ces *Huillier*, *Lhuillier* ou *Truiller* (presseurs d'huile). Mais, déjà, on trouvait de nouvelles dénominations comme ces *Foulon°*, *Foulonnier*, *Foulonneau°*, qui ont pu se référer tant au métier qu'aux habitudes, par exemple, celles d'un gars qui aimait à donner des coups à ses voisins.

L'histoire du moulin, c'est donc toute l'histoire du progrès technique. Les meuniers ont été parmi les premiers industriels. Beaucoup de surnoms leur ont été donnés, à commencer par celui de *Cassegrain*. Il reste que, parfois, la généalogie s'en mêle et joue des tours. Un des premiers noms de la meunerie française est aujourd'hui celui de *Vilgrain*. Il n'y a pas lieu cependant de sourire. Le mot « grain » ici désigne la tache, le bouton, et ce nom se réfère à quelque tache que l'ancêtre devait avoir sur le visage ou sur la peau.

UN ENDROIT REDOUTÉ ET MYSTÉRIEUX :
LA FORGE

Le forgeron*, nous l'avons vu, maître des éléments naturels, impressionne beaucoup nos ancêtres médiévaux. Il travaille dans la lumière rouge de sa forge et, si plus tard les paysans se réunissent volontiers autour de lui, ils le considèrent, encore, en ce XIIe siècle, plus ou moins comme l'artisan de Satan. De ce fait, sa forge elle-même est en général tenue à l'écart des agglomérations.

Chaque seigneurie, chaque village a la sienne, en général unique, d'où le si grand succès des patronymes provenant de ce métier qui permettaient de désigner sans ambiguïté un homme et sa famille dans chaque paroisse.

Cette forge, tout aussi remarquée que son habitant, se trouve à l'origine de nombreux noms de lieux. Comme d'autres, ils furent souvent repris pour dénommer ceux qui y résidaient sans signifier pour cela qu'ils étaient forgerons. Les mots la désignant ayant naturellement varié, la forge se retrouve dans plusieurs patronymes.

En premier viennent bien sûr les *Deforge, Desforges, Forge(s), Laforge, Delaforge*, devenant parfois *Forgue* et *Laforgue* dans le Midi. Dans le Massif central, ce sont les *Farge(s), Lafarge* (Limousin), *Fargette*, dans le Sud-Ouest, les *Fargue(s), Laffargue(s), Lasfargues*, plus au nord (Périgord, Corrèze), les *Faurie* et *Lafaurie*, en Rouergue et Languedoc, les *Fabrege(s)* et *Fabregue(s)*.

Dans les villes, la forge aura souvent plus tard comme enseigne le bouquet de saint Éloi, réalisé comme il se doit en fer forgé.

A la campagne, après avoir été à l'écart du village, en ce qu'elle est souvent un établissement dû au seigneur, elle va peu à peu en gagner le centre pour se retrouver sur la place principale. Là, elle devient ce que l'on appellerait aujourd'hui un lieu de sociabilité masculin où les hommes se chauffent devant le foyer en bavardant, comme il en existe pour les femmes avec les fontaines et les lavoirs. Satan l'a depuis longtemps abandonnée...

ALLONS VOIR SI LA ROSE : JARDINS ET ROSIERS

La rose, symbole de l'amour... L'époque de formation de nos patronymes est à peu de choses près contemporaine du « Roman de la Rose », lui-même, pour partie, manifeste de l' « amour courtois ».

Créée selon les anciens par Vénus elle-même, la rose avait été un véritable objet de passion pour les Grecs et les Romains qui allaient jusqu'à couvrir de ses pétales leurs tables et leurs lits. Au Moyen Age, elle est avant tout l'emblème de la pudeur. Sur la table d'un banquet, on plaçait volontiers un pot de roses recouvert d'un linge. Chacun pouvait alors parler librement et se laisser aller dans la conversation. A la fin du repas, on ôtait le linge; silence et discrétion redevenaient alors la règle. Voilà pourquoi on dit du maladroit ou de l'indiscret, qu'il « découvre le pot aux roses ».

Symbole de l'objet aimé, la rose apparaît encore souvent sur les armes qui ornent les boucliers. Elle représente alors le cœur de la belle qui est la plus belle des récompenses. Souvent, les croisés le « blasonnent » donc sur leur « écu » de métal qui les protège dans les combats. Mais ce sont aussi ces croisés qui ont diffusé la mode de « l'eau de rose », si prisée en Orient. On raconte que lorsque Saladin reprit la mosquée d'Omar aux

Francs, il la fit laver de fond en comble à l'eau de rose, acheminée par tonnes depuis Damas à travers le désert par une caravane de cinq cents chameaux. On sait que Louis XI, plus tard, ne manquera jamais de la faire mélanger à l'eau de son bain.

A ces époques lointaines, on attribuait encore à la rose toute une gamme de vertus. On pensait, entre autres, qu'elle avait la propriété de chasser les miasmes et elle était, à ce titre, couramment utilisée contre les maladies comme la peste. Les mires, ancêtres de nos médecins, conseillaient ainsi d'arroser la chambre d'eau froide et de vinaigre « fort odorant, poignant et aigre » et, dessus, de largement « semer roses et fleurs d'églantiers ».

Ces roses, cependant, étaient encore rares. On n'en connaissait que peu de variétés : les roses de Provins, les roses de Damas et les rosiers blancs. Ces derniers étaient déjà utilisés avec le lilas pour confectionner des coiffes de mariées, avant que l'on n'introduise la fleur d'oranger. Les roses extrême-orientales, de Chine, du Japon, du Bengale ou du Kamchatka ne seront introduites en Europe occidentale que beaucoup plus tard, souvent par les voyageurs-collectionneurs anglais du milieu du XVIIIe siècle.

A l'époque où se dégagent les noms, la rose est donc un objet rare et largement chargé de propriétés et de symboles. Comment donc s'étonner de la retrouver dans nos noms, surnoms ou noms de lieux transmis comme noms de famille, sans oublier qu'elle était aussi prénom féminin avec sainte Rosalie, une Sicilienne du XIIe siècle, qui devait alors se trouver au maximum de sa popularité ?

Voici donc les *Roze, Rose, Rosier, Rozier*, alors que les *Rosière* ° ont plutôt désigné des marécages (plantés de roseaux), car les « rosières », comme celle de Mme Husson dans le fameux récit de Maupassant, n'apparaissent que plus tard.

Mais où croissent donc ces roses si rares et si fragiles ? Les jardins et vergers sont peu nombreux, et toujours décrits dans la littérature de l'époque comme des lieux enchanteurs où les amants se livrent aux joies de l'amour, autour de sources, de fontaines, de boqueteaux, de treilles, d'arbres et de plantes curieuses, de haies d'aubépines et d'herbes aromatiques. De tels lieux seraient-ils donc à l'origine des *Desjardins, Dujardin, Jardin*, des *Delort, Delord* et *Deshorts* occitans (du latin *hortus* = jardin) dont les ancêtres ont dû habiter un endroit ainsi nommé en souvenir d'un ancien jardin. De la même façon, on trouve beaucoup de *Verger, Duverger, Desverger*, qui donnent *Verdier* en occitan comme *Vergez* qui devient fréquemment *Bergès*. Peut-être tous ces lieux étaient-ils amoureusement cultivés par un professionnel, qui pourrait alors être l'ancêtre de nos actuels *Gardinier*. Mais ne rêvons pas trop, ces paradis privés n'étaient qu'exceptionnels. En général, le jardin était un jardin utile et potager, semé de poireaux et de fèves, que l'on protégeait des « conils » (lapins) et autres nuisibles en les fermant par quelques palissades. Ils étaient donc de simples « clos », à l'origine des actuels *Duclos°* et *Desclos°*... et rien ne prouve que l'aïeul de M. Rozier ne se soit pas simplement fait remarquer en possédant, en pleine campagne, un de ces fabuleux arbustes aux fleurs quasi magiques.

NOS ANCÊTRES ET LE CODE DE LA ROUTE

Certains noms de famille, quand on sait les comprendre, donnent envie de sourire tant ils ressemblent à des panneaux du Code de la route. Nous avons vu, avec les pèlerins*, comme les vraies routes sont rares en ces époques lointaines. Par contre, le pays est constellé de chemins creux et de sentiers à ânes qui présentent souvent des caractéristiques. Ce fut là, dans un premier temps, l'occasion de la formation de noms de lieux, transmis ensuite comme noms de famille à leurs habitants.

Les chemins ont donné les *Chemin, Duchemin, Chaussade* et *Caussade* (chaussée), *Estrée* et *Estrade, Lestrat* et *Lestrade* (du vieux mot désignant aussi la chaussée), *Battut*, *Batut*, *Labattut* (chemin en terre battue). Les bifurcations ont donné des *Carrouge*, *Ducarrouge* ou encore *Fourcade* ou *Forcade* (sur le mot fourche), et certaines des *Lacroix*.

Les pierres isolées, fichées, marquées ou particulières ont donné des *Delpierre*, *Despierres*, *Laroche*, *Delaroche*, *Roc*, *Rocca* (dans le Midi), *Laroque*, *Rocher*, *Rouchet*, *Roucher*, *Perrier*, *Perrière*, *Peyroux*, *Peyrol*, *Perroche*, *Legarrec* (rocher, en breton), *Laffitte* (pierre fichée), *Lamarque* ou *Lamarcque* (pierre, ou lieu marqué ?), *Rondepierre*. Les chemins empierrés sont les *Peyrolles*, *Perol*, *Peyrat*, *Payrat*, *Dupeyrat*, *Peyrol*, et peut-être des *Perrucheau*, *Perruchot*, *Perruchet* (l'oiseau nommé perruche étant encore inconnu).

Les passages et les défilés ont donné les *Dupas*, *Petitpas* (petit passage), *Maupas* (passage mauvais, dangereux), *Pasdeloup* et *Padeloup* (sentier du loup).

Les grottes ont laissé, par le latin *crypta*, les *Crote*, *Lacrotte*, et les *Crocq*, *Ducrocq*, *Ducrot*, *Grocq* et *Groult* souvent méridionaux.

Les rues ont donné les *Larue*, *Delarue*, l'alsacien *Gasse*, les *Ruelle*, *Delaruelle*, et peut-être les *Lavoix*.

D'autres éléments remarquables sont à l'origine des noms de lieu et de famille : *Coin*, *Ducoin* (coin de rue), *Langlade* (terre en angle), *Travers* et *Traverse* (chemin de traverse), *Tauveron* (chemin en lisière de champ), *Poteau*, *Potel*, *Potez*, *Potot*, *Pouteau* (qui peuvent parfois avoir eu le sens précis de pilori), *Barrière* et son synonyme *Hecquet*.

Enfin, le long des routes et des sentiers, le voyageur rencontrait sans cesse des croix. Cela nous vaut les si nombreux *Croix*, quelques *Cruz* parfois espagnols, et des *Decroix*, *Delacroix*, *Delcroix* et surtout des *Lacroix*.

Mais pourquoi donc tant de croix dans nos campagnes, aujourd'hui comme autrefois ? Leur implantation remonte justement souvent au Moyen Age, voire aux tout premiers siècles de l'évangélisation de la Gaule, où cette prolifération de croix eut pour objet d'affirmer la nouvelle religion. Près des fontaines et des dolmens, au sommet des cols, partout où les dieux païens avaient été honorés, on éleva une croix. Bientôt, on l'utilisa pour délimiter les paroisses, pour séparer les seigneuries, pour indiquer les carrefours. Bien souvent, elle marquait aussi les limites des terres de franchises. Le serf qui « déguerpissait », s'enfuyant de la terre à laquelle il était attaché, savait se trouver en sécurité au-delà de la croix.

Comme l'église plus tard, la croix de chemin était souvent pour nos lointains aïeux un lieu de refuge. Si un criminel se réfugiait auprès d'elle, il gagnait l'assurance, dans le cas où il serait livré à la justice, que sa vie et ses membres seraient épargnés. La croix affirmait la religion et la civilisation. Sur sa route, le pèlerin*, mais aussi le marchand*, le migrant, le voyageur*, se signaient en la rencontrant.

D'autres fois, la croix commémorait un événement : un crime, une bataille, un incendie ; elle relayait la mémoire et forçait le respect. La croix rappelait la mort du Christ et l'engagement des chrétiens. Pourquoi les illettrés signent-ils d'une croix ? Cette pratique, qui remonte également à cette époque, vient de ce qu'en traçant ce signe, l'homme s'engageait, sur la croix et le Christ, à respecter la teneur de l'acte en question. Pénétrant déjà jusque dans chaque maison, la croix était un symbole universel et respecté pour nos ancêtres du XIIᵉ siècle.

PAR MONTS ET PAR VAUX

Encore un piège ! Le profane verra dans le nom *Dupuis* une allusion au puits à eau. C'est tout le contraire.

Curieusement, en effet, – cela fait partie des jeux de l'histoire de notre langue –, deux mots latins de sens contraire, « podium » (la hauteur, le tertre) et « puteus » (le puits en cavité) ont donné naissance à deux homonymes : le puy comme le « Puy de Dôme » et le puits où l'on puise l'eau. Nos modernes Dupuis se révèlent donc être... des montagnards.

Montagnes et vallées ont autrefois engendré nombre d'appellations : noms de lieux d'abord, puis souvent noms de personnes.

Les noms de lieux en question, comme « La Montagne », « Le Mont », « La Motte »,... ou « La Vallée », « Le Val » sont, contrairement à leur apparence, des noms précis et définis. On les trouve généralement en dehors des grands massifs montagneux. Appeler un lieu « Le Mont » en Savoie n'aurait pas permis de le distinguer des autres, alors qu'en Normandie, en Poitou, en Bourgogne ou dans une autre région au relief moins accidenté, une telle dénomination prenait toute son efficacité. Nous avons donc affaire ici à des noms de lieux ou de hameaux précis qui se sont transmis aux descendants de leurs habitants. On doit remarquer aussi que ces noms de lieux sont souvent très vieux. Le relief a fourni de nombreux points de repères aux hommes préhistoriques qui ont donc très tôt ressenti le besoin de les désigner.

Comme bien souvent, nous aurons ici aussi des variantes régionales. Compte tenu de tout cela, les hauteurs ont transmis à leurs habitants de nombreux patronymes : *Mons, Mont, Dumont, Dumond, Delmont; Montagne, Montaigne; Montel, Monteil, Montet, Dumontet, Montat, Moncet, Mon(t)ceau(x)* et *Mousseau* (désignant tous le petit mont). Parfois, la montagne est décrite : en hauteur : *Hautmont, Haumont, Aumont, Aumond, Montagu, Montaigu(t)* ; en majesté : *Belmont, Belmonte, Beaumont, Mon(t)fort*; en richesse comme *Richemont* ou au contraire en pauvreté avec *Chaumont* et *Caumont* (montagne chauve); ou encore par rapport à son propriétaire, comme *Montrichard* (la montagne de Richard), *Monlouis, Montarnal, Monchicourt* ou à sa couleur, comme *Rougemon(t)* ou *Montdor*. Souvent, on se réfère à la vue qu'elle offre : *Beauregard, Beauvoir, Bellevue*, ou encore *Mirabel, Mirebeau, Mirande, Miramont, Clermont*.

A côté des monts et montagnes, on trouve les « mottes »,

d'où les actuels *Motte, Delmotte, Lamotte, Delamotte, Lamothe* et *Mottet* (petite motte).

Mais beaucoup d'autres noms désignent encore les hauteurs : poste d'observation et de garde, elle donne les *Lagarde* et *Delagarde;* simple côte, elle est à l'origine des *Coste(s)* et *Lacoste.* En Limousin, elle donne aussi les *Touron* et les *Saillant.* Dans le Midi, elle engendre des *Serre(s)* et *Lasserre, Sarret* et *Sarrey,* en Armagnac et dans les Landes, on trouve les *Ducos,* ailleurs encore et plus simplement les *Lassus* et *Delassus* (nom du hameau « là-dessus »).

Viennent enfin les formes dérivées du latin *podium,* elles aussi nombreuses et variées, bien que limitées au sud de la Loire. En Savoie, on trouve les *Piou(x),* en Dauphiné les *Peuil,* en Forez les *Poy,* en Berry les *Dupué,* en Vendée les *Dupé,* en Poitou les *Dupeu* et *Dupeux,* en Gironde les *Delpoux,* en Périgord les *Delpy* et *Delpit,* dans les Landes les *Delpuch* et *Puch,* en Armagnac les *Pouy* et *Pouey,* dans les Pyrénées les *Puech,* en Roussillon les *Puig,* en Languedoc les *Pioch, Poueigh* et *Pech,* en Provence les *Pié* et *Pey,* en Corse les *Poggi,* en Limousin les *Delpeuch, Peuch* et *Delpech,* en Auvergne les *Peuch, Peux, Poeuf* et *Dupeu,* ailleurs les *Dupoux* et *Dupouy,* et un peu partout dans le Centre (Poitou, Charente, Limousin) de nombreux *Dupuis* et *Dupuy,* qui parfois se conjuguent avec un prénom ou un autre mot pour donner des *Puyaubert, Puyjalon, Puyogier* (d'où par contraction *Pioger).* Sur la même racine sont nés les *Poujol, Pujole, Puget, Pouget, Pougeol, Poujade, Pujade, Pouyet...*

De rares endroits plats ont donnés eux aussi leurs noms à leurs habitants : *Plane, Plas, Laplane, Delaplane, Plat, Plateau, Platel, Platon...*

Quant aux endroits creux, aux dénominations variables selon leur profondeur, ils engendrèrent également des légions de noms de lieux, puis de famille.

Le val (au pluriel « vaux ») et la vallée donnent tous les *Val, Valle, Duval, Delval, Laval, Daval;* les *Vallée, Valleix* limousins, *Vault, Vaud, Vaux, Veaux, Duvaux, Devaux* (aux variantes orthographiques pléthoriques) et les *Velay* (qui peuvent aussi être originaires du Velay); les formes anciennes *Lavault, Lavost, Lavaud, Lavaux, Laveau..., Delavault...*; et tous les *Valade, Lavalade, Delavalade, Valette, Lavalette, Vallon, Val(l)ot, Valat, Vaucelle, Vauzelle, Vazeille(s)* désignant les petites vallées, comme les *Malval* (mauvaise vallée, sans doute au sens d'infertile), *Vaugelade* (vallée gelée, froide). Moins profondes et moins importantes, d'autres cavités expliquent les *Ducreux, Ducroux, Ducrot, Cros, Delcros,* les *Lafosse* et *Delafosse* avec tous les *Fosse, Fossey, Fossier* et leur équivalent *Demardeley* (= de la fosse dans les régions du Centre). Viennent enfin les « combes », petites vallées sèches qui donnent *Combe(s), Lacombe, Decombe, Delacombe, Descombes, Combette* (pour « petite combe ») et dont les habitants sont les *Combeau*.

D'AUTRES NOMS DE LIEUX

Selon les régions, les noms de lieux devenus noms de famille représentent une proportion plus ou moins importante du patrimoine patronymique. Les neuf dixièmes de ces noms, cependant, provenant d'un nom de lieu précis, désignent une famille et une seule et entrent de fait dans la catégorie des noms très rares, que les listes alphabétiques nationales comme l'annuaire parisien des abonnés du téléphone ne livrent pas toujours. Certains, cependant, souvent du fait que plusieurs lieux homonymes ont engendré des familles homonymes, arrivent à s'inscrire parmi les noms courants. En voici quelques-uns de ce type qui sont à coup sûr tirés de toponymes, lesquels restent souvent à préciser et à situer géographiquement.

Bachellerie; Bailleul; Bayon; Beaulieu; Beaurepaire; Besombes; Billy; Biron; Bourbon; Bourdizis; Bourlon; Bournazel; Boury; Boussuge; Bray; Brouillet; Bry.

Carayon; Caubet; Chaix; Chalard; Champetier; Chiron; Choisy; Cholet; Cormont; Coron; Cossé; Courteille; Cury; Cussac.

Debord; Debray; Dechelette; Defer(t); Delair; Deloffre; Depouilly; Desombre (endroit mal exposé); Develay; Duflos; Dumortier; Duthoit.

Eon; Estival.

Farcy; Fleury.

Gardette; Glatigny; Gourdon; Gournay.

Jouy.

Labachelerie; Labrunie; Lafeuillade; Lafeuille; Lagesse; Lair; Lambilly; Langeron; Lansade; Laroudie; Latrille; Latournerie; Lavagne; Lechenaut(-lt)...; Leyrac; Lignac; Limon; Lory; Luneau.

Mailly; Malbranque; Marache; Marcillac; Marcy; Mareuil; Marfaing; Marnay; Marsac; Marsant; Marsat; Massy; Meauldre; Mercey; Merville; Méry; Minvielle; Moisy; Monchâtre; Monconduit; Montandon; Montaron; Montcomble; Montenay; Montenon; Montenot; Monteux; Montigny; Montourcy; Montoy; Montreau; Montreuil; Moreuil; Moreux; Moyon; Mur; Murat; Muret.

Narcy; Nazeille; Neyrolles; Noblecour(t); Nouvion; Noyelle.

Orlhac; Orliac; Orliaguet; Orliange; Orluc.

Pantigny; Paradis; Paulhac; Pavillon; Pimont; Plazanet; Poivre; Poix; Poizat; Pouilly.

Rampenoux; Rancillac; Raveau; Reille; Revaux; Reveillon et Revillon; Revers (non exposé au soleil); Reyrolles et Rérolle; Ridel; Ripoll; Rony; Roquebert; Roquefeuil; Roumégoux.

Sailly; Sainte-Marie; Santerre; Saugues; Sauguet; Sauval; Savigny; Seguret; Selle; Senac; Sénéjoux; Séré; Sinclair;

Soleilhavoup (ensoleillé); *Solier; Solignac, Soulat; Soulignac.*

Thiaucourt; Thieulin; Thorigny; Tisseuil; Toulemonde; Tounemine; Tournon.

Valmon(t); Vaubourg; Vaudeuil; Vaudoyer; Vechambre; Védrenne; Védrines; Véfour; Verdon; Verdy; Vermorel; Vimont (d).

Même les hommes politiques
ont des ancêtres

Les noms de nos dirigeants, comme leurs racines, sont des éléments qu'il est souvent intéressant de connaître. J'ai déjà posé la question en introduction : le président Giscard d'Estaing aurait-il eu la carrière qui fut la sienne s'il s'était appelé Martin ?

Voici donc, à titre d'informations, quelques analyses généalogiques sur les origines et les noms de quelques-uns de nos élus de tous bords.

Raymond *Barre*, natif de l'île de la Réunion, descend de familles bourgeoises de la Drôme. Son nom a plusieurs significations possibles que l'on trouvera dans ce livre, tant par la barre de fer (en analogie) que par l'aphérèse « Bart », forme patoise de « Bert ».

Jacques *Chirac*, corrézien lui aussi, a pour ancêtres de modestes laboureurs tirant leur nom d'un nom de lieu. On rencontre plusieurs exemples de ce nom dans le Massif central et en Corrèze, où il a désigné au temps des Gallo-Romains le domaine d'un certain Carius.

Laurent *Fabius* a ses racines en Alsace-Lorraine dans la région de Sarrebourg, que ses ancêtres ont quittée en 1872, pour opter pour la France et gagner Paris. Son nom vient d'un prénom, celui de saint Fabianus, pape et martyr du IIIe siècle, à Rome.

Valéry Giscard d'Estaing est issu à la fois de la haute bourgeoisie politique et des affaires et de la noblesse (par les femmes, il est même possible qu'il descende d'une fille naturelle de Louis XV). Les Giscard, avant de relever récemment (au début du XXe siècle) le nom de « d'Estaing » porté par un de leurs lointains ancêtres, étaient de Marvejols, en Lozère, où ils font autrefois figure de notables locaux.

André *Lajoinie* a de solides racines rurales, au fond de la terre corrézienne, où son nom se rencontre depuis toujours, comme matronyme formé sur Jeanne alias Jouannie (pour « à la Jouannie »).

Jean-Marie *Le Pen* est à cent pour cent breton. Son nom signifie curieusement « la tête » ou « le chef », signe de son destin d'extrémiste ?

Georges *Marchais*, issus de journaliers, de garçons épiciers et d'artisans modestes, est de souche normande et terrienne. Son nom n'a rien à voir avec le marché, mais désigne plutôt les marais. Dans cette région, en effet, les « marquais » sont les marécages.

François *Mitterrand* puise ses racines en milieux fort divers, tant au plan social qu'au plan régional. Ses ancêtres paternels en ligne directe sont originaires du Berry. Certains ont voulu voir dans son nom un surnom de mesureur par l'ancien mot « mittier » (mesure de grain). Il semble au contraire évident que l'on ait affaire ici à un nom de lieu, avec les hameaux du « Grand » et du « Petit Mitterrand », situés sur la commune d'Allogny, dans le département du Cher.

Michel *Rocard*, issu d'une famille comptant de nombreux instituteurs, tire ses origines de Haute-Marne. Rocard semble avoir été le nom, au Moyen Age, de l'homme marié.

Juquin, comme *Josquin*, doit venir du prénom *Josse*°. Pour mémoire, rappelons aussi que *Léotard*° et *Pasqua* sont des noms qui avaient autrefois valeur de prénom (Pasqua, pour Pascal, et Pâques), que *Lang*°, en Alsace-Lorraine, se réfère à la grande taille d'un lointain ancêtre, que *Mauroy*° était le surnom du mauvais roi ou du faux roi, à prendre ici dans le contexte du roi des jeux de tir à l'arbalète.

Aux yeux du spécialiste des noms de famille, l'homme politique idéal, celui dont l'intégrité ne ferait pas de doute et dont la bienveillance serait d'emblée garantie, reste sans contestation Jacques *Toubon*. Mais les noms de famille ne font pas encore autant au niveau des scrutins que la légendaire couleur des cravates des candidats.

COMMENT RETROUVER
L'ORIGINE D'UN NOM?

Aucun organisme ne possède la liste exhaustive de tous les noms de famille actuellement portés en France. On estime leur nombre à deux cent cinquante mille, mais ce n'est là qu'une approximation.

Ce livre a livré les trésors et les secrets d'une foule de patronymes. Il n'a pu cependant les considérer tous. A ce jour, l'ouvrage le plus exhaustif reste le *Dictionnaire des noms de famille et prénoms de France,* publié en 1951 par Albert Dauzat, le père de l'anthroponymie française, c'est-à-dire de la science qui étudie l'étymologie des noms de famille. Mais encore cet ouvrage se limite-t-il aux quelques dizaines de milliers de noms livrés par différents annuaires, dont ceux des P.T.T., à une époque où le téléphone était loin d'être l'instrument démocratisé qu'il est devenu au cours des quinze ou vingt dernières années. La majeure partie des noms rares ou géographiquement limités a donc complètement échappé à ses recensements.

Aucun livre de ce genre ne peut analyser les noms en fonction de leur région d'origine. Il faudrait, pour éviter tout risque d'erreur, disposer d'une multitude d'études ponctuelles et locales. J'ai ainsi travaillé voilà quelques années sur quelques cantons bourguignons et morvandiaux et les quelque huit cents noms de famille qu'ils m'ont livrés. J'ai recherché les formes anciennes de chacun d'entre eux. Alors, à leur lumière seulement, j'ai souvent compris le sens et le pourquoi d'un patronyme, et cela sans équivoque possible, alors que Dauzat, faute de ces éléments, devant se contenter de la seule forme actuelle souvent déformée, avait été amené à en donner une explication erronée. Je ne me permets en rien de réduire ses mérites, je dis simplement que l'analyse d'un nom dont on ignore l'origine géographique et l'histoire conduit bien souvent à de mauvaises interprétations. Il n'est qu'à songer aux cas déjà cités au début de ce livre, à ces mots sur lesquels sont forgés nombre de patronymes et qui changent de sens selon les régions. Ainsi ces bergers de troupeaux qui risquent à tout moment de se confondre avec les « Berger » alsaciens ou allemands désignant les montagnards et dont la prononciation a pu être oubliée. La liste serait très longue : citons Quelin qui, en Bretagne, désigne le houx alors qu'ailleurs il sera souvent un diminutif du prénom Jacques par Jacquelin, Monge qui désigne le moine dans le Massif central et vient d'une déformation du prénom Dominique (Demonge) en Bourgogne, ou encore Lasne, représentant la lande en Gascogne et l'âne, animal, ailleurs...

A cela s'ajoutent de nombreux « faux amis », mots qui ont changé de sens, comme « galant » signifiant autrefois vif, enjoué, « mitte » qui est l'ancien nom de la chatte ou « courtois » signifiant gracieux, bien élevé. A l'inverse, beaucoup de mots n'ont pas encore pris le sens qu'on leur connaît aujourd'hui, comme « dauphin », « pochard », « froussard », « cocher », ou tout simplement « rigoler » ou « rouquin ». A ces deux niveaux, l'analyse devra donc être prudente.

Enfin, l'orthographe – et l'accent tonique qu'elle entraîne – tout en ne cessant de varier au fil des générations et des rédactions d'actes d'état civil, – risque fort elle aussi d'induire en erreur. Ainsi, comment choisir entre Fort et Faure ou entre Maurin et Morin ? Comment imaginer, sans une recherche approfondie, que les Begras du Charolais ont pour ancêtres des Beugras, Bœugras, et finalement des Bœufgras ?

Il faut bien avoir conscience enfin que l'étude de l'origine des noms de famille est forcément limitée. Dans le meilleur des cas, elle doit permettre de trouver à partir de quel mot il a été forgé et quel sens avait ce mot dans la région où vivaient les ancêtres de la famille. Le fait de savoir pourquoi il a été donné comme surnom à un individu échappera toujours à toute investigation. Quelle a été, en effet, la place de l'ironie et celle de la réalité? L'ancêtre des Lièvre était-il aussi rapide que l'animal ou, tout au contraire, particulièrement lent? Celui des Potier exerçait-il cette profession à titre principal ou bien accessoirement, tout en cultivant sa terre? Celui des Lebel était-il vraiment si beau? J'ai déjà dit que tout patronyme faisant allusion à une qualité, à une vertu ou à un physique agréable devait être considéré comme suspect. L'ancêtre des Lombard venait-il de Lombardie ou bien était-il simplement quelque obscur banquier avant la lettre ou quelque usurier de village, nommé ainsi par référence à ces fameux argentiers italiens? J'ai déjà fait le parallèle entre la formation de nos noms et celle des surnoms donnés aujourd'hui encore dans les cours de récréation. Vous souvenez-vous de la valeur et du sens de ceux donnés autrefois à vos camarades d'école? Alors, n'oubliez pas que nos noms de famille, eux, sont vieux de plus de huit siècles!

Pour les noms rares, oubliés par les listes et les dictionnaires étymologiques, je ne peux donc qu'indiquer une méthode d'analyse, qui tiendra compte, à tous niveaux, de toutes ces données essentielles.

La méthode pratique

Un principe fondamental est de ne jamais se polariser sur l'orthographe d'un nom. Au contraire, essayez de vous baser sur sa phonétique. Sans oublier les formes phonétiques voisines, ainsi « br » est souvent une déformation dialectale de « ber », comme « dr » de « der » (*Br*etin pour *Ber*tin...), comme la finale « ié » vaut souvent « é » (Bouch*ier* pour Bouch*er* ou Bouch*é*...). Essayez aussi d'imaginer votre nom précédé d'une préposition et d'un article « de », « dela », « le »,... qui permettra souvent de dépister le nom de lieu. A tout moment et à toute étape de la recherche, vous devez avoir ce réflexe, et toujours donner la priorité au son sur l'écrit : les noms sont nés du langage parlé, ils n'ont été écrits que plus tard.

MESURER LA RARETÉ D'UN NOM

Votre nom est-il rare ? La meilleure source d'information en la matière reste l'annuaire téléphonique de Paris. En principe, un nom porté par moins de dix abonnés est un nom rare ; lorsqu'il est porté par moins de cinq, il y a de fortes présomptions pour qu'il ne soit porté que par les descendants d'une seule et même famille.

Mais attention : là encore, il s'agit de considérer le nom au niveau phonétique. Les sept Blein de l'annuaire actuel ne peuvent en conclure à la rareté de leur nom, qui doit rejoindre à ce niveau les nombreux Blain, Blin, Belin... Les Lautissier deviennent moins rares lorsqu'ils rejoignent les Autissier, comme les Maizière doivent s'ajouter aux Demaizière, Desmaizières...

Beaucoup de noms rares proviennent d'un nom de lieu. Il s'agit alors d'un nom de hameau, d'un lieu-dit précis, qui ne supporte souvent pas d'homonymie. On trouvera ainsi, en France, un seul lieu appelé « Soleilhavoup » (à Naves, en Corrèze), un seul hameau appelé « La Meloise » (à Millay, dans la Nièvre), d'où des noms de famille tout aussi uniques puisque donnés à leurs seuls habitants (*Soleilhavoup* et *Lameloise*). Ce sont souvent ces noms-là qui échappent à tout recensement, parce que très peu portés.

Repérage : les préfixes formés de prépositions combinées ou non à un article (sauf s'ils sont suivis d'un prénom, d'un nom de métier, d'état comme Bailly dans Dubailly, ou de parenté, comme père dans Dupère) indiquent généralement un patronyme formé sur un nom de lieu : « de », « de la » ou « dela », « du », « des », et parfois « la » (en altération de « dela » comme dans Labruyère). Cela, dans plus de 90 p. 100 des cas.

Localiser et identifier le lieu en question :

— Si la région d'origine est connue, il suffira souvent de travailler sur une carte I.G.N. au 1/50 000. Un balayage détaillé devrait livrer le hameau (quelquefois sous une forme ou une orthographe légèrement différente) et cela dans un rayon de vingt-cinq à trente kilomètres au maximum. Attention : on peut avoir affaire à deux ou trois lieux homonymes sur une même région. Attention également : les noms de lieux en « les » (comme « Les Bardins », « Les Monteils ») tiennent en principe leur nom de la famille qui les a habités à une certaine époque (XVe-XVIe siècle).

— Si la région d'origine est inconnue [1] : la rechercher par une recherche généalogique classique, puis procéder de même.

---

1. L'étude de divers éléments du nom, dont les suffixes et terminaisons, peut fournir ici de très intéressantes précisions (cf. page 302).

TROUVER LA RÉGION D'ORIGINE

Seule la recherche généalogique classique la révélera de façon certaine. Beaucoup de légendes et de mémoires familiales sont erronées à tous niveaux. Pour conduire cette recherche, il faut aller sur le terrain et mener son enquête dans les diverses sources, dont l'état civil et les cahiers paroissiaux.

Le faire seul demande du temps et des loisirs (les dépôts d'archives sont presque toujours fermés le week-end). Cela entraîne des frais de déplacement (vous habitez Paris et votre grand-père est né à Pau, son grand-père à Épinal...) et cela exige des compétences et des connaissances (ne serait-ce que de savoir lire les écritures anciennes). Une seule école : le tas, mais des livres pratiques :

– *La Généalogie*, par Pierre Durye, Que sais-je? n° 917, P.U.F.

– *Guide Marabout de la généalogie*, par Marie Clément, Éditions Marabout.

– *Mes aïeux, quelle histoire! Guide pratique de la généalogie pour tous*, par Yves du Passage, Hachette.

– *Comment retrouver vos origines*, par Jean-Louis Beaucarnot, Livre de Poche, n° 7789.

– Pour les chercheurs déjà confirmés, le *Guide des recherches sur l'histoire des familles*, par Gildas Bernard, inspecteur général des Archives de France, publié par les Archives nationales et diffusé par La Documentation française, 29-31 quai Voltaire, 75340 Paris cedex 07.

Vous pouvez aussi vous adresser à un professionnel (coût d'une généalogie en ligne directe (de père en fils) jusqu'au début du XVIIIᵉ siècle : compter entre 10 000 et 20 000 F). La Chambre syndicale des généalogistes héraldistes de France (74, rue des Saints-Pères, 75007 Paris) vous mettra en rapport avec des professionnels compétents.

Exploiter les éléments généalogiques : considérer les différentes formes, variantes et orthographes du nom et déjà les formes du XVIIᵉ siècle, en principe davantage fidèles à la forme originelle. Voir si l'on décèle un « noyau » précis, c'est-à-dire si, à 90 p. 100, les porteurs du nom au XVIIᵉ siècle sont regroupés sur une commune, voire sur un hameau, ou à tout le moins dans un périmètre très limité (cercle de dix kilomètres de diamètre au maximum). En principe, plus le berceau et le noyau sont limités quant à leur aire géographique, plus l'unicité de la famille est certaine.

RECHERCHE DES FORMES ANCIENNES
ET PRIMITIVES

En moyenne, la recherche généalogique conduira avec un peu de chance jusqu'au premier tiers du XVIIᵉ siècle. Votre plus lointain ancêtre ainsi connu sera né vers 1630. La forme de son nom sera déjà souvent plus proche de la forme originelle. En effet, c'est surtout au XIXᵉ et au XXᵉ siècle, avec les migrations et la fixation des orthographes par la création des livrets de famille vers 1877, que les noms changent le plus. Il n'en reste pas moins que votre plus lointain ancêtre connu, séparé de vous par environ dix ou onze générations, est lui-même séparé du premier ancêtre qui reçut le nom par quelque dix-huit à vingt générations, soit plus de quatre cents ans, ce qui a pu laisser à bien des noms le temps de se déformer, d'autant que bien souvent on en avait oublié la valeur et la signification.

Il faut alors rechercher les formes antérieures. Et ici, plus d'état civil ni de cahiers paroissiaux pour continuer la recherche. Elle sera à conduire sur d'autres documents nominatifs. Faute de recensements, inexistants à l'époque, on aura surtout recours aux archives de nature fiscale, c'est-à-dire aux pièces conservées dans la série C des dépôts d'archives départementaux (voir pour cela leurs inventaires, imprimés ou non).

À côté des *rôles de tailles* (liste des contribuables assujettis à cet impôt et montant de leur contribution), on trouvera diverses sources : *estimes, compoix, certificats d'habitantage* dans le Midi, *rôles des fouages et aides* en Normandie, *cherches de feux* en Bourgogne (énumération des chefs de familles), *subsides, fouages, capages, cadastres* ou *estimes* pour les anciens territoires de la Maison de Savoie, une partie de la Provence et le Dauphiné... (se reporter ici au chapitre 8 du *Guide des recherches sur l'histoire des familles,* op. cit.). On consultera aussi les *terriers,* qui, lorsqu'ils ont été conservés et versés aux archives départementales, seront d'une aide précieuse.

A ce niveau, la recherche, qui exige de solides connaissances en paléographie (la lecture des textes des XVe et XVIe siècles est des plus difficiles), sera à conduire géographiquement. On partira de la localisation obtenue à l'issue de la recherche généalogique pour explorer d'abord les archives de la paroisse puis celles des paroisses environnantes par cercles concentriques à la recherche des porteurs du nom à ces époques. Pour les noms rares et uniques, leur nombre n'excédera jamais sept ou huit, voire trois ou quatre. Les familles tirant leur nom de celui d'un lieu précis verront souvent leurs ancêtres de ces époques établis en ces lieux mêmes, ou encore très près, et les noms, alors, seront toujours plus proches de la forme initiale. Ainsi, dans certaines régions riches en archives anciennes comme la Bourgogne, il ne sera pas rare de remonter à des porteurs du nom nés vers 1440 voire même un siècle plus tôt (l'ancien comté de Charolais conserve ainsi des listes nominatives de 1397, soit des représentants séparés par sept ou huit générations seulement du premier porteur du nom).

LA SIGNIFICATION DU NOM

A partir de la forme la plus ancienne, au cas où le nom demeure hermétique, la seule direction est la recherche dans les dictionnaires de dialectes, de patois, les glossaires régionaux et les dictionnaires d'ancien français.

On peut ainsi recommander :

– Le *Dictionnaire de l'ancien français jusqu'au milieu du XIVᵉ siècle,* par A.J. Greimas (Larousse).

– Le *Lexique de l'ancien français,* par Frédéric Godefroy (Librairie Champion, 7, quai Malaquais, Paris 6ᵉ).

– Le *Dictionnaire occitan-français,* par Louis Alibert, publié par l'Institut d'études occitanes de Toulouse (1978).

– Le *Nouveau dictionnaire breton-français,* par Roparz Hemon, publié par Al Liamm (Brest, 1978).

On n'oubliera pas, en outre, de consulter les explications données par Dauzat, dans son ouvrage, pour des formes voisines.

Comprendre le sens ou la valeur précis du nom reste, on l'a dit, quelque chose de très délicat. Des éléments constitutifs du patronyme, comme les suffixes, peuvent cependant fournir d'utiles précisions. De manière générale, suffixes et préfixes donnent au chercheur des informations de valeur et d'origines géographiques résumées dans les tableaux suivants.

	Fréquence à Paris	Prénoms transmis à titre de noms de famille	Surnoms relatifs au physique	Surnoms relatifs à la profession ou à l'activité	Noms formés sur noms de lieux	Divers	Noms étrangers
1	2 000	Martin					
	1 300						
	1 250						Levy-Lévi Cohen
	1 100			Lefè(b)vre			
2	1 000	Bernard Richard Gauthier	Petit Moreau				
	900	Robert-Thomas Simon				Leclerc(q) être air..	
	800	Laurent Durand Renault (lt-l-x)			Dubois	Cheval(l)ier	
	750	Bertrand					
3	700	Lambert-David Michel	Rousseau(x)	Mercier Fournier		Leroy	
	650	Girard					
	600	Gufrin-André Garnier-Vincent Bonnet	Roux		Dupont(d) Dupuis et Dupuy		
	550	Clément	Legrand	Schmid-d-tt			
4	500	Masson-François Giraud-it Benoi(s)t-Michot et ses formes Perrot et ses formes	Morin-Morel (et leurs formes en -au) Leroux-Blanc	Faure-Meunier Charpentier Müller	Dumont	Leconte et Lecomte	
	450	Col(l)in-Robin Per(r)in Ol(l)ivier	Roussel Blanchard		Laf(f)on (d... t...)		Meyer
	400	Henry-Mathieu Gérard-Denis Renard-Aubert Nicolas	Jo(l)y Brunet	Barbier Boyer	Duval Lacroix Dufour (d.g.)	Bourgeois Picard Lemaire Marchand Lemoine Gaillard	Rodriguez
	350	Arnaud(lt)		Berger			
5	300	Andrieux(x) Bertin Rol(l)and-Guyot Thibault (d.t.) Aubry Raimond(e-ai)	Brun-Lebrun Leblanc	Bouvier Pelletier	Roche Dumas	Roy Bailly	Bloch

Tableau de fréquence des patronymes français à Paris (nombre d'abonnés au téléphone en 1977)

Nota : les résultats sont parfaitement représentatifs de la situation nationale, à l'exception des noms d'origine israélite ou espagnole, particulièrement regroupés sur les grandes villes.

RAPPEL
DE QUELQUES PRINCIPES FONDAMENTAUX

– Aucune loi ne décida jamais la création ni l'emploi des noms de familles. Il s'agit d'une formation spontanée et empirique.

– Le surnom (qui deviendra nom) ne fut jamais choisi par l'intéressé, mais lui fut donné par les tiers (donc souvent ironique ou négatif). Au départ, il est individuel.

– La valeur exacte est toujours difficile à connaître. La meilleure comparaison est le rapprochement avec les surnoms que se donnent les enfants dans les cours de récréation. De ce fait, beaucoup de nous resterons toujours imperméables à toute explication.

– Le nom est né du langage parlé, souvent teinté de patois local, du moins toujours forgé à partir de la langue de l'époque.

– Longtemps, le nom a pu évoluer dans sa forme. Les noms de famille n'ont pas d'orthographe, jusqu'à une fixation récente par les livrets de famille et l'alphabétisation.

– Les noms de métiers sont souvent d'origine urbaine.

– Plus le nom est long, plus il est précis et souvent plus il est difficile d'en connaître le sens, souvent anecdotique.

– Noms de province, de villes et de communes = noms de migrants. Noms de fermes et de lieux-dits précis = noms d'habitants.

– La Révolution de 1789 n'a pas eu de conséquence systématique sur la forme et l'orthographe des noms de famille.

– Pour connaître la fréquence d'un nom, le meilleur outil est l'annuaire PTT de Paris :

• une page et plus : un des noms les plus répandus;
• une colonne et plus : nom très répandu;
• vingt à trente porteurs : nom fréquent;
• moins de dix : nom peu fréquent;
• moins de quatre ou cinq : nom rare (sans doute une seule famille).

Attention ici cependant à bien considérer les formes homonymiques.

PRINCIPAUX PRÉFIXES
(VALEUR ET INDICATION GÉOGRAPHIQUE)

• « a » et « au » : utilisés devant un prénom masculin (Aulouis) ou féminin (souvent alors « ala » pour « à la » : Alamartine), devant un lien de parenté (Auneveu), un nom de métier (Autissier), ou un sobriquet (Aubrun, Aubœuf), ils marquent la filiation.

Ils sont surtout caractéristiques des départements suivants : Sarthe, Indre-et-Loire, Indre, Cher, Allier, Nièvre, Saône-et-Loire (Charolais et Mâconnais) et nord des départements du Rhône et de la Loire (Beaujolais).

• « dan », « dam », et rarement « don », « dom » : soudés à un prénom ou à un sobriquet (Damblanc, Domartini (Dom Martini), Danguillaume,...), ils viennent du latin *dominus* = seigneur, et étaient une marque de respect donnée à l'attributaire (Damblanc = « seigneur blanc »).

Cette forme est très proche de la particule de politesse « N » que l'on trouve dans Nugues ou Nalbert sur Hugues et Albert.

• « de » : devant un nom de ville ou de commune, il indique la provenance (Delille), devant un nom de lieu précis [1] (hameau ou lieu-dit), l'habitation de l'ancêtre ainsi nommé (Demontoy, Demontgodin). Il peut, dans ce cas, se présenter sous la forme « dela » (Delameloise, Delavernée).

Devant un prénom (Dejean), il indique une filiation et est surtout une forme caractéristique des départements suivants : Hérault, Gard, Ardèche, nord de l'Isère, ouest de la Savoie et de la Haute-Savoie.

Dans le nord de la France, « de » peut avoir la valeur de « du » (ainsi Demont pour Dumont).

• « del » et « dela » : voir « du ».

• « des » : devant un nom de lieu, il indique le lieu habité par l'ancêtre (Desbrières = celui habitant les Brières).

Devant un nom de personnes ou un prénom, il indique la filiation (Desrousseaux, Desjobert).

---

1. Attention : bien souvent, dans le sud de la France, les noms de famille issus de noms de lieux ont perdu leur préposition.

• « du », « dela », « del » : suivi d'un nom de lieu précis, « du » indique le lieu habité par l'ancêtre (Dugratoux), suivi d'un nom imprécis, il indique soit un lieu-dit ou hameau précis ainsi désigné, soit le voisinage (Dubois, Dupont, Ducarrouge, Dufoux). « Dela » a les mêmes valeurs (Delameloise, Delarivière). « Del », dans le Sud, aussi : Deltheil (du tilleul), Delpouch (de la montagne).

Dans le Nord, cependant, on peut trouver « Dele » pour « dela » (ainsi Delesalle), voire « del » (Delmont, Delsalle).

• « l » : devant une voyelle : (Landré, Lautissier), voir « le ».

• « la » : il peut avoir valeur de matronyme, en altération de « Ala » (Lasimone, Lajouanie). Il peut indiquer le lieu habité en altération de « dela » (Lameloise, Larivière).

• « le » : il se rencontre devant un prénom (dans de nombreuses régions, l'appellation courante se fait encore par l'emploi de l'article devant le prénom : Lephilibert pour « le Philibert »), il a alors valeur de prénom.

Devant un nom de métier, il désigne celui qui l'exerçait (Leverrier, Lemarchand). Caractéristique géographique : devant un nom de métier, il est surtout utilisé en Normandie, dans le Nord et le Hainaut où il est presque systématique. En revanche, il n'apparaît jamais dans le Sud, du Languedoc à la Suisse.

Devant un sobriquet (Leroux, Lebœuf, Leroy) il n'ajoute rien au sens du nom.

Devant un nom d'objet (Legouy, gouy = petite serpe), il ferait plutôt pencher pour l'explication analogique que pour l'explication professionnelle. Ici, par exemple, plutôt l'homme au caractère entier, au langage coupant, que le manieur ou le fabricant de l'outil.

Attention, dans le Nord, à la forme « Dele », pour « dela » (voir « dela »).

PRINCIPAUX SUFFIXES ET TERMINAISONS [1]
(VALEUR ET INDICATION GÉOGRAPHIQUE)

- « -a » et « -az » : Savoie.
- « -ard » : toujours péjoratif (forme ancienne « aire »).
- « -art » : forme nordique pour « ard » par voisinage du flamand « -aert ».
- « -as », « -ias » : dans un nom de lieu, souvent forgé sur un prénom caractéristique de l'Auvergne et surtout de la région de l'est du Puy-de-Dôme.
- « -asc », « -asque » : après un nom de lieu : Sud-Est.
- « -aud », « -ault », ... : voir « o ».
- « -dan » : Pyrénées.
- « -eau », « -eaux », ... : voir « o ».
- « -ec » : diminutif breton.
- « -el », parfois « -elle » : Ille-et-Vilaine, Normandie.
- « -enc » : Midi.
- « -esson », parfois « -echon » : surtout sur des prénoms, en diminutif. Fréquent dans les départements suivants : Aube, Marne, Aisne, Meuse et nord de la Côte-d'Or. Devient souvent « -echon » en Picardie et Wallonie.
- « -et » : diminutif sur prénom ou autre surnom, sans valeur ni localisation particulière.

Les formes « -é » (Anjou, Maine, Touraine, Vendée, Poitou) et « -ey » (Dauphiné, Franche-Comté, Bourgogne) sont plutôt liées à des noms de lieux, équivalentes des « -ac » du Sud-Ouest et Massif central et des « -y » du Bassin parisien, de la Normandie, du Nord et du Centre.

- « -eur » : souvent caractéristique des noms de métiers (Tourneur, Brasseur). Très répandu dans le Nord. Peut s'altérer en « -eux ».
- « -eux » : voir « eur ».
- « -eron » : souvent en diminutif sur des suffixes en « -eur » (voir « -eur »).
- « -ez » : Artois, Hainaut.
- « -iau », « -iault », « -ieau » : forme patoise : Morvan, Charolais... (voir « o »).

---

1. Uniquement sur des supports autres que les noms de lieux.

- « -ic » : Bretagne et autres régions.
- « -ier » : nom de métier.
- « -in » : sur un prénom, a une valeur légèrement péjorative.
- son « o » :

« -ot » : le plus courant, affectueux et gentil surtout sur un prénom, sauf en Bourgogne, en Franche-Comté et en Lorraine où il perd toute valeur et est un simple diminutif.

« -eau » : Ouest : Poitou, Vienne, Deux-Sèvres, Charente, Charente-Maritime, Vendée, Maine-et-Loire : diminutif généralement affectueux.

« -ault » : bassin moyen de la Loire, Berry, Touraine, Orléanais...

« -aud » : Même région que « -ault », plus Charolais (avec variantes « -iaud » et « -eaud »).

« -od » : Franche-Comté.

« -oz » : Savoie (en principe, le « z » est muet).

- « -on » : fréquent sur des prénoms, souvent réservé aux matronymes à partir des XIIIe-XIVe siècles.
- « -ouf » : Calvados, Manche.
- « -oux » : fréquent dans le Centre, parfois légèrement péjoratif. Lorsque « -on » prend une application féminine aux XIIIe-XIVe siècles, il devient son équivalent masculin. Attention, dans l'Ouest, « -ou » a souvent la valeur de « -eu ».
- « -s » (après un prénom) : caractéristique de l'extrême-Nord (génitif flamand).
- « -uc » et parfois « -uque » (sur un prénom) : Haute Gascogne.

QUELQUES SUFFIXES RÉGIONAUX
(ALLOGÈNES)

« -etti »
« -ini » } diminutifs corses
« -oni »
« -ucci »

« -ing »
« -lein » } diminutifs alsaciens-lorrains
« -lin »

QUELQUES SUFFIXES ÉTRANGERS
SIGNIFIANT « FILS DE »

« -ovitch » = Russie
« -poulo » = Grèce
« -sen » = Danemark
« -ski » = Pologne
« sohn » = Allemagne
« -son » = Angleterre

PRÉFIXES DE MÊME VALEUR

« Ap- » = gallois
« Mab- » = breton
« Mac- » = Irlande, Écosse

NOMS DOUBLES OU COMPOSÉS

- Noms de baptême doubles : Lorraine, Vosges, Franche-Comté.
- Noms de baptême précédés d'un adjectif (Grosdidier, Grandpierre) : Vosges.
- Noms de famille accolés : de la Franche-Comté au Dauphiné (très fréquent en Dauphiné); aucune coloration sociale.
- Prénom accolé au nom (Pierre-Brossolette, Augustin-Normand) : patronyme modifié par autorisation de justice en souvenir d'un aïeul célèbre (surtout usité dans les milieux politiques).

DÉFORMATIONS, ÉVOLUTIONS, CHANGEMENTS DE LETTRES

« el » / « eau » : ex. Bel / Beau, bedel / bedeau

« es » / « é » : ex. *es*pine / *é*pine

« er » / « re » : ex. Ber*t*in / Bre*t*in

disparition de consonne comme Nie*p*ce et Ne*p*veu / Nièce et Neveu

disparition du « s », remplacé par un accent circonflexe pour abréger (en quelque sorte, la sténo avant la lettre), comme pa*s*te, mai*s*tre, te*s*tu, be*s*te → pâte, maître, têtu, bête

b ↔ v : Vergès ↔ Bergès, Bernier ↔ Vernier

c ↔ s : Cellier ↔ Sellier

c ↔ ss ↔ ch : agace (la pie) → Agache

ch → c : Charron → Carron, Charton → Carton (fréquent en Normandie-Picardie)

cl → l : Clothaire → Lothaire

d → t : Audran → Autran

g → v = w : Gauthier → Vauthier et Wautier
  Garenne → Varenne

h (allant et venant) : Ours et Hours, Amelin et Hamelin :

i = j : Couillard = Coujard

l → r : Cha*l*vet → Cha*r*vet (Fréquent en Dauphiné).

o = ou : B*o*quet = B*ou*quet

ou = u : J*ou*vin = J*u*vin, P*ou*jol = P*u*jol

ou = eu : mounier = meunier

Attention aux confusions et assimilations (ex. Peyre avec pierre et père; sœur avec sueur).

Bibliographie particulière

Origine des noms de personnes

Les Noms de famille de France, Albert Dauzat, Guénégaud, 1977.
Dictionnaire des noms de famille et prénoms de France, Albert Dauzat,
   Larousse.
Trésors des noms de famille, Jacques Cellard, Belin, 1984.
Les Noms de personnes, Paul Lebel, « Que sais-je ? » n° 235, P.U.F.
Noms de famille, familles de noms, Michel Vincent, Plon, 1987.
Les Noms de lieux et de personnes, Christian Baylon et Paul Fabre,
   Nathan, 1982.

Origine des noms de lieux

Dictionnaire étymologique des noms de lieux de France, Albert Dauzat et
   Charles Rostaing, Guénégaud, 1978 (presque uniquement les noms des
   communes).
Les Noms de lieux, Charles Rostaing, « Que sais-je ? » n° 176, P.U.F.

Ancien français

Dictionnaire de l'ancien français jusqu'au milieu du XIVᵉ siècle, A.J. Grei-
   mas, Larousse.
Lexique de l'ancien français, Frédéric Godefroy, Champion, 1978.
Lexique historique du Moyen Age, U., Armand-Colin, 1985.

Anthroponymie régionale

Les Noms de famille de la Belgique, Auguste Vincent, 1952.
Noms de normands, Henri Moisy, Laffitte reprints, 1980.
5 000 patronymes bretons francisés, Marcel Divanach, 1975.
Entre Arroux et Bourbince, Dictionnaire des familles, Jean-Louis Beaucarnot, 1979.

Autres études

Patois et parlures du Bas-Berry, P. Delaigue, 1979.
Mots disparus ou vieillis, Edmond Huguet, Droz, 1967.
Métamorphoses, Daniel Brandy, Casterman, 1986.
Les Noms des Israélites en France, histoire et dictionnaire, Paul Lévy,
   P.U.F., 1960.
Locutions et proverbes d'autrefois, René Lagane, Belin, 1986.
Le Français dans tous les sens, Henriette Walter, Robert Laffont, 1988.

Bibliographie générale

Pour comprendre la vie quotidienne et son cadre à l'époque de la formation des noms de famille, on pourra se reporter à quelques ouvrages généraux :

Histoire de la France rurale, tome 1, Le Seuil, 1979.
Histoire de la France urbaine, tome 2, Le Seuil, 1980.
Histoire de la famille, tome 1, Armand-Colin, 1986.
La Vie quotidienne de l'an mille, Edmond Pognon, Hachette, 1987.
La Société féodale, Marc Bloch, Albin-Michel, 1970.
Le Temps des cathédrales, Georges Duby, Gallimard, 1977.
Le Tour de France médiéval, Georges et Régine Pernoud, Stock, 1983.
Pour en finir avec le Moyen Age, Régine Pernoud, Le Seuil, 1977.
Les Bâtisseurs de cathédrales, Jean Gimpel, Coll. « Le Temps qui court », Le Seuil, 1976.
La Révolution industrielle du Moyen Age, Jean Gimpel, Points-Histoire, Le Seuil, 1975.
Histoire des institutions, Jacques Ellul, tome 3, P.U.F., 1969.
La France au Moyen Age, André Chedeville, « Que sais-je ? », n° 69, P.U.F.
Histoire du paysage français, Jean-Robert Pitte, tomes 1 et 2, Tallandier, 1983.
La Vie au Moyen Age, Robert Delort, Points-Histoire, Le Seuil, 1982.

On pourra lire avec beaucoup de profit (ou relire, mais si possible dans la langue d'origine), des textes comme les fabliaux et les contes du Moyen Age ou, naturellement, le *Roman de Renart*.

Index thématique

Index des noms

Attention : souvenez-vous que les noms de famille n'ont pas d'orthographe. Si vous ne trouvez pas le vôtre, cherchez si l'on ne donne pas une forme voisine, à la phonétique identique. Colin prend ainsi tantôt un ou deux « l », Maton un ou deux « t », Monnin un ou deux « n », Appert un ou deux « p ». Pensez que le « h » est souvent omis ou rajouté comme dans Antoine et Anthoine, Houdin et Oudin. Pensez que les articles et prépositions peuvent sauter à tout moment. Leverrier et Verrier, André et Landré, Demartin et Martin. Souvenez-vous que le son « o » peut s'écrire « o », « au », « eau » et, lorsqu'il termine un nom, donner « -ot », « -od », « -eau », « -eaux », « -aud », « -ault », « -aux », (Godard = Gaudard, Bonnot = Bonneaux)...

Si vous ne trouvez pas le nom que vous cherchez, reportez-vous à l'avertissement en tête de l'index.

312

Si vous ne trouvez pas le nom que vous cherchez, reportez-vous à l'avertissement en tête de l'index.

Si vous ne trouvez pas le nom que vous cherchez, reportez-vous à l'avertissement en tête de l'index.

316

Si vous ne trouvez pas le nom que vous cherchez, reportez-vous à l'avertissement en tête de l'index.

Si vous ne trouvez pas le nom que vous cherchez, reportez-vous à l'avertissement en tête de l'index.

Si vous ne trouvez pas le nom que vous cherchez, reportez-vous à l'avertissement en tête de l'index.

321

Si vous ne trouvez pas le nom que vous cherchez, reportez-vous à l'avertissement en tête de l'index.

GALBERT : 59.
GALEY : 147.
GALIBERT : 59.
GALIN : 155.
GALINET : 155.
GALINIER : 156.
GALL : 235.
GALLAIS : 233.
GALLAN : 103.
GALLAND : 147.
GALLE : 147.
GALLERAN(D) : 59.
GALLET : 147, 155.
GALLICE : 233.
GALLIOT : 147.
GALLO : 235.
GALLOIS : 233.
GALLOT : 147.
GALOPIN : 203.
GALTIER : 59.
GALY : 155.
GAMARD : 130.
GAMBARD : 130.
GAMBIER : 130.
GANDON : 59.
GANDOUIN : 59.
GANELON : 59.
GANNE : 59.
GANNEAU : 59.
GARCE : 117.
GARDINIER : 200, 271.
GARENNE : 206, 260.
GAREY : 59.
GARIN : 59.
GARNAUD (-LT, -X, -OT) : 59.
GARNIER : 59.
GARREAU : 59.
GARREC : 130.
GARRIC : 255.
GARY : 59.
GASC : 235.
GASCARD : 235.
GASCOIN : 235.
GASNE : 59.
GASNIER : 59.
GASPARD : 68.
GASQUET : 235.
GASQUIER : 235.
GASSE : 272.
GASSELIN : 109.
GASSIER : 134.
GAST : 258.
GASTAL : 263.
GASTEAU : 114.
GASTIN : 59.
GASTINE : 263.

GASTINEAU : 59.
GASTON : 68.
GATAUD : 114.
GATEAU : 114.
GÂTEBOIS : 24.
GÂTESAUCE : 134.
GÂTESAUCE : 24.
GATEVIN : 114.
GATIGNOL : 141.
GATIN : 59.
GATINEAU : 59.
GAU : 155.
GAUBERT : 59.
GAUCHER : 59.
GAUCHERON : 59.
GAUCHERY : 59.
GAUCHET : 59.
GAUD : 73.
GAUDARD : 74.
GAUDEFROY : 59.
GAUDEL : 74.
GAUDELIN : 74.
GAUDELLE : 74.
GAUDELOT : 74.
GAUDET : 74.
GAUDILLARD : 74.
GAUDILLAT : 74.
GAUDILLOT : 74.
GAUDIN : 74.
GAUDON : 74.
GAUDOT : 74.
GAUDRIOT : 59.
GAUDRON : 165.
GAUDRY : 59.
GAUEREAU : 59.
GAUFFRE : 59.
GAUGAIN : 256.
GAUGUIN : 256.
GAUTREAU : 59.
GAULARD : 122.
GAULT : 73.
GAUQUELIN : 65.
GAUT : 73.
GAUTHERON : 59.
GAUTHEY : 59.
GAUTHIER : 59.
GAUTHIEZ : 59.
GAUTIER : 59.
GAUTRON : 59.
GAUVAIN : 227.
GAUVIN : 59, 227.
GAVEAU : 199.
GAVEL : 199.
GAY : 117, 143, 144, 147,
    157.
GAYARD : 143.

GAYET : 143.
GAYON : 143, 147.
GAYOT : 143.
GAZEAU : 151.
GAZEL : 151.
GEAI : 144.
GEAY : 157.
GEFFRAY : 59.
GEFFROY : 59.
GEIGER : 226.
GEINDRE : 170.
GELIN : 68, 157.
GELINAUD : 157.
GELINEAU : 157.
GELINET : 157.
GELINIER : 157.
GELLY : 81.
GELY : 81.
GEMEAU : 95.
GEMEL : 95.
GENDRE : 92, 170.
GENDREAU : 92.
GENDRIN : 92.
GENDRON : 92.
GENESTIER : 259.
GENEST : 259.
GENET : 259.
GENEVOIS : 234.
GENEVOIX : 234.
GENIN : 74.
GENON : 74.
GENOT : 74.
GENS- : 241.
GENTIL : 147.
GENTILHOMME : 109, 147.
GENTON : 147.
GENTY : 147.
GENTZ- : 241.
GEOFFROY : 59.
GEORGE(S) : 68.
GEORGEON : 68.
GEORGET : 68.
GERARD : 68.
GERARDIN : 68.
GERAUD : 60.
GERAULT : 60.
GERBAL : 59.
GERBAUD : 59.
GERBER : 59.
GERBERT : 59.
GERBET : 59.
GEREAU : 74.
GERMAIN : 68.
GERMONT : 68.
GERVAIS : 68.
GESBERT : 68.

Si vous ne trouvez pas le nom que vous cherchez, reportez-vous à l'avertissement en tête de l'index.

GRIZARD : 125.
GROCQ : 272.
GRONDIN : 141.
GROS : 135.
GROSJEAN : 82, 135.
GROSS : 122.
GROSSE : 122.
GROSSET : 135.
GROSSIN : 135.
GROSSMAN : 122.
GROSZ : 122.
GROULT : 272.
GROUSSARD : 135.
GROUSSIN : 135.
GROUT : 153.
GRUBER : 176.
GRUE : 158.
GRUEL : 183.
GRUMBACH : 241.
GRUSON : 142.
GUAY : 147.
GUEDON : 60.
GUEGUEN : 134.
GUESDE : 60.
GUENARD : 74.
GUENIN : 74.
GUENOT : 74.
GUEPET : 154.
GUERARD : 60.
GUERAUD : 60.
GUERCHON : 241.
GUERIN : 60.
GUERINEAU : 60.
GUERRE : 142.
GUERRIER : 142.
GUERRY : 60.
GUEYRARD : 60.
GUEYRAUD(-LT) : 60.
GUGENHEIM : 241.
GUIARD : 81.
GUIBERT : 60, 68.
GUICHARD : 60.
GUICHARDET : 60.
GUICHARDON : 60.
GUICHARDOZ : 60.
GUICHET : 166.
GUICHOT : 166.
GUILBAUD : 60.
GUILBERT : 60, 68.
GUILHEM : 81.
GUILLAND : 81.
GUILLARD : 81.
GUILLAUME : 81.
GUILLAUMEAU : 81.
GUILLAUMET : 81.
GUILLAUMIN : 81.

GUILLAUMONT : 81.
GUILLAUMOT : 81.
GUILLEMAIN : 81.
GUILLEMIN : 81.
GUILLEMINOT : 81.
GUILLEMOT : 81.
GUILLERME : 81.
GUILLET : 81.
GUILLO : 81.
GUILLON : 81.
GUILLOT : 81.
GUILLOTEAU : 81.
GUILLOTIN... : 81.
GUINARD : 74.
GUINET : 74.
GUINOT : 74.
GUIONNET : 81.
GUIOT : 81.
GUIRAUD... : 60.
GUITTARD : 60.
GUITTET : 60.
GUITTON : 60.
GUIVARC'H : 60.
GUSTIN : 74.
GUY : 81.
GUYARD : 81.
GUYON : 81.
GUYONNET : 81.
GUYOT : 81.

HAAS : 154.
HABIB : 241.
HACARD : 60.
HADAD : 240.
HAINAUT : 234.
HALLOUIN : 60.
HAMARD : 60.
HAMEL : 265.
HAMELIN : 265.
HAMON : 60.
HANEAU : 60.
HANNEQUIN : 60.
HANNOYER : 234.
HANOTEAU : 60.
HANOTEL : 60.
HAQUARD : 60.
HAQUIN : 61.
HAQUINET : 61.
HARDOUIN : 60, 142.
HARDY : 147.
HAREL : 142.
HARTMAN : 131.
HAUMONT : 274.
HAUR : 180.
HAURE : 180.
HAUTMONT : 274.

HAVARD : 141.
HAY : 263.
HAYAT : 263.
HAYE : 263.
HAYEM : 241.
HAYOT : 263.
HAZARD : 107.
HEBERT : 61.
HEBRARD : 58.
HECQUET : 272.
HELLIOT : 60.
HEMON : 60.
HENAULT : 56, 60.
HENIAULT : 60.
HENNEQUIN : 60.
HENNESSY : 233.
HENNUYER : 234.
HENRI : 68.
HENRIET : 68.
HENRION : 68.
HENRIOT : 68.
HENRY : 68.
HERAUD(-LT) : 61.
HERBERT : 61.
HERBIN : 61.
HERBINEAU : 61.
HERISSON : 154.
HERMAN(N) : 61.
HERNOUX : 56.
HERON : 157.
HERPIN : 226.
HERR : 111.
HERRY : 61.
HERSCH : 241.
HERSENT : 61, 160.
HERVE : 68.
HERVIER : 68.
HERVIEU : 68.
HERZOG : 108.
HESS(E) : 241.
HEURTEVIN : 114.
HEUZE : 165.
HIL(L)AIRE : 61.
HILLION : 61.
HIMBERT : 61.
HIRSCH : 115, 241.
HIVERT : 102.
HOCQUET : 142.
HOFFMAN : 200.
HOLTZ : 259.
HOMO : 143, 21?
HONGRE : 234.
HONORE : 68.
HOQUARD : 142.
HOUDARD : 61.
HOUDIER : 61.

326

328

Si vous ne trouvez pas le nom que vous cherchez, reportez-vous à l'avertissement en tête de l'index.

Si vous ne trouvez pas le nom que vous cherchez, reportez-vous à l'avertissement en tête de l'index.

332

Si vous ne trouvez pas le nom que vous cherchez, reportez-vous à l'avertissement en tête de l'index.

334

Si vous ne trouvez pas le nom que vous cherchez, reportez-vous à l'avertissement en tête de l'index.

Si vous ne trouvez pas le nom que vous cherchez, reportez-vous à l'avertissement en tête de l'index.

338

PEYRAULT : 84.
PEYRE : 84.
PEYROL : 272.
PEYROLLES : 272.
PEYRON : 84.
PEYROT : 84.
PEYROUX : 272.
PEYSSON : 133.
PFEIFFER : 226.
PFISTER : 170.
PHILBERT : 69.
PHILIBERT : 69.
PHILIPPE : 70.
PHILIPPEAU : 70.
PHILIPPON : 70.
PHILIPPOT : 70.
PIARD : 83.
PIAT : 63.
PIATON : 63.
PIAULT : 114.
PICARD : 140, 164, 236.
PICART : 236.
PICAUD : 140.
PICAULT : 140.
PICAVET : 164.
PICHARD : 158.
PICHEREAU : 164.
PICHERIN : 164.
PICHERON : 164.
PICHEROT : 164.
PICHET : 164.
PICOCHE : 164.
PICON : 164.
PICOT : 164.
PICQ : 164.
PIDAULT : 130.
PIDEAU : 153.
PIDOUX : 130, 153.
PIE : 275.
PIEDAGNEL : 130.
PIEDELIEVRE : 130.
PIEDNOIR : 130.
PIEL : 157.
PIERNE : 83.
PIERRARD : 83.
PIERRE : 83.
PIERRET : 83.
PIERRI : 83.
PIERRIN : 83.
PIERRON : 83.
PIERRONET : 83.

PIERROT : 83.
PIERROTTI : 83.
PIERSON : 84.
PIET : 114, 164.
PIETRI : 84.
PIETTE : 164.
PIEU : 164.
PIEUCHOT : 164.
PIFFARD : 135.
PIFFAUD (-LT) : 135.
PIGEAT : 154.
PIGEAUD : 154.
PIGELET : 130.
PIGEON : 153.
PIGEOT : 154..
PIGNOL : 265.
PIGNON : 265.
PIGOT : 164.
PILAT : 139.
PILATE : 139.
PILLET : 157.
PILLON : 157.
PILLOT : 114, 157.
PILLU : 126.
PILORGE : 183.
PIN : 259.
PINARD : 76, 145.
PINAUD : 145.
PINAULT : 76.
PINAY : 259.
PINCEMIN : 141.
PINCHARD : 141.
PINCHON : 158.
PINEAU : 76, 145.
PINEL : 76.
PINET : 76.
PINHAS : 259.
PINON : 76.
PINOT : 76, 145.
PINOTEAU : 76.
PINSARD : 141.
PINSON : 158.
PIOCH : 275.
PIOGER : 275.
PIOLET : 164.
PION : 114.
PIOT : 114, 157.
PIOU(X) : 275.
PIQUARD : 140, 164.
PIQUART : 236.
PIQUE : 164.

PIQUET : 164.
PIRAUD : 84.
PIRAULT : 84.
PIRON : 84.
PIRONNEAU : 84.
PIROT : 84.
PIROU : 84.
PISSAVIN : 114.
PITAVY : 236.
PITEL : 140.
PITEUX : 140.
PITHOIS : 154.
PITOIS : 154.
PITON : 140.
PITOT : 140.
PITOUX : 140.
PIVERT : 135.
PIVET : 135.
PIVOT : 135.
PIVOTEAU : 135.
PLACE : 266.
PLACIDE : 63.
PLATEAU : 275.
PLAGNE : 260.
PLAISANT : 147.
PLAIX : 263.
PLANCHARD : 198.
PLANCHE : 253.
PLANE : 275.
PLANQUE : 253.
PLANT : 113.
PLANTADE : 113.
PLANTAGENET : 259.
PLANTE : 113.
PLANTIER : 113.
PLANTIN : 113.
PLARD : 188.
PLAS : 275.
PLASSARD : 63.
PLASSE : 266.
PLASSON : 63.
PLAT : 275.
PLATEL : 275.
PLATON : 275.
PLEIX : 263.
PLESSIS : 263.
PLEY : 126.
PLICHON : 187.
PLISSON : 187.
PLOQUET : 141.
PLOQUIN : 141.

Si vous ne trouvez pas le nom que vous cherchez, reportez-vous à l'avertissement en tête de l'index.

Si vous ne trouvez pas le nom que vous cherchez, reportez-vous à l'avertissement en tête de l'index.

341

ROUQUIER : 260.
ROUQUIN : 260.
ROURE : 255.
ROUS : 125.
ROUSSAT : 125.
ROUSSEAU : 125.
ROUSSELET : 125.
ROUSSELIN : 125.
ROUSSEL(LE) : 125.
ROUSSELOT : 125.
ROUSSET : 125.
ROUSSIER : 259.
ROUSSIGNOL : 158.
ROUSSILLON : 236.
ROUSSIN : 125.
ROUSSY : 125.
ROUSTAIN : 64.
ROUSTAN : 64.
ROUTIER : 232.
ROUVEYRE : 255.
ROUVEYROL : 255.
ROUVIER : 255.
ROUVIERE : 255.
ROUVRAIS : 255.
ROUVRAY : 255.
ROUVRE : 255.
ROUVROY : 255.
ROUX : 125.
ROUXEL : 125.
ROUY : 126.
ROUYER : 107.
ROUZAUD : 128.
ROUZEAU : 128.
ROUZET : 128.
ROULIN : 84.
ROY : 106, 108.
ROYER : 107, 195, 255.
ROYERE : 255.
ROYET : 107.
ROZE : 70, 270.
ROZEN- : 241.
ROZIER : 270.
RUAT : 129.
RUBY : 166.
RUDOLPHE : 64.
RUEFF : 64.
RUELLE : 272.
RUFFIN : 64.
RUFIN : 64.
RUISSEAU : 247.

SABATER : 189.
SABATHE : 189.
SABATHIER : 189.
SABATIER : 188, 189.
SABATON : 189.

SABATOU : 189.
SABBATIER : 189.
SABIN : 64.
SABOT : 163.
SABOURAND(T) : 146.
SABOURAUD : 146.
SABOURET : 146.
SACLIER : 258.
SACRESTE : 105.
SACRISTIE : 105.
SAGE : 146.
SAGET : 146.
SAGNE : 249.
SAGRESTAN : 105.
SAHUC, SAHUT : 256.
SAHUGUET : 256.
SAIGNIER : 173.
SAILLANT : 275.
SAILLART : 145.
SALAT : 145.
SALE : 145.
SALIN : 261.
SALLARD : 145.
SALLE(S) : 265.
SALMON : 64.
SALOMON : 64.
SALVAN : 64.
SALVAT : 64.
SALVY : 64.
SAMSON : 64.
SAND : 76.
SANDER : 239.
SANDOZ : 76.
SANDRAS : 76.
SANDRIN : 76.
SANDROZ : 76.
SANGLE : 206.
SANGLIER : 206.
SANNIER : 173.
SANSON : 64.
SANSONNET : 64.
SARASIN : 127.
SARAZIN : 127, 233.
SARDIN : 76.
SARRET : 275.
SARREY : 275.
SARTHE : 185.
SARTIEAUX : 185.
SARTON : 185.
SARTOU : 185.
SARTRE : 185.
SASSIER : 64.
SASTRE : 185.
SATRE : 185.
SAUCE : 255.
SAUDET : 76.

SAUDIN : 76.
SAULE : 255.
SAULEAU : 255.
SAULIN : 255.
SAULNIER : 176.
SAULT : 259.
SAULY : 255.
SAUNIER : 176.
SAUR : 92.
SAURE : 92.
SAUREL : 126.
SAURET : 126.
SAURIN : 126.
SAURY : 126.
SAUSSAIE : 255.
SAUSSARD : 255.
SAUSSEREAU : 255.
SAUSSIER : 255.
SAUTEREAU : 154, 235.
SAUTIER : 215.
SAUVAGE : 139.
SAUVAGEOT : 139.
SAUVAGET : 139.
SAUVAIN : 70.
SAUVAN(-T) : 70.
SAUVANEAU : 70, 77.
SAUVANET : 70.
SAUVARD : 70.
SAUVESTRE : 70.
SAUVEUR : 64.
SAUVIN : 64.
SAUVY : 64.
SAUX : 255.
SAUZAY : 255.
SAUZEAU : 255.
SAUZET : 255.
SAUZIER : 255.
SAVARD : 258.
SAVARIN : 65.
SAVART : 258.
SAVARY : 65.
SAVATIER : 188, 189.
SAVATON : 189.
SAVIGNEAU... : 64.
SAVIGNON : 64.
SAVIN : 64.
SAVOIE : 236.
SAVOYE : 236.
SAVREUX : 146.
SCELLIER : 188.
SCHAEFFER : 151.
SCHINDLER : 195.
SCHLUMBERGER : 200.
SCHMID : 180.
SCHMIDT : 180.
SCHMIT : 180.

344

Si vous ne trouvez pas le nom que vous cherchez, reportez-vous à l'avertissement en tête de l'index.

346

Si vous ne trouvez pas le nom que vous cherchez, reportez-vous à l'avertissement en tête de l'index.

348

Si vous ne trouvez pas le nom que vous cherchez, reportez-vous à l'avertissement en tête de l'index.

Table des matières

TROISIÈME PARTIE
COMMENT RETROUVER L'ORIGINE D'UN NOM ?

IMPRIMÉ EN FRANCE PAR BRODARD ET TAUPIN
Usine de La Flèche (Sarthe).
Librairie Générale Française - 6, rue Pierre-Sarrazin - 75006 Paris.

ISBN : 2 - 253 - 05475 - 5   30/7996/9